有为·输出

基于课堂变革的教学实践与探索

主　编　袁怀敏
副主编　胡　飞　余晓燕

·广州·

图书在版编目（CIP）数据

有为·输出：基于课堂变革的教学实践与探索/袁怀敏主编. --广州：华南理工大学出版社，2024.10.（中小学教育智慧丛书）. --ISBN 978-7-5623-7831-0

Ⅰ.G632.421

中国国家版本馆CIP数据核字第2024MK1206号

Youwei·Shuchu——Jiyu Ketang Biange De Jiaoxue Shijian Yu Tansuo

有为·输出——基于课堂变革的教学实践与探索

袁怀敏　主编

出 版 人：房俊东
出版发行：华南理工大学出版社
　　　　　（广州五山华南理工大学17号楼，邮编510640）
　　　　　　http://hg.cb.scut.edu.cn　E-mail: scutc13@scut.edu.cn
　　　　　　营销部电话：020-87113487　87111048（传真）
策划编辑：吴翠微
责任编辑：洪婉婷　欧建岸
责任校对：张晓婷
印 刷 者：广州小明数码印刷有限公司
开　　本：787mm×960mm　1/16　印张：15.25　字数：299千
版　　次：2024年10月第1版　印次：2024年10月第1次印刷
定　　价：56.00元

版权所有　盗版必究　　印装差错　负责调换

编委会

主　编：袁怀敏
副主编：胡　飞　余晓燕
成　员：刘运杰　周银香　蔡旻旻　亢月莉　刘　畅
　　　　祝婉露　黄天红　袁瀚超　韩秀梅　邓芷欣
　　　　童梦谣　段　威　周太花　许红亮　翟增丽
　　　　谢　威　何文文　郝政鑫　魏晓思　蔡　稳
　　　　马梦昊　胡月明　罗哲鹏　钟　满　揭晓昀
　　　　张　正　侯咏蓉　李淑桦　金垚灯　李　璇
　　　　罗幸玉　黄美玲　刘少芬　翟　楠　罗桂华
　　　　丁祥亚　陈淑银　王锡贤　潘　嫣　蹇常华
　　　　方俊鹏　詹绳锋　赵立行　刘　嫣　王　静
　　　　曾舒娴　颜文娟　陈静宜　翟小慧　周治波
　　　　张王霏雪　陈嘉敏　陈春艳

前　言

一所新办学校如何成为优质学校，成为学生喜欢、家长认可的"家门口的名校"？我认为，新办学校不仅要在老百姓中建立口碑，还要在强手如林的区域教育生态中拥有自己的核心竞争力，赢得一席之地。如此，才能既赢得今天——教育质量，又赢得明天——学生发展核心素养。

东莞市松山湖横沥实验学校创办于2019年，还是一所较为年轻的学校。短短几年时间，学校已跃然成为区域内广受家长欢迎、社会肯定的学校之一。这有赖于学校完善的教学设备设施、丰富多元的课程和活动、高素质专业化的教师队伍。但更为关键的是，学校积极推行的"有为·输出式"教学模式。

当前，学生学习面临诸多挑战，如多元的目标和繁杂的内容、对学习价值和意义的理解模糊、学习过程中的艰辛等。这些问题迫使我们重新审视教育的本质，寻找更加高效、有趣、有意义的教学方式。如此才有了2004年的高中课改、2011年的义务教育课改、2017年的高中二次课改、2022年的义务教育新一轮课改，但这些对当今课堂教学形态遵循的"输入—大脑加工—输出"的基本流程、基本范式，似乎并没有产生实质性的影响。

教学变革、课堂教学改革究竟如何变？如何改？对于"学习的'输入—大脑加工—输出'的基本流程、基本范式"这一桎梏，我们如何去打破？

我在第一期东莞市中小学校长全员培训班上聆听了华南师范大学教师教育学部王红教授的主题讲座"新时代基础教育教学范式变革：从输入为本到输出为本"后，人一下子豁然开朗。于是，我们决定将"输出为本"的教学范式与本校"无痕·有为"的核心办学治校理念相结合，统筹学校的课堂教学、课程开设、工作模式和治校实践，并多次联系王红教授团队，寻求帮助和支持。随后，全员深入学习、解读《义务教育课程方案和课程标准（2022年版）》，结合学校的"有为教育"教学模式，开始了对

"有为·输出式"教学范式的自主探索。

在专家团队的引领下，学校"有为·输出式"教学实践稳步推进，"双微"在理论学习中深化实践、在深度实践中提升理论思维，学校的"有为教育"模式日臻完善。一年来，学校在优化课堂形态、提振学生精神面貌、促进教师专业成长、建设有为学校等方面取得的成果显著。

本书通过详尽的历程回顾，展示了学校从酝酿理念、启动实施到品牌建设的每一个奋斗足迹，深刻揭示了"输出为本"教学范式如何革新传统教学模式，推动课堂实现"三个转变"（即教学目标的转变、教学理念的转变及评价方式的转变）。在具体实践中，本书详细阐述了各学科如何基于"输出为本"理念进行品牌建设，如语文学科的"输出式"海量阅读活动，数学学科的实践作业探索，英语学科的"1+1+N"教学模式，以及音乐学科对中华优秀传统文化的融合教学等。这些生动的案例不仅展示了"输出为本"教学范式的具体应用场景与成效，也凸显了学校"无痕·有为"教育理念的独特魅力与深远影响。

本书将学校目前已形成的阶段性成果进行了整理和结构化编排，供所有有志于教学变革的学校、教师参考。

袁怀敏

目 录

探索筑基篇

第一章 研训与革新——"有为·输出式"教学的校本解析 ⋯⋯2
 第一节 启程之路——"有为·输出式"教学的探索历程 ⋯⋯2
  一、酝酿启动阶段 ⋯⋯2
  二、实施探索阶段 ⋯⋯6
  三、调整反思阶段 ⋯⋯8
  四、深化落实阶段 ⋯⋯11
 第二节 课题之光——"输出式"教学研究课题纪实 ⋯⋯12
  一、课题研究概览：教学改革的实践与创新 ⋯⋯13
  二、课题与实践共进：教学革新的双向驱动 ⋯⋯17
  三、成果的应用与推广：教学革新的区域辐射 ⋯⋯19
  四、未来研究的航向：教学革新的深化探索 ⋯⋯20

第二章 要素与准则——"输出式"教学模式的构建 ⋯⋯22
 第一节 "有为·输出式"教学的概述 ⋯⋯22
  一、何为"无痕·有为"教育 ⋯⋯22
  二、何为"输出为本"教学范式 ⋯⋯25
  三、何为"有为·输出式"教学 ⋯⋯26
 第二节 精准锚定：输出目标的设定与追求 ⋯⋯30
  一、"输出式"教学目标的特征 ⋯⋯31
  二、"输出式"教学目标设计的策略 ⋯⋯32
  三、"输出式"教学目标设计的案例 ⋯⋯35
 第三节 结构之美：学习内容的层次与逻辑 ⋯⋯40
  一、教学内容结构化的内涵 ⋯⋯40
  二、教学内容结构化的策略 ⋯⋯42

三、教学内容结构化的案例 ·· 44
第四节　创新设计：输出任务的多样与互动 ································ 50
　　一、输出任务的内涵与特征 ·· 50
　　二、输出任务设计的原则与策略 ·· 51
　　三、输出任务设计的案例 ··· 54
第五节　智慧引导：课堂提问的艺术与技巧 ································ 60
　　一、"输出式"教学课堂提问的内涵与特征 ······························· 60
　　二、"输出式"教学课堂提问的原则与策略 ······························· 61
　　三、"输出式"教学课堂提问的案例 ··· 63
第六节　多元评价：输出成效的反馈与衡量 ································ 68
　　一、输出成效评价的内涵与标准 ·· 69
　　二、输出成效评价的原则与策略 ·· 70
　　三、输出成效评价的案例 ··· 73

输出实践篇

第三章　文学之韵——语文课例中的"输出式"教学实践 ············· 80
第一节　语文学科开展"输出式"教学的实践依据 ······················· 80
　　一、语文学科开展"输出式"教学的作用 ·································· 80
　　二、语文学科开展"输出式"教学的有效路径 ··························· 81
第二节　语文学科开展"输出式"教学的案例 ····························· 86
　　一、教学流程 ··· 86
　　二、教学实录 ··· 88
　　三、教学反思 ··· 97

第四章　数理之光——数学课例中的"输出式"教学实践 ············ 101
第一节　数学学科开展"输出式"教学的实践依据 ······················ 101
　　一、数学学科开展"输出式"教学的作用 ································ 101
　　二、数学学科开展"输出式"教学的有效路径 ·························· 103
第二节　数学学科开展"输出式"教学的案例 ···························· 107
　　一、教学流程 ·· 107
　　二、教学实录 ·· 108
　　三、教学反思 ·· 112

第五章 英语之声——英语课例中的"输出式"教学实践·······115
第一节 英语学科开展"输出式"教学的实践依据·······116
 一、英语学科开展"输出式"教学的作用·······116
 二、英语学科开展"输出式"教学的有效路径·······117
第二节 英语学科开展"输出式"教学的案例·······120
 一、教学流程·······120
 二、教学实录·······122
 三、教学反思·······131

第六章 科学之匙——物理课例中的"输出式"教学实践·······137
第一节 物理学科开展"输出式"教学的实践依据·······137
 一、"输出式"教学在初中物理融合实验教学中的作用·······137
 二、"输出式"教学在初中物理融合实验教学中的落地策略·······139
第二节 物理学科开展"输出式"教学的案例·······142
 一、教学流程·······142
 二、教学实录·······144
 三、教学反思·······148

第七章 人文之思——地理课例中的"输出式"教学实践·······152
第一节 地理学科开展"输出式"教学的实践依据·······152
 一、初中地理学科开展"输出式"教学的作用·······152
 二、"输出式"教学在初中地理课堂中的落地策略·······153
第二节 地理学科开展"输出式"教学的案例·······158
 一、教学流程·······159
 二、教学实录·······160
 三、教学反思·······168

第八章 实践之行——信息科技课例中的"输出式"教学实践·······174
第一节 "输出式"教学下信息科技课堂教学的实践依据·······174
 一、"输出式"教学下信息科技课堂的输出新样式·······174
 二、"输出式"教学下信息科技课堂的输入新模式·······175
第二节 "输出式"教学下信息科技课堂教学的案例·······180
 一、教学流程·······181

二、教学实录···182
　　三、教学反思···187

第九章　音乐之旅——音乐课例中的"输出式"教学实践·····191
第一节　音乐学科开展"输出式"教学的实践依据·····191
　　一、音乐学科开展"输出式"教学的必要性·····················191
　　二、音乐学科开展"输出式"教学的有效路径·····················193
第二节　音乐学科开展"输出式"教学的案例·····198
　　一、教学流程···199
　　二、教学实录···200
　　三、教学反思···205

第十章　艺术之境——美术课例中的"输出式"教学实践·····209
第一节　美术学科开展"输出式"教学的实践依据·····209
　　一、美术学科开展"输出式"教学的作用·····················209
　　二、美术学科开展"输出式"教学的有效路径·····················210
第二节　美术学科开展"输出式"教学的案例·····215
　　一、教学流程···215
　　二、教学实录···217
　　三、教学反思···223

回顾与展望···228

致谢···232

参考文献···233

探索筑基篇

第一章

研训与革新——"有为·输出式"教学的校本解析

第一节 启程之路——"有为·输出式"教学的探索历程

近年来,随着信息技术的蓬勃发展和社会对人才培养需求的转变,传统的教学模式已经逐渐显露出其局限性。为深化教育教学改革,我国出台了《关于进一步减轻义务教育阶段学生作业负担和校外培训负担的意见》(又称"双减"政策),颁布了《义务教育课程方案和课程标准(2022年版)》,这标志着我国基础教育改革进入了深水区。

在新时代的教育改革浪潮中,东莞市松山湖横沥实验学校(下文简称"横沥实验学校")始终站在时代的前沿,积极响应国家深化教育改革的号召,以坚定的决心和扎实的步伐推进教学改革。2022年,学校在专家团队的指导下,引入"双微机制"(微团队、微任务)驱动变革,积极探索"输出为本"教学范式。随着探索与实践的持续深化,学校的"有为教育"模式日益完善,不仅显著革新了课堂的教学模式,还极大地提振了学生的精神风貌,有力促进了教师的专业成长与发展。

一、酝酿启动阶段

横沥实验学校自2019年开办以来,始终坚持"秉大爱心,做有为人"的理念,以培育具有大爱情怀和有为志向的时代新人为育人目标,实施有生活宽度、精神高度、素养深度和人文温度的"无痕·有为"教育,护佑学生走上人生幸福之路。

无痕教育,即把教育意图与目的隐蔽起来,通过间接、暗示或迂回的方式,给学生以教育。横沥实验学校以"无痕教育"思想为主导,提出了"有为教育"理念,并且创新性地建立了"一德、二健、三自、四能、五艺"的"有为教育"模式,来帮助学生实现全面而有个性的成长。

"无痕"是教育遵循的原则,"有为"是教育的目标,"无痕·有为"教育即"大教润无痕,大爱育有为",就是按照社会、教育和人的发展内在规律,潜移默化、润物无声地培育德智体美劳全面发展的社会主义事业建设者和接班人,实现学生的全面发展和适性扬长、潜能发挥。

(一)"输出为本"教学范式的理念阐释

"输出为本"教学范式是相对于以知识输入为教学目的的"输入为本"教学范式而言的。"输出为本"是指学生的输出,而非教师的输出。"输出为本"教学范式是指教师将培养学生运用所学知识解决真实情境性问题的能力作为教学目标,以筛选后的核心知识为学习素材,通过输出型任务倒逼学生进行深度思考和自我建构,进而输出转化为解决真实情境性问题能力的教学理念和教学行为[①]。

"输出为本"教学范式推动课堂实现"三个转变":一是扭转"以知识输入为目的"的传统教学观,提出"能力输出是目的,知识输入是手段"的新式教学观;二是改变"输入促进输出"的理念,强调"输出倒逼输入"的观点,通过输出型任务倒逼学生开展有目的、有意义的自主建构式知识输入;三是重视"以输出表现评价输入质量",要求教师遵循"循证评价"理念,根据学生的输出行为表现评价知识输入质量的方法,推动结果性评价向全过程评价转变[②]。

与以输入为主的传统教学模式相比,"输出为本"教学范式更加注重学生的实际学习效果,这种教学范式的核心在于培养学生的创造能力、实践能力和解决问题的能力,促进学生综合素质的全面提升。而横沥实验学校的"无痕·有为"教育亦强调对学生自主建构知识的能力的培养,主张通过让学生在实际问题和情境中积极探索、合作交流、表达输出,促进其主动学习和自主发展。在"无痕·有为"教育的引领下,"有为·输出式"教学关注学生个体差异,引导学生自主学习,培养学生的批判性思维能力和创造性思维能力。可以说,"输出为本"教学范式与学校"无痕·有为"教育提倡的个性发展和全面发展相契合。

基于"输出为本"教学范式,结合学校的"无痕·有为"教育理念,我们提出了"有为·输出式"教学理念:通过课堂教学变革,注重学生的个性和特长,促进学生多元智能的发展,为每个学生提供充分施展才能的舞台,真正做到学生个性发展与全面发展的统一。

---

① 王红. 从"输入导向"到"输出导向"的教学转变[J]. 北京教育(普教版),2018(7):28-29.
② 王红,张倩. "输出为本"教学范式的变革实践[N]. 中国教师报,2021-10-27(4).

（二）基于"输出为本"教学范式的"一科一品牌"建设

在"输出为本"教学范式的引领下，学校积极推进教学生态的重建，致力于对国家基础课程进行校本化开发，探索减负提质的高效育人模式，打造出"一科一品牌"的教育特色。下面以语文、数学、英语、音乐、美术学科为例，介绍"一科一品牌"教育特色。

1. 语文学科

在语文学科品牌建设中，学校秉承"大爱有为"的教育理念，开展了"输出式"海量阅读活动。"大爱有为"的教育理念强调以人为本，关注学生的全面发展，而"输出式"海量阅读活动正是这一理念的具体体现。"输出式"海量阅读活动是对传统阅读活动的一种创新和拓展。它强调学生的主动参与和积极输出，通过写作、演讲、讨论等多种形式，将阅读成果进行展示和分享。这样的活动不仅能够激发学生的学习兴趣和调动学生的学习积极性，还能够促进学生之间的交流和合作，提升学生的综合素质。

在创办"输出式"海量阅读活动的过程中，学校强调了"五有"原则——有课程、有活动、有输出、有评价、有宣传。有课程，即为海量阅读活动制定了专门的课程计划，确保活动能够有序进行；有活动，即定期举办各种形式的阅读活动，如读书分享会、阅读竞赛等，为学生提供展示和交流的平台；有输出，即鼓励学生通过写作、演讲等方式将阅读成果进行输出，提升学生的表达能力和思维能力；有评价，即建立了一套完善的评价体系，对学生在海量阅读活动中的表现进行客观评价，以激励学生不断进步；有宣传，即通过校报、微信公众号等渠道对海量阅读活动进行宣传和推广，提高活动的知名度和影响力。

通过对"五有"原则的实践，学校成功地将海量阅读活动与跨学科学习相结合，实现了"有为"成果的输出。这不仅提升了学生的语文素养和综合素质，还为学校赢得了良好的社会声誉和教育口碑。

2. 数学学科

数学学科品牌建设以"有为·输出"为核心理念，以课题为依托，以教材为蓝本，以培养学生能力素养为目标，以实践作业为载体，让学生在实践中感知、理解并创新，致力于培养学生的能力素养和适应未来社会发展的必备品格。

数学实践作业是品牌建设的重要组成部分。实践作业不仅能帮助学生巩固学科基础知识，还能让学生在实践中体会到数学的魅力，从而激发他们学习数学的兴趣。同时，实践作业能培养学生的动手能力、创新意识、社会参与意识和责任感，让他们在实践中不断成长。

为了充分发挥实践作业在数学学科品牌建设中的作用，我们根据学段的差异制定了相应的实施方案。在低年段，主要以动手操作、图绘数学、动口描述为主，让学生在具体实物中感受数学的魅力，经历从用具体实物表达到用数学语言表达的抽象化的过程。这样的实践作业培养了学生的语言表达能力、动手操作能力，锻炼了学生的口算能力，为他们今后的数学学习打下了坚实的基础。

在中、高年段，主要以体验式、动手操作、巩固应用等实践作业为主。通过实践操作，学生能够更深入地理解数学原理，掌握数学方法，培养自身的动手能力、自主探究能力、解决问题能力、口头表达能力、创新思维能力及对美的感受力等。这些能力的培养对于学生适应未来社会发展具有重要意义。

为了确保实践作业的有效实施，学校建立了相应的评价和反馈机制，通过对学生实践作业的定期检查和评价，及时了解学生的学习情况，进而及时调整教学策略，优化教学内容。同时，鼓励学生积极参与评价过程，让他们在自我评价和同伴评价中不断提升自己的能力和素养。

3. 英语学科

在英语学科品牌建设中，学校基于"输出式"教学理念，构建了"1+1+N"教学模式，即以国家课程为主线，以绘本阅读课程为辅助，根据不同年龄段学生的心理特征和学习规律，实施英语绘本课程与主教材融合教学。这种教学模式旨在通过多样化的教学资源和方法，激发学生的学习兴趣和调动学生的学习积极性，提升课堂教学效果。

具体来说，"1+1+N"教学模式中的第一个"1"代表国家课程，这是英语学习的基础和核心。第二个"1"代表单元配套绘本，这是对国家课程的有益补充。绘本以其生动有趣的图画和故事情节，给学生提供了了解不同文化的窗口，吸引了学生的注意力，使他们能在轻松愉快的氛围中学习英语。"N"则代表主题阅读，这是拓展学生英语阅读面和提高其思维能力的关键环节。通过主题阅读，学生可以接触到内容更丰富的英语材料，了解不同领域的知识和信息。同时，主题阅读要求学生进行深入的思考和分析，从而培养学生的思维品质和学习能力。

在实施英语绘本课程与主教材融合教学的过程中，学校需保证学生的绘本阅读时间与频率，关注学生的阅读行为，给学生提供丰富的阅读资源。通过引导学生采用多种方式阅读绘本，如朗读、默读、角色扮演等，让学生在轻松、自主的氛围中进行学习。

4. 音乐学科

音乐学科品牌建设始终秉持"输出为本"的核心理念，坚守"大爱有为"

的教育理念，不断探索并丰富"有为·输出式"音乐课堂教学模式，深入观照中华优秀传统文化之韵，致力于构建面向全体学生的美育育人机制。"有为·输出式"音乐课堂教学模式引导学生对音乐核心知识进行迁移、内化，进而使其能自主构建知识体系。在课堂上，学生们能够积极主动参与音乐活动，且能够独立思考音乐知识，发现音乐作品的美，并运用创新思维输出音乐知识。

音乐学科注重突出以体验性、实用性为主的教学方法，将中华优秀传统文化融入教学之中，让学生在学习的过程中不仅能感受到音乐的魅力，还能够领略到中华文化的博大精深；同时，充分尊重学生的个性与想法，鼓励他们在课堂上积极发言、独立思考，从而调动高阶思维，增强他们对美的品鉴能力。

结合课标，学校将"输出式"教学渗透到音乐教学的四个核心领域，即感受与欣赏、表现、创造、音乐与相关文化。学校从这四个方面培养学生，期望学生能够具备包含传承意识的音乐学科思维，从而更好地理解和欣赏音乐作品。此外，学校注重培养学生的综合运用能力，鼓励学生将音乐知识与多学科知识相结合，紧密联系实际生活，进行艺术创新和实际应用。在此过程中，学生们将生成的想法及时转化为艺术成果，实现了高效率的音乐知识输出。

5. 美术学科

美术学科品牌建设旨在追求有境界的教学，构建有境界的课程体系，在追求美的道路上永不停歇。具体而言，学校构建了以"常规国家课程"为基础，辐射发展"项目课程""校本课程""校队社团"的美术学科课程体系。通过"有为·输出式"的课堂教学模式，以"创设问题情境引导课堂自然生成"的教学理念，践行"任务式"课堂目标。

在教学中，教师将学科知识与实际生活相联系，创设情境发布任务。教师重视大问题（核心问题）的提出，由核心问题出发，辐射小问题的提出和解决，在解决问题的过程中推动学生主动输出，培养学生以美术思维为本位的跨学科解决问题的能力。具体表现为：第一，培养学生认识美、体验美、感受美、欣赏美和创造美的能力，树立美好的世界观和人生观。第二，牢牢把握美术学科核心素养，注重学生美术学科思维的培养，让学生在美术学习的过程中，激发创造精神，提高美术实践能力，达到欣赏美、创造美的境界，陶冶高尚的审美情操，完善其人格。第三，遵循循证主义，以学生的输出表现作为输入质量的评价依据。通过教学帮助学生将知识内化沉淀为素养，引导学生通过大脑的建构活动，将情境问题转化为解决问题的任务，驱动学生主动输出。

二、实施探索阶段

2023年4月7日，横沥实验学校举行了"双微机制保障下的课堂教学范式变革"项目的签约暨启动盛典。这标志着学校从"知识导向"向"素养导向"的深刻转变，学校在教学改革领域迈出了坚实而富有前瞻性的步伐。学校不仅在变革教学范式、调整教学模式方面取得了显著成效，而且在探索"输入"与"输出"之间的平衡关系、构建基于"输出表现"的评价体系、促进师生深度学习实践探索及加强实践教学师资队伍建设等方面，进行了富有成效的探索和尝试。

（一）构建"双微机制"护航教学改革

为确保教学改革顺利推进并取得实效，学校创新性地构建了"双微机制"，即"微团队"与"微任务"相结合的工作模式。这一机制旨在有效破解教师在教学改革过程中可能遇到的动力不足、效能感低及改革能力薄弱等难题。

通过组建"微团队"，学校打造了由3~5名实验教师组成的成长共同体。在共同体中，教师们相互扶持、共同进步，共同分享在教学改革过程中总结的经验与教训。这种同伴互助的方式既增强了教师的归属感和凝聚力，也提升了他们解决问题的能力和信心。

"微任务"指的是学校将原本量大而复杂的改革任务细化为一系列具体、可操作的小任务。这些"微任务"具有耗时短、耗力低的特点，所以教师能够在完成过程中不断体验到成功的喜悦和成就感。这种"小步快行"的推进方式激发了教师的教学改革热情与动力，有助于他们在实践中不断积累经验、提升能力。

通过"双微机制"的示范效应和正向迁移作用，学校成功吸引了更多教师积极投身于教学改革实验中。教师们普遍认为，"输出为本"教学范式既能提升学生的学习效果和能力水平，也能促进教师自身的专业成长与发展。同时，学校也将这一成功的经验推广到各学科和各年级中，实现了教学改革的全面覆盖和深入发展。

（二）形成对"输出为本"教学范式的共识

在推广与实施"输出为本"教学范式的过程中，学校遇到了一系列挑战，其中最突出的是一线教师与校长们对于这一教学范式的理解存在局限性。为了克服这一难题，研究团队与实验学校携手共建学习合作共同体，通过多样化的学习形式，在"核心基础"教育理念的指引下，大家逐步凝聚起对"输出为本"教学范式的共识。

为推广"输出为本"的教学理念，我们与实验学校共同策划并开展了一系列学习活动。这些活动涵盖了主题研讨、"世界咖啡"交流、工作坊研讨等多种活动形式，旨在通过互动交流，加深教师对"输出为本"理念的内涵与价值的理解。

在主题研讨活动中，王红教授进行了以"变革教学范式 推进课堂形态转型：从输入为本到输出为本"为题的讲座。在讲座中，王教授剖析了"输出为本"教学范式中"输入"与"输出"的关系，并强调了输出的重要性和真实性，认为输出不仅是学习的目标，更是评价输入教学质量的关键标准。因此，在教学中应着重培养学生的输出能力，引导他们从解题向解决实际问题转变，并遵循生活逻辑，培养自信的人格。

"世界咖啡"交流为教师提供了一个深度交流的平台。在这个平台上，教师们可以释放内在的创新潜力，激发灵感，相互启发，形成新的见解。例如，专家博士带领教师们开展头脑风暴，鼓励教师们以图文结合的方式展示"输出为本"的教学设计初稿，并现场阐述其核心思想。这种互动式的对话有助于推动颠覆性创新想法的产生，为"输出为本"教学范式的推广与实施奠定了坚实的基础。

在工作坊研讨活动中，学校定期结合课堂教学案例进行分析，使教师在实际教学中真切感受到"输出为本"教学范式的魅力。在"输出为本"教学范式的课堂上，教师的角色从单纯的知识传授者转变为学生学习过程中的引导者和促进者。他们重新设定教学目标，提出更具挑战性的问题，聚焦于培养学生高阶思维能力。以蔡旻旻老师执教的《竹节人》一课为例，她通过师生合作读词的方式导入新课，激发学生的探究兴趣。随后，她组织学生以小组合作的形式完成"写竹节人制作指南"的任务，让学生在实践中体验知识的运用与输出。在分享环节，各小组展示了各自写出的竹节人制作指南，并自主提炼核心知识，总结了阅读文章的策略。最后，蔡老师引导学生将所学核心知识迁移应用于第二个任务——"教别人玩竹节人"，使学生在输出过程中巩固和拓展知识。整个教学过程不仅完成了教学任务，还增强了学生的自信心，促进了学生高阶思维的发展。

在探索实施阶段，学校注重主题研讨的开展，通过实践探索和经验总结，不断推动"输出为本"教学范式的完善与发展，增强了教师对新兴教学理念的理解与接受度。

三、调整反思阶段

为进一步完善和发展"输出为本"教学范式这一新的教学理念，学校对前期的实施过程进行了回顾与总结。

首先，我们深刻认识到，输出不仅是学习的终极目标，还是学习过程中的重要手段。通过输出，学生能够更有效地巩固与拓展知识，提升思维与表达能力。我们也意识到,输出并非孤立的存在,而是与输入紧密相连。只有在充分理解输入内容的基础上,学生才能进行有效的输出。因此,我们在教学中尤为注重培养学生的输入能力,通过给学生提供丰富的阅读材料和独立的思考空间,助力学生在不断学习与思考中积累知识和学习经验。

其次,我们对"输出为本"教学范式进行了具体的调整与优化,紧密结合学科特点与学生学习实际,制定了更加贴近实际的教学目标与教学策略。我们注重培养学生的实践能力与创新精神,通过设计具有挑战性与开放性的教学任务,让学生在实践中体会知识的运用与输出。同时,我们也加强了对学生学习过程的关注与指导,及时发现并解决存在的问题,确保学生在学习中能够取得实质性进展。

最后,学校联合实验学校共同开展了课例研究、教学反思等活动。通过对比分析不同教学案例的优缺点,提炼出更加有效的教学方法与策略。同时,学校还邀请教育领域的专家与学者对教学方法进行专业的指导与点评,为学校的教学改革提供宝贵的建议。

(一)引进名师进校交流

为了深入推进"输出为本"的教学改革,学校特邀了教育界的名师来校分享教学经验。名师进校交流活动不仅为学校教学改革提供了有力帮助,还为教师搭建了一个与优秀教育工作者深度交流、共同学习的宝贵平台。

名师通过举办讲座、组织研讨会等,向学校教师分享了在"输出为本"教学理念指导下的教学实践成果与心得体会。例如,详细剖析了如何科学地设计富有挑战性和开放性的教学任务,如何有效地引导学生实现高质量的知识输出,以及如何全面培养学生的实践操作能力与创新思维。在交流互动环节,学校教师积极向名师请教在教学中遇到的难题与困惑。名师耐心倾听、细致解答,并提供有针对性的建议与指导。通过与名师深入交流,学校教师不仅拓宽了教学视野,也提升了教学能力与水平。

(二)开展课例展示与研讨活动

开展课例展示与研讨活动旨在通过具体的教学实践案例,展示教师的教学理念、教学方法、教学技巧及学生的学习成果,从而促进教师之间的交流与学习,提升学校教师队伍整体教学质量。在对"输出为本"教学理念有了一定的认识后,学校各学科教师纷纷开展课例展示与研讨活动,在教学实践中积极运用"输出为本"教学理念。

以学校李淑桦老师所执教的"赤子忠心 《艾青诗选》读后汇报课"为例,该展示课以诗集展示、诗歌朗诵、诗歌创作三个输出式环节为核心,巧妙地将课堂内容串联起来，精彩纷呈。该展示课不仅充分展现了"输出式"课堂的魅力与成效，还有效地培养了学生的语言组织与运用能力及审美鉴赏与创造能力。

在研讨课例之前，应做好充分的准备；在研讨过程中，需有激烈的碰撞与深入的探讨；在研讨结束后，亦应深入思考并总结。学校以传统文化为坚实基础，将"输出式"教学理念作为开展活动的关键点，不仅为教师提供了一个展示自我、发挥才华的舞台，还为教师创造了相互学习、交流心得、共同进步的良好机会，实现了教师"互相学习，共同进步"的预期目标。

（三）采取同课异构教学方式

同课异构作为一种富有挑战性的教学方式，既考验教师的专业素养，也展示着教育的无限魅力。它是指在同一门课程中，面对学习基础、学习能力和学习方式存在差异的学生群体，不同的教师或教师群体根据各自的教学理念和经验，对同一教学内容进行不同的教学设计。

例如，以小学四年级英语课堂为例，基于"输出为本"教学范式，学校侯咏蓉老师和张倩博士都精心策划了同课异构课堂教学方案。侯咏蓉老师采用Phonics六步教学策略（即：Hear it, See it, Say it, Blend it, Write it, Read it）以及"输出式"教学理论，进行了生动而富有成效的课例展示。张倩博士则巧妙地以《Horton Hears a Who!》的动画故事作为导入，使学生在观看视频后能够尝试朗读绘本，发现绘本中"-or-"发音的单词，进而感知"or"字母组合的发音规律，并总结出发音特点。课后，现场与会人员围坐在圆桌前就不同的教学范式进行了深入探讨。通过对比两个课例，现场教师们更加清晰地认识到"输出为本"教学范式的重要性及其在实际教学中发挥的作用。

输出是教学的目的，而输入是实现输出的手段。教师需要精心设计教学任务，教学任务要着眼于学生的最近发展区，激发学生的学习兴趣，同时确保涵盖计划讲授的知识点。"输出式"课堂教学应注重培养学生的思维能力，激发学生的输出意愿，引导学生进行深度思考。教师要帮助学生学会用英语解决实际问题，实现知识的迁移和应用。

（四）注重教育评价

建立并实施科学的课堂教学评价体系，能有效发挥评价的引领与导向作用，促使教师转变教育观念，全面关注课堂教学中与教和学紧密相关的各类要素，进而推动课堂教学改革的不断深化。

通过课堂评价，教师能够精准把握学生的学习难点，及时调整教学策略与方法，针对性地帮助学生解决其在学习过程中遇到的问题，从而使学生更加清晰地认识到自身的不足，有效提升学生的学习成效。

四、深化落实阶段

在深化落实"有为·输出式"教学模式的关键阶段,学校围绕其核心理念、具体教学方法及实践应用等维度,展开全面的研讨与探究,进一步推动"有为·输出式"教学模式在学校教育体系中的高效运用。

(一)全面部署,凝聚合力

学校带领全体教师共同参与"有为·输出式"教学模式的构建,将其理念融入各部门、各中心、各级部、各学科(教研组、备课组)及教师个人的学期计划中,并将其贯穿于课堂教学、学科特色活动及德育活动之中。同时,注重教师的成果意识与评价意识的培养,促使其在日常课堂教学、各类学生作业的布置及特色活动中提炼成果,实施多元化评价。

(二)教研并行,深化实践

学校为学科组及教师配备了专业的研究伙伴,协助实验教师开展教学实践活动,共同探讨教学设计,促进"有为·输出式"教学模式的有效运用。同时,学校邀请一线学科名师参与听评课活动,为教师提供专业、有针对性的指导建议。

(三)多措并举,完善机制

学校建立了"微团队""微课题""微任务""微推广"等多微机制。各教研组成立课程研发微团队,专注于设计"输出式"课堂教学活动与作业;组织立项校级课题,深化对"输出为本"教学范式的研究;针对论文、教学案例及特色活动等微任务进行重点突破。深化应用方面,则通过明确人员、标准和阶段目标,推动教学模式的广泛传播与实践。

(四)课题引领,技术赋能

结合省级课题"基于智能研修平台数据驱动的小学课例研究模式建构",并充分利用央馆智能研修平台的技术优势,推动课堂教学方式的改革创新。通过大数据评课等方式,促进"有为·输出式"教学模式在课堂中的深入实践。

(五)立足学科,创新模式

在专家的指导下,基于学校的"有为·输出式"教学通用范式,结合各学科的特色及教师的多元实践样态,发展出具有学科特点的多样化、高效化、个性化的"输出式"课堂教学模式。

(六)构建体系,活动助力

在学生活动方面,学校秉持"大爱有为"的教育理念,开展"输出式"海量阅读活动及跨学科融合活动。以九年一贯制进阶式"阅读状元"体系为依托，践行"五有"体系，全面提升学生的语文素养及综合能力。学校积极引导学生深入阅读经典著作，帮助学生在广泛阅读、深入思考中提升素养、增长见识，为学生未来发展奠定坚实基础。

(七) 家校合作，共促成长

一方面，学校定期举办家长会、家长课堂等活动，邀请家长参与学校的教育教学活动，促使家长与学校同频共振、共同关注孩子的成长与发展。另一方面，学校通过微信公众号、家校联系群等渠道，及时向家长反馈孩子在校的学习情况和表现，引导家长积极配合学校的教育教学工作，促使家长与学校同心协力、共同营造良好的教育环境。

在家校合作过程中，学校注重引导家长树立正确的教育观念，鼓励家长与孩子共同成长。家长们的积极参与和支持，为学校的"有为·输出式"教学改革提供了有力的保障，也促进了学校与家长之间的良性沟通和合作。

教育教学改革是一个持续不断的过程，需要不断地总结经验、发现问题、改进提升。因此，学校除了定期组织教师开展教学反思和教学研讨活动之外，还注重收集学生和家长的反馈意见，及时调整教学策略和方法，确保教育教学改革的顺利进行。

通过采取以上一系列措施，学校在"有为·输出式"教学改革方面取得了显著的成效。教师们的教学理念得到了更新和升华，教学方法和手段得到了改进和创新，教师们更加注重因材施教，为学生提供更为个性化和精准的教学服务。学生们的学习积极性和主动性得到了激发和提升，学生们在语言表达、思维逻辑、创新能力等方面均取得了显著进步，学习能力和综合素质得到了全面提高。家长们的教育观念也得到了更新和转变，家校合作更加紧密和有效。

面向未来，学校将进一步深化对"有为·输出式"教学模式的研究与实践，不断完善和优化教学体系和教学方法。此外，学校积极加强与其他学校和地区的交流与合作，使"输出为本"教学范式在更大范围内得到应用与推广。

第二节 课题之光——"输出式"教学研究课题纪实

在教育创新探索的天地中，课题研究如同闪耀的灯塔，为教学革新指明方向。在"有为·输出式"教学的推动下，横沥实验学校教师积极投身教研工作，勇于实践，开展了一系列课题研究项目。从小学到初中，从单一学科到跨学科融合,丰富的课题不仅彰显了教师的改革创新精神,还推动了"有为·输出式"教学改革的深化,促进了学校教学质量的全面提升,更为学生全面而有个性的发展注入了新的活力。

一、课题研究概览:教学改革的实践与创新

目前,学校研究的与"输出式"教学相关的课题如表1-1所示。

表1-1　学校研究的与"输出式"教学相关的课题

主持人或科组	课题名称	级别
袁怀敏校长	基于"输出为本"的义务教育高质量教学模式实践研究	省级
胡飞副校长	基于"输出为本"的九年一贯制学校整体推进品质教学的实践研究	市级
初中科学组	基于"输出为本"的初中物理—生物跨学科融合的实验教学课程开发与实践研究	省级
初中人文组	基于深度学习的初中历史"输出式"教学模式构建与实施	省级
小学语文组	基于"输出式"教学范式的小学低年级语文实践作业设计研究	省级
小学语文组	基于"输出式"教学的小学语文跨学科学习任务群实践研究	镇级
初中数学组	基于问题驱动的初中数学深度学习路径研究	镇级
初中英语组	"教—学—评"一体化背景下英语主题式阅读教学实践研究	镇级
小学数学组	基于"输出为本"的真实性问题情境设计的实践研究——以小学数学数与代数为例	镇级

(一)省级课题精粹:树立教育改革的航标

袁怀敏校长主持的省级重点课题"基于'输出为本'的义务教育高质量教学模式实践研究",以深刻的思考和创新的实践方式引领着学校教学改革的航向。该课题站在教育前沿,以"输出为本"为核心理念,致力于探索和实践一种全新的、高效的教学模式,推动学校义务教育质量的整体提升。

"输出为本"教学理念注重学生的学习成果和实际应用能力。我们深知,知识的真正价值在于运用,而非仅仅停留在书本上。因此,该课题旨在通过一系列精心设计的实践活动,让学生在亲身体验中学会知识、掌握技能,最终促使学生将所学知识、技能转化为解决实际问题的能力。

在研究过程中，我们遵循"理念先行—整体规划—评价导向—资源整合—骨干引领—研修促动—技术支撑—成果输出"的工作思路，每一步都力求精准、高效。通过整合校内外优质教育资源，搭建起一个多元化、互动式的教学平台，让学生在轻松、愉悦的氛围中快乐学习、健康成长。

该课题从"输出式"九年一贯制课程设计，到"输出式"多元作业设计，再到"输出式"学科特色活动设计，始终以学生为中心，关注学生的个性化需求和发展方向。同时，学校构建了教师跨学段融合研修体系，帮助教师提升自身素养，以使其更好地服务于学生的成长。此外，基于"输出为本"的理念，学校为学生制定了个性化发展规划，建立了"输出式"评价体系，以确保每一位学生都能在适合自己的道路上稳步前行。

（二）市级课题聚焦：探索品质教育的路径

在东莞这片教育的热土上，"品质教育"不仅仅是一个口号，更是我们孜孜以求的目标。胡飞副校长主持的市级重点课题"基于'输出为本'的九年一贯制学校整体推进品质教学的实践研究"，便在这样的背景下应运而生。该课题旨在将"输出为本"的教学理念与东莞"品质教育"的精神紧密结合，探索提升九年一贯制学校教学品质的新路径。

该课题的切入点是九年一贯制学校的特殊性。横沥实验学校作为东莞市第一所建成的九年一贯制公办学校，承载着学生从小学到初中的连贯教育，对学生的终身发展具有深远的影响。在这一教育阶段，学生的认知、情感、社交等都快速发生着变化，因此，如何在这个阶段实施"输出为本"的教学理念，整体推进品质教学就显得尤为重要。

该课题主要研究内容紧密围绕"输出为本"教学范式展开，同时充分考虑九年一贯制教育的特点，通过设计具有连贯性和层次性的教学活动，让学生在实践中学习，在应用中成长。实施策略包括创新教学方法、优化课程结构、完善评价体系等多个方面，力求在保持教学连贯性的同时，充分激发学生的学习兴趣和创造力。

该课题的实践意义和推广价值不仅在于提升九年一贯制学校的教学质量，更在于为整个东莞市乃至全国类似学校提供可借鉴的经验。当然，研究成果既可以在九年一贯制学校中被广泛应用，也可以为其他类型学校的教学提供有益的参考。

（三）多元课题交响：共谱教育改革的乐章

随着"输出式"教学改革的深入推进，学校在多个学科和领域开展了丰富多彩的课题研究活动。这些课题既具有独立研究的价值，也与上述省、市、镇级重点课题一起构成了学校的完整课题群,为学校的教学改革注入了新的活力。

1. 跨学科融合的尝试

在跨学科融合方面,学校积极探索了不同学科之间的融合点,旨在打破传统的学科课程界限,为学生提供更为综合、全面的知识教育。学校初中科学组主持的省级课题"基于'输出为本'的初中物理—生物跨学科融合的实验教学课程开发与实践研究",探索了物理与生物、化学与数学等学科的有机融合。在"输出式"教学理念的指导下,我们鼓励学生将跨学科的知识进行整合,并应用于解决实际问题中。这种教学方式有效提升了学生的知识输出能力,培养了他们的综合素养和创新能力。

为了实现跨学科融合与"输出式"教学的互补,我们开展了一系列教学实践活动。以物理与生物融合课程为例,学生通过探究生物力学、生物电磁学等跨学科问题,加深对物理和生物知识的理解,培养科学探究能力和创新思维。

2. 深度学习的探索

深度学习强调学生的主动性、批判性思维和解决问题的能力。学校初中数学组主持的课题"基于问题驱动的初中数学深度学习路径研究",以及初中人文组主持的广东省2025年度中小学教师教育科研能力提升计划项目"基于深度学习的初中历史'输出式'教学模式构建与实施",重点探讨了深度学习与"输出式"教学两者的有机结合点,以培养学生的高阶思维能力和自主学习能力。通过设计具有挑战性的学习任务,我们引导学生在深度探究中挖掘知识的本质,并鼓励他们通过写作、演讲等输出活动,将所学知识进行内化和外化。

在教学实践中,我们注重深度学习环境的营造和学习资源的整合,通过创设问题情境、提供丰富的学习资源和搭建合作学习平台等方式,激发学生的学习兴趣和探究欲望。同时,注重深度学习策略的指导,帮助学生掌握有效的学习方法和思维技巧。这些举措有效提高了学生的学习效率和应用能力,也培养了他们的创新思维和实践精神。

3. 实践作业的创新

实践作业是检验学生学习成果的重要方式,也是培养学生实践能力和创新思维的有效途径。学校小学语文组主持的省级课题"基于'输出式'教学范式的小学低年级语文实践作业设计研究",致力于探索实践作业与"输出式"教学的融合,注重实践作业的设计与实施,旨在通过具有趣味性和实用性的作业,激发学生的学习兴趣和创造力,并引导学生通过输出活动分享自己的学习心得。

为了将实践作业与"输出式"教学更好地融合起来,我们开展了一系列教学实践活动。例如，在小学低年级语文教学中，我们设计了观察日记、手工制作等实践作业，让学生在亲身体验中感受知识的魅力。另外，学校还通过教师评价、学生自评、学生互评等方式，全面、客观地评估学生的学习成果。

4."教—学—评"一体化的协奏

"教—学—评"一体化强调教学、学习和评价的相互促进和协调发展。学校初中英语组主持的课题"'教—学—评'一体化背景下英语主题式阅读教学实践研究"，重点研究"教—学—评"一体化与"输出式"教学的协同开展，注重将评价与教学和学习紧密结合起来，旨在构建一种更为科学、合理的评价体系。

在教学实践中，一方面，我们注重"教—学—评"一体化的实施策略和方法，通过设计多样化的教学活动和评价任务，激发学生的学习兴趣和积极性。另一方面，我们注重评价结果的反馈与利用，通过多元化的评价方式，如鼓励学生开展写作、口语表达等输出活动，全面、客观地评估学生的学习成果。

5.跨学科学习任务群的设计构建

跨学科学习任务群是学校教育教学改革的一项重要举措，小学语文组主持的镇级课题"基于'输出式'教学的小学语文跨学科学习任务群实践研究"，重点研究跨学科任务群的设计与"输出式"教学的联系，注重设计具有综合性、实践性的学习任务，通过整合不同学科的知识和技能，让学生在解决实际问题的过程中综合运用各种学习资源和方法。在输出学习成果方面，我们鼓励学生以项目报告、PPT展示、表演等形式进行输出，培养他们的跨学科学习能力和创新思维。

在教学实践中，我们开展了一系列跨学科学习任务群的教学实践活动。例如，设计"环保科技"跨学科学习任务群，任务群融合了科学、技术、数学等多个学科的知识和技能。学生在完成任务的过程中，不仅深入理解了环保科技的相关知识，还提升了自身的实践能力和创新思维能力。同时，我们注重跨学科学习任务群的评价与反馈机制的建设，通过多元化的评价方式，全面、客观地评估学生的学习成果。

6.真实性问题情境的创设

在学校小学数学组研究的课题"基于'输出为本'的真实性问题情境设计的实践研究——以小学数学数与代数为例"中，以小学数学数与代数的教学为例进行了深入探讨。通过创设与学生生活实际紧密相连的问题情境，引导学生进行深入思考和探究；鼓励学生将所学知识应用于解决实际问题，通过输出结果检验学生的学习效果和应用能力。真实性问题情境的创设，有效提高了学生的学习积极性和解决问题的能力，培养了学生的实践精神和创新思维，让学生更加明确学习的目标和意义。

为了更好地契合真实性问题情境与"输出式"教学，我们开展了一系列教学实践活动。例如，在小学数学数与代数的教学中，创设了"购物清单"真实性问题情境，让学生通过计算和比较不同商品的价格和数量来解决实际问题，培养学生的数学思维和应用能力，让学生在解决实际问题的过程中自然而然地输出所学知识。

二、课题与实践共进：教学革新的双向驱动

课题研究与教学实践的结合是推动学校教学改革不断前行的强大动力。学校致力于探索一种多元互动与协同发展的新模式，其中课题研究与教学实践是相互渗透、相互促进的有机整体，它们共同驱动教学改革向纵深推进。课题间的互通互补能够加强不同研究之间的交叉融合，有助于形成更为全面和深入的教育理论体系。此外，课题与实践的紧密互动既能为实践提供科学的理论指导，又能通过实践的反馈不断完善和丰富课题研究的内涵，如图1-1所示。

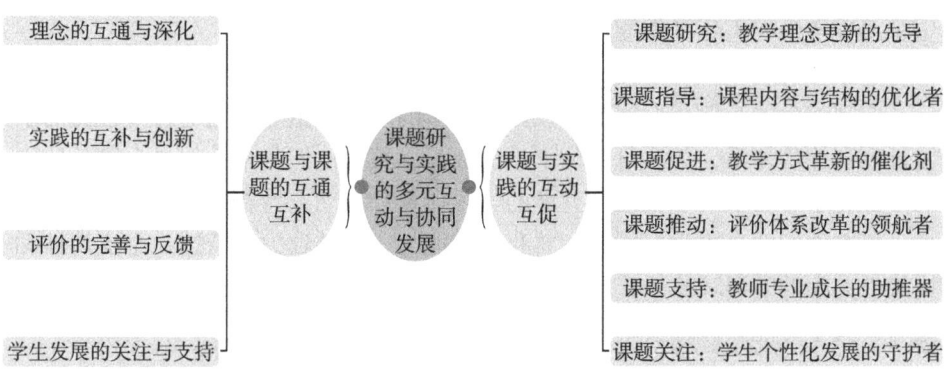

图1-1 学校"输出式"教学相关课题研究与实践的多元互动与协同发展

（一）课题与课题的互通互补

在"输出式"教学课题研究中，我们不仅关注单一课题的深入研究，还重视课题之间的互通与互补。

1. 理念的互通与深化

教育的目的在于激发学生的内在潜能，而"输出为本"教学理念正是实现这一目标的关键。通过深入研究课题群，可以将教学理念转化为一系列切实可行的教学策略和评估标准。我们在教学时鼓励学生通过实际操作、创造性表达和批判性思考，将所学知识内化为自己的能力。这种教学方式的实施，使学生从知识接受者转变为知识探索者和创新实践者，从而在语文、数学、科学等多

个学科领域中，培养出独立思考和解决问题的综合能力。

2. 实践的互补与创新

学校的课题群在课程与作业设计上展现了丰富的实践互补性。精心设计的教学活动和作业任务，激发了学生的好奇心和求知欲，引导他们主动探索知识的奥秘。学校组织的跨学科融合实践活动，如将物理知识与生物知识相结合，不仅拓宽了学生的知识视野，还锻炼了他们的综合分析能力。学校探索出的创新性教学方法，如问题驱动教学和主题式阅读教学法，进一步提高了课堂的互动性，使学生能够在类似现实生活的场景中运用所学知识解决问题，从而实现学生对知识的深度理解和应用。

3. 评价的完善与反馈

完善评价体系是学校"有为·输出式"教学改革的重要部分。学校建立的评价体系主要是用于全面评价学生的知识掌握能力、实践能力、创新思维能力和解决问题的能力。以学生为中心的评价和反馈机制，鼓励教师在教学过程中持续反思和反馈，及时调整教学策略，提升教学的针对性和有效性，以适应学生的个性化学习需求。多元化的评价方式，不仅应关注学生的考试成绩，还应重视培养学生的实际操作能力和创新能力。

4. 学生发展的关注与支持

实现学生的个性化发展是学校教学改革的重中之重。我们通过个性化的学习计划和评价体系，关注每一位学生的成长，尊重他们的个性差异，满足他们的个性化学习需求。学校设计有趣的学习任务和活动，旨在提高学生的学习兴趣，培养他们的自主学习能力和自我管理能力。学校致力于营造一个支持性和挑战性并存的学习环境，让学生在学习过程中发现自我、实现自我，最终成为具有终身学习能力和社会责任感的公民。

（二）课题与实践的互动互促

在教育改革中，课题研究与教学实践的联系愈发紧密。学校通过课题研究引领教学改革，初步实现了理念的更新、课程的优化、教学方式的创新、评价体系的改革、对教师专业成长的支持，以及对学生个性化需求的关注。

1. 课题研究：教学理念更新的先导

学校的课题研究深入挖掘"输出为本"教学理念，这一理念在教学中的实际运用促使教师从传统的教学方式转向一种更加注重学生主动参与讨论和创造性表达的教学方式。

2. 课题指导：课程内容与结构的优化者

课题研究在课程内容与结构的优化上，扮演着不可或缺的指导者角色。研究成果不仅提供了跨学科融合的具体路径，还强调了实践活动和项目式学习在课程设计中的重要性。这些宝贵的研究成果促使教师打破学科之间的壁垒，在课程设置上大胆创新，让学生在探究和实践中探索知识的无限可能。

3. 课题促进：教学方式革新的催化剂

课题研究鼓励教师跳出传统的教学框架，采用更加多样化和互动性强的教学方法。问题驱动、主题式阅读等创新性教学方法，正是课题研究的优秀成果。这些方法激发了学生的学习兴趣，让学生在真实情境中运用知识解决问题，实现了知行合一。

4. 课题推动：评价体系改革的领航者

课题研究在评价体系改革中扮演着领航者的角色。它提出了评价体系多元化的必要性，强调评价要关注学生的知识掌握能力、实践能力、创新思维能力和解决问题的能力。课题研究坚持的"输出为本"教学理念的实践推动了学校评价体系的全面改革，促使学校引入了自我评价、同伴评价等多元评价方式，使得评价更加全面和公正，更能反映学生的全面发展。

5. 课题支持：教师专业成长的助推器

教师是教学改革的执行者，他们的专业成长对教学改革的成功起着至关重要的作用。课题研究在教学改革这一过程中起到了助推器的作用。它不仅给教师提供了丰富的教育研修和交流机会，还鼓励教师进行教学反思，促进了教师专业技能的提升。

6. 课题关注：学生个性化发展的守护者

在关注学生个性化发展方面，课题研究倡导为每个学生提供量身定制的学习计划，满足他们独特的学习需求。这一关注点促使学校为学生提供了更加多样化的学习资源和选择权，让他们能够根据自己的兴趣和目标进行学习。

三、成果的应用与推广：教学革新的区域辐射

在学校的教学改革中，课题研究成果的应用与推广是实现教育创新的关键一步。我们珍视每一份研究成果，致力于将其转化为教学实践的动力，确保其实现价值最大化。为了充分发挥这些成果的实践价值，学校制定了一系列前瞻性规划来确保成果得到有效应用和推广。

（一）研究成果的应用：预期与实施

第一，日常教学的"输出式"革新。将"输出式"教学理念融入每一堂课，使之成为课堂教学改革的"心脏"。学校通过设计富有实际意义的教学活动，让学生在参与、实践和输出的过程中深化对知识的理解，锻炼其解决问题的能力。例如，在历史课堂上，学生通过模拟演讲、辩论或撰写小论文，对历

史知识有了更为深刻的认识和理解。

第二,跨学科融合课程的创新开发。依托"跨学科融合"课题的研究成果,学校打破学科之间的壁垒,开发综合性课程项目。这些课程的内容围绕现实世界的问题展开,引导学生在解决问题的同时,自然地整合多学科知识。如以"环境保护"为题,让学生运用科学、地理、数学、艺术等知识,共同构思解决方案。

第三,深度学习路径的探索实践。借助"深度学习路径研究"课题成果,学校为学生铺就一条深度学习之路,重视培养学生的主动探索能力、批判性思维能力和解决问题的能力。通过设计具有挑战性的学习任务,激发学生的探究欲,培育其自主学习的精神。例如,在科学课上,学生可以围绕特定主题进行深入研究,从提出问题到完成研究报告,经历完整的科学探究过程。

(二)研究成果的推广:策略与路径

第一,研讨会与工作坊的深度交流。课题结题后,学校组织研讨会和工作坊,邀请教育专家、教师和家长共同参与,分享研究成果。

第二,学术论文与教育期刊。通过撰写与发表学术论文,学校将研究成果的具体内容、方法论传递出去,激发更多教育工作者对教学改革的思考。

第三,网络平台与社交媒体的广泛影响。利用信息技术的优势,学校将在官网、教育论坛和社交媒体上分享教学理念和案例,扩大影响力。

第四,合作与交流的持续互动。学校积极寻求与其他学校的合作机会,通过校际访问、教师互换、联合教研等形式,实现教学实践的直接交流,共同推动教学质量的提升和教育创新的发展。

四、未来研究的航向:教学革新的深化探索

随着课题研究的不断深入,学校已经取得了一系列重要的研究成果。然而,教学改革是一个持续不断的过程,需要不断探索。

(一)"输出式"教学策略的深化与创新

在对"有为·输出式"教学策略的优化上,学校将致力于适应不同学科和年级的特殊需求。不同学科的知识体系和教学方法各异,不同年级学生的认知特点和学习需求也不尽相同。因此,学校计划开展更为细致的研究,以调整和完善"输出式"教学策略,使之更加贴合学科特性和学生需求。同时,为了提升学生的参与度,我们将探索更加多元化的输出方式。除了传统的书面作业和项目之外,口头报告、角色扮演、团队竞赛等互动形式将被纳入教学设计中,以激发学生的学习兴趣和积极性。

(二) 跨学科融合的深入探索

学校将深入研究不同学科之间的内在联系，探索更多有效的整合方式。综合性实践项目的设计与实施，有助于学生在解决实际问题的过程中自然而然地融合多学科知识。此外，学校将着重研究如何通过跨学科融合课程提升学生的综合能力，尤其是提升学生的创新思维能力、批判性思维能力和解决问题的能力，为学生的终身学习和未来的职业生涯打下坚实的基础。

(三) 深度学习路径的持续研究

学校将持续设计具有挑战性的学习任务和活动，在教学中引入现实生活的问题情境，让学生在解决问题的过程中锻炼分析、评价和创造的能力。为了更准确地评估学生的深度学习效果，学校将完善现有的评估体系，纳入口头报告、项目展示、同伴评价等多维评估方式。同时，关注学生在深度学习过程中的情感、态度和价值观的发展，以确保其全面发展。

当我们驻足回望，一幅教学改革与课题研究交相辉映的壮丽画卷在眼前徐徐展开。"输出为本"教学理念如同画卷的底色，奠定了教学改革的基调。在这一理念的指引下，学校开展了一系列富有创新和探索精神的课题研究，并将基于这些课题继续探索出更加符合学生发展需求的教学方法，为学校"输出式"教学改革提供有力的支撑。

第二章

要素与准则——"输出式"教学模式的构建

第一节 "有为·输出式"教学的概述

"有为·输出式"教学是基于横沥实验学校特色教育"有为教育"和"输出为本"教学范式而提出的。

一、何为"无痕·有为"教育

无痕教育认为,教育应当是润化性自我生成的,其真正意义在于唤醒生命的自觉性和心灵的自为性。横沥实验学校是松山湖无痕教育集团的成员学校,集团核心办学理念"无痕+"与横沥镇的"善行文化"特色相结合,形成了"无痕·有为"教育。"无痕·有为"教育是无痕教育的个性化表达,其认为理想的教育教学状态是让学生在积极主动和潜移默化中获得知识、形成能力,在淡墨无痕和春风化雨般的教学中发展思想、凝练素养、培养精神。"润物无声"是教育教学的最高境界,无形却实在,无声胜有声,无痕有善果。基于此,学校形成了"大教无痕·大爱有为"的教育理念,树立了培育具有大爱情怀和有为志向的新时代少年的办学目标。

"有为教育"包含三个方面,分别是"有为学校""有为教师""有为学子"。学校、教师、学生,三者彼此成就,互为因果:创有为学校,培土铸魂;做有为教师,培根强茎;育有为新人,花繁叶茂。

(一)有为学校

"有为学校"以实施有生活宽度、精神高度、素养深度和人文温度的"无痕·有为"教育为办学路径,志在打造一所探索型、创新型、实验型的新机制公办学校。"有为学校"必须有视野的宽度、格局的高度和融合的深度;必须立足于社会对人才的需求、家长对孩子的期待和孩子潜能的发挥;必须以生为本,以师为重,构建良好的学校生态教育体系。以生为本,即必须关注孩子的"三个三"(三个世界、三重生命、三大场景),构建真学习的格局。其中,

"三个世界"涵盖书本世界（包括教材、教参、教辅及各种教学所需的文本资料）、生活世界（指社会生活，包括古今中外的所有社会生活领域）、精神世界（指学生的思想、品德、心理、情操等）。

（二）有为教师

"有为教师"是指有大爱的情怀、先进的教学理念、良好的思辨力和创造力、开阔的视野和积极面向未来的见识与勇气的教师。"有为教师"具备更强的技术整合能力、更强的个性化教学能力、更强的跨学科教学能力，以及更强的自我学习和自我更新能力。

（三）有为学子

"有为学子"强调全人教育，在新时代新形势下，学生应德育、智育、体育、美育、劳育全面发展，成长为一个健康的人、一个健全的人、一个生命幸福完整的人，具有完整的精神生命。学生从身心健康、为学品格、文化底蕴、科学态度、责任担当、知行合一、思想境界、言行举止、人伦恩义九个方面去实现修身、治学、济世的三统一（图2-1）。

图2-1 "有为学子"的素养结构图

与"有为学子"素养结构图对应的评价体系是"九为少年"评价体系，分别是"智为、可为、善为、健为、创为、雅为、仁为、勇为、和为"（图2-2）。通过"九为少年"评价体系，"有为学子"能珍惜学习时光，心无旁骛地求知问学，增长见识，丰富学识，沿着求真理、悟道理、明事理的方向前进，实现自身全面而有个性的成长。

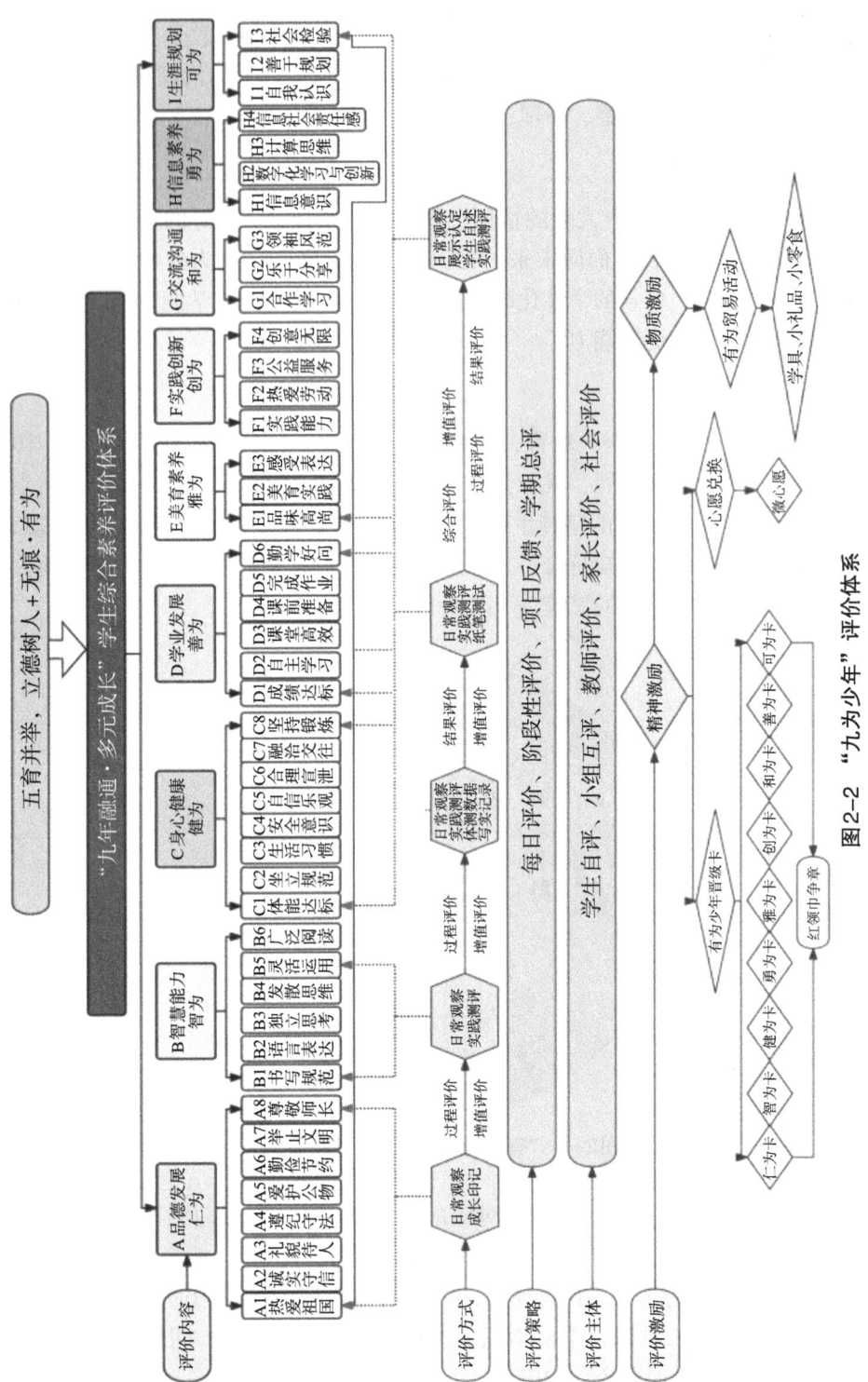

图2-2 "九为少年"评价体系

经过教育实践与思考,"有为教育"形成了"有为学生"的"一二三四五"模式,即"一德、二健(身体健康、心理健康)、三自(自主、自信、自强)、四能(基于自我认识和自我调控的持续学习技能、基于批判性思维的现实问题解决技能、基于设计性思维的创新创造技能、基于人际关系的合作交流技能)、五艺(读写、数理、艺术、礼仪、信技)"模式。

育人路径主要有三条。一是体悟式活动德育(树立有为志向):重活动体验感悟。"有为德育"立足于活动开展和行为实施,让学生通过活动,体验感悟利他的责任与价值;通过行动,生成与强化助人的品质与志趣。二是生成式认知教学(生成有为本领):重科学思维培养。"有为教育"强调因材施教,重视培养学生的科学思维,注重培养学生的创新创造能力、沟通能力和合作能力,关注学生的读写技能、智能技术的学习与掌握情况。三是传导式校园文化熏陶(弘扬有为价值):重潜移默化育人。"有为教育"的校园文化以"大爱有为"为主旋律,通过设施、装饰、文宣、制度、活动,强化善行为,生成好品质,引导价值观,激发正能量,提升思想境界。

二、何为"输出为本"教学范式

教学范式作为教学实践行为的底层逻辑,是基于教与学的本质要素提出的,涉及从教学价值观到教学实践层面的整体要素的组合,对教学实践有较大的影响。

现在的课堂教学不再走"输入为本"的老路,而是逐步从重视知识的简单记忆转向重视知识的形成过程,通过知识迁移输出培养学生解决问题的能力。尽管课堂教学的形式、场景、模式发生了一定的改变,但是仔细深入研究后可以发现,课堂教学本质依然注重强调知识从外到内的"输入",尚未触及教学范式层面的变革。智能时代下,社会对人才的需求发生了根本性的转变,传统的技能和知识体系已经难以满足新的工作要求,对于具备创新思维和创造力的人才需求大幅增加。教育应顺应时代的发展,将培养学生高阶思维及运用知识解决不同情境中问题的能力作为重要的价值追求之一,为此教学不仅要关注知识的输入,还要关注知识的输出转化。根据思维的生成机制,要培养学生的高阶思维,教师必须精心设计与学生生活经历紧密联系的输出任务,并给予学生多样化的输出转化机会,帮助学生在解决问题的过程中实现思维的迭代优化。因而,教师如何通过教学引导学生将知识与信息进行深度加工,最终输出转化,从而激发高阶思维活动的发生,成为通过教学促进学生高阶思维发展的关键。

"输出为本"教学范式强调教师通过设计输出任务引导学生对知识进行自我建构,从而发展高阶思维。

从"输出为本"教学范式的实践模型可知(图2-3),"输出为本"教学范式是整合了生成学习、学习成效金字塔、深度学习、学生发展核心素养等以学习者为主体的理念研究成果，同时也是根据未来人才发展的需要与当前教育教学的现状提出的新理念。"输出为本"教学理念旨在通过改变教师教育价值观、教学秩序及具体教学行为等，促进学生提升输出转化能力、发展学生高阶思维，从而培养出擅长将所学知识运用到实践中，并能创造性地解决实际问题，符合时代发展的人。

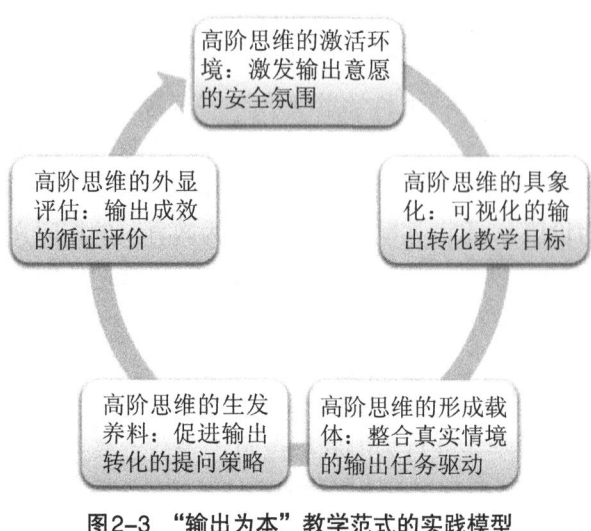

图2-3 "输出为本"教学范式的实践模型

三、何为"有为·输出式"教学

教学改革的核心聚焦于课堂，特别是通过深化合作学习模式、构建高效课堂体系、促进学生自主学习以及实施"学历案"等多元化教学形式，来切实提升教学质量。然而，要精准把握并开辟教学改革的有效路径，关键在于深刻洞察并紧抓教学的本质逻辑，即精准识别并着力解决教学中的核心问题与关键环节。

（一）"有为·输出式"教学的基本认知

经过几年的实践，"有为教育"在教学上逐渐形成以下几点认识：

第一，学生是学习的主体，学生的积极接受与反馈，方能彰显教师有效教学的效果。学习本质上是一种内在的知识建构与创造过程，唯有当学生主动参与对知识的诠释与建构，知识方能被赋予实际的意义。如此，学习的真正意义才能得以实现。

第二，学习的目的不仅是获得知识，而更是让学生通过对知识进行意义建构来培养思维，形成善于思考、发现问题、解决问题的能力。学生的建构水平要经历从低级到高级渐进的发展过程，因此教学既要以学生现有的建构水平为基础，也要为促进学生建构水平的提高创造条件，从而促进不同学力水平的学生实现全面且个性化的成长。

第三，教师最重要的作用不是组织和表述知识，而是有效引导学生对意义生成过程和知识体系的自主构建。在教学过程中，教师是学生学习的协作者、对话者、同行者。

第四，强调学习动机不仅来自于学生自身认识和责任担当，要通过目标激励、任务驱动，激发学生内在的学习动力，提高学生学习的积极主动性。

第五，教学要尽可能避免使用单一的灌输形式，而是要将学习内容与现实生活或真实情境相联系，使得学生在学习知识的过程中领悟知识在生活应用中的价值，并能进行知识的迁移和应用，形成解决问题的能力和具有高阶思维的创造能力，增强"四能"（基于自我认识和自我调控的持续学习技能、基于批判性思维的现实问题解决技能、基于设计性思维的创新创造技能、基于人际关系的合作交流技能）。

第六，学习评价要以学生的学习表现和学习效果为依据。学习评价应当牢固立足于学生的学习表现与成效之上，深度聚焦于学生如何将所学知识应用于实践、思维能力的飞跃发展以及情感态度的积极正向变化。这些多维度的进展，不仅是学生自主学习内驱力蓬勃生长的标志，也是教师实施有效教学、营造积极课堂氛围的直接成果。在成果导向的评价体系下，学生能够清晰地看到自己的成长轨迹，从而能在持续的自我挑战与实现中，不断增强"三自"（自主、自信、自强）。

（二）"有为·输出式"教学体系的构建

在构建"有为·输出式"教学体系的过程中，学校一是提炼出了课堂教学的"四要素"，即构建一系列阶梯式学习目标、创设一个真实的学习情境、开展一次有效的合作探究、实施一次基于高阶思维的输出（图2-4）。

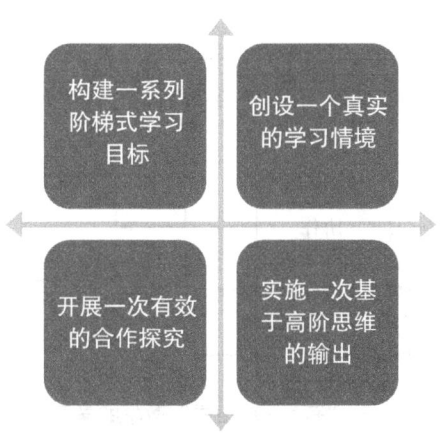

图2-4 "有为·输出式"教学的"四要素"

二是凝练出了教学设计的"六驱动",即学情驱动、目标驱动、任务驱动、情境驱动、评价驱动和技术驱动(图2-5)。

图2-5 "有为·输出式"教学的"六驱动"

三是构建了课堂教学的初步样式(包括学习者角度和教师角度,图2-6、图2-7),引导学生对核心知识进行迁移、内化,对知识体系进行自主构建,增强有利于综合发展、终身发展的核心素养,提高解决问题的核心能力。

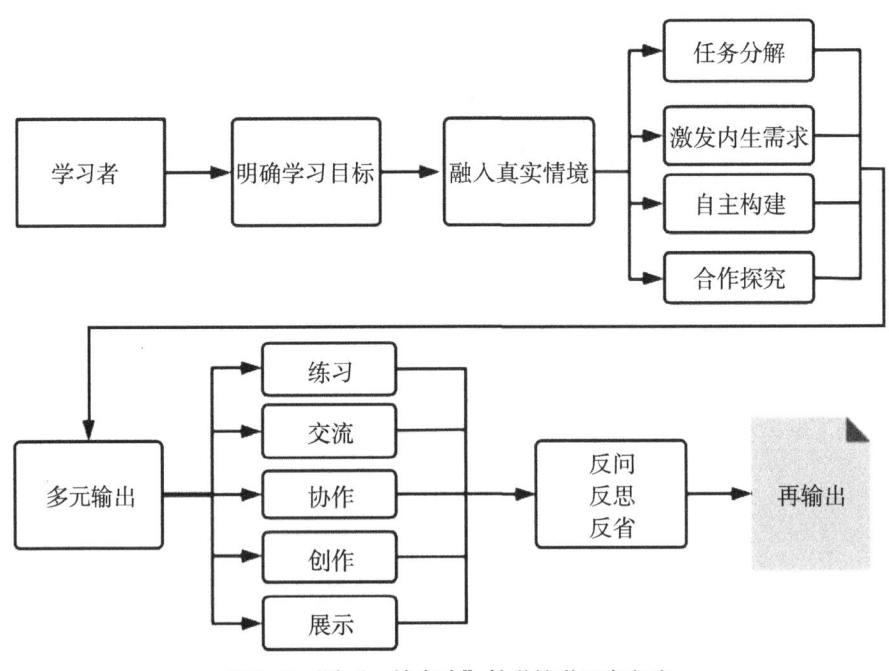

图2-6 "有为·输出式"教学的学习者角度

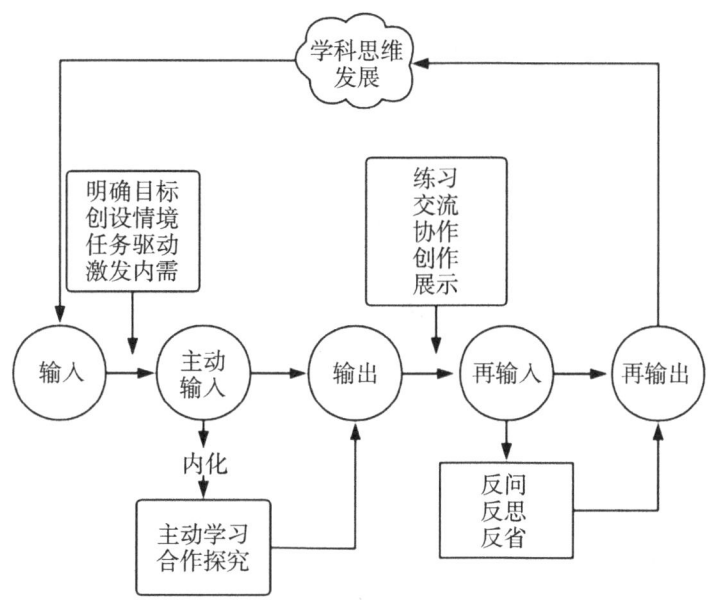

图2-7 "有为·输出式"教学的教师角度

这些教学上的新认识需要理论和实践的双重指引,在专家团队的指导下,学校结合"输出为本"教学范式与"有为教育"在教学上的理念认知,从三个层面、六大策略推动课堂教学变革。

三个层面形成合力,全面推动教学变革。首先,在宏观层面上,由学校教研处牵头,在理论深化、外部资源、专题研修、课题申报、制度和评价体系等方面用力。其次,在中观层面上,各部门、各中心、各级部、各教研组,一科一特色、一级一主题,在教学计划、活动简讯、工作总结、校本课题、专题研究、集体备课、学科特色活动、德育活动及成果展示等方面用力。最后,在微观层面上,备课组、学科教师、项目组,在课堂教学模式、特长生培养、实践作业、特色课程、专题研究、同伴实践等方面用力。

六大策略多管齐下、多措并举。学校统筹推进教学变革、德育变革、管理变革,引领"有为·输出式"教学从感性走向理性、从范式走向模式、从概念走向实践、从浅表走向深层。一是组织"校本研修"专题培训活动,集中资源攻关;二是同伴共行式教研与教学实践;三是通过"微团队""微课题""微任务""微推广"形成"多微"机制,靶向突破;四是依托课题,技术驱动;五是构建基于学科特点、课型的"输出式"教学模式;六是构建基于"输出为本"的教学评价体系。

"有为·输出式"教学是学校建校以来在松山湖无痕教育集团的引领下打

造的教育教学改革的成功案例，也是学校全面而有个性的"有为"育人模式的实践成果，更是我们未来统筹课堂、课程改革的旗帜。"有为·输出式"教学的整体推进和全面实践，使得学校实现了三个成长、四个转变。

三个成长：一是学生成长，培养了学生的核心素养，提升了学生的输出能力，让学生更自信大方；二是教师成长，以教学范式落实核心素养培养，提升了教师的教学境界，增强了教师的研究能力；三是学校成长，有抓手，引领教师落实教学范式，提升了学校的组织力、领导力。

四个转变：一是转变了学生的精神面貌，学生思维层次得到提升，个性更加张扬；二是转变了教师的教学方式，将学生的思维能力从低阶逐步提升至高阶，这一过程具有层次性，具体表现为从低阶输出开始，逐步过渡到中阶输出，最终达到高阶输出；三是形成了学校教研新范式新路径，校本化双微机制模式的领导组织行为，与学校高质量发展路径相适应相匹配，丰富了学校的课程教研和教学资源，加强了对教师教学和教研的管理；四是深度贯彻新课标教育理念，真正呈现"以学生为中心、以问题为导向、以素养为本"的教学模式，落实立德树人的根本任务。

第二节　精准锚定：输出目标的设定与追求

教学目标是整个教学活动不可或缺的组成部分。什么是教学目标？通俗来说，教学目标是教师对学生通过课堂教学应达到的学习结果的具体描述，即通过教师的教学，学生应当学到什么程度、达到什么质量标准。

"教学目标是教学活动的出发点和归宿，对教学过程具有导向作用。它明确了教学活动的方向和预期结果，制约着教学实施的过程与方法，为教学评价提供依据。"[①]首先，教学目标为教学提供了明确的方向，确保教学内容和教学方法的选择能够与预期的学习成果相匹配。其次，清晰的教学目标能够引导学生了解自己学习的目的和意义，激发学生的内在动机，使学生更加积极地参与到学习过程中。再次，教学目标是评价教学成效的重要依据，它们为教师提供了衡量学生学习进度和成就的标准。最后，教学目标的设定体现了教育的价值观和期望。通过教学目标的实现，使学生能够获得全面发展，为其未来生涯打下坚实的基础。

良好的教学目标应具备以下几个核心特征：第一，教学目标必须是具体

---

① 王红. 从"输入导向"到"输出导向"的教学转变[J]. 北京教育（普教版），2018（7）：28-29.

的，能够清晰地指出学生应达到的学习效果。第二，教学目标应是可衡量的，允许教师通过一定的评价手段来确定学生的进步和成就。第三，教学目标须是可达成的，要确保教学目标与学生的实际能力和学习背景相匹配，同时具有一定的挑战性，以激励学生向着更高水平努力。第四，教学目标应具备相关性，要与学生的学习需求、学校的课程标准及社会的期望保持一致。第五，教学目标应具备层次性，体现出从简单到复杂、从具体到抽象的学习进阶过程。第六，教学目标应具备整合性，能够综合知识与技能、理论与实践、认知与情感等多维度，以促进学生的全面发展。第七，教学目标应具有动态性，能够根据学生的学习进展、反馈和社会的变化进行适时的调整。这些特征共同确保了教学目标在指导教学活动、激发学生学习动力、评价教学效果及适应教育发展需求等方面的关键作用。

一、"输出式"教学目标的特征

在制定传统课堂教学目标时，我们经常会以"感受""理解""掌握"等动词作为落脚点。这容易陷入一个误区，即"教师讲了，学生就能理解"。这显然是站在教师的角度来制定教学目标，而课堂的主体是学生而非教师。核心素养导向下的"输出式"教学，"输出"的主体是学生，因此，教师应基于学生立场来确定教学目标，推动教学目标向学习目标转变。以输出为导向的学习目标应以学生外显的、具体可测量的行为变化为落脚点。要实现教学目标，教师需要思考学生要做出什么可视化的输出或者外显行为。学习目标描述的转变会让教师时刻关注学生的行为变化，凸显学生的课堂主体地位[①]。

一方面，"输出式"教学目标强调学生在学习过程中的主动性和参与性，鼓励学生通过探索、实验和反思来构建自己的知识体系。这些目标是动态的，随着学生学习的深入而不断发展，要求学生在学习过程中不断产生新的理解和见解。

另一方面，"输出式"教学目标注重学习过程本身，重视学生在这一过程中的体验和成长，明确指出学生应达到的具体学习效果，包括知识、技能和态度等。这些目标是可评估的，使教师能够通过学生的输出来评价学习成效。此外，"输出式"教学目标将学习目标与真实世界的情境相融合，使学生能够在实际应用中展现所学知识，为学生提供丰富的、与现实生活紧密相连的学习体验。"输出式"教学目标具有必要的灵活性，以适应不同学生的学习节奏和教育环境的变化，确保每个学生都能在适合自己的节奏下达成学习目标。

---

① 王红. 从"输入导向"到"输出导向"的教学转变[J]. 北京教育（普教版），2018（7）：28-29.

二、"输出式"教学目标设计的策略

（一）立足课标

在"输出式"教学目标设计的策略中，立足课标是首要步骤。《义务教育课程方案和课程标准（2022年版）》明确提出了培养的总目标，即义务教育阶段应致力于坚定学生的理想信念、厚植爱国主义情怀、加强品德修养、增长知识见识、培养奋斗精神、增强综合素质，使学生有理想、有本领、有担当，培养德智体美劳全面发展的社会主义建设者和接班人。这一总目标是义务教育阶段各科目教学的共同指向。

理解总目标与学段目标及教学目标之间的关系对于教学目标设计至关重要。以《义务教育语文课程标准（2022年版）》为例，与课程目标相关的概念包括总目标、学段要求（学段目标）、单元教学目标（学习目标）、一节课或一次学习活动的目标。这些目标之间存在一种层级关系：总目标是宏观指导，学段目标是对学生在特定学段应达到的学习水平的具体要求，而单元教学目标则是更为具体的教学实施指南。它们相互关联，形成一个层级化的目标体系，其中每一个层面的目标都以前一层面的目标为依据，并为下一层面的目标提供具体导向。

无论是总目标、学段要求还是单元教学目标，它们都指向对学生核心素养的培养。

核心素养是学生通过课程学习逐步形成的正确价值观、必备品格和关键能力，它是课程育人价值的集中体现。所有教学目标的设计和实施最终都应回归到课程育人价值的实现上。从"双基"（基础知识和基本技能）到"三维"（知识与技能、过程与方法、情感态度与价值观），再到核心素养，我们可以看到教育目标的演进聚焦于提升学生全面发展的素养，这反映了整个课标研制的主线和灵魂。为此，教师在设计教学目标时，应以培养学生的核心素养为最终归宿，确保教学活动与课程标准的要求紧密相连，从而实现教育的育人目标（图2-8）。

（二）理解教材

1. 目标的理解

在统编教材中，单元导读页虽有目标概览，但将单元要素直接等同于目标理解的做法尚显粗糙。为深化理解并提升可操作性，我们可以借鉴安德森对布鲁姆教育目标分类法的修订成果，对单元语文要素的学习要求进行精细化分解与阐述，从而使教学目标更加具体、明确且易于实施。

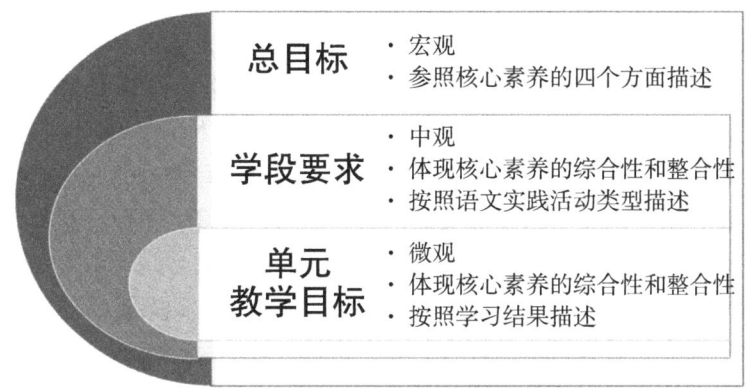

图2-8 核心素养下的教学目标设计

以统编版语文教材四年级下册第五单元为例,目标是"了解课文按一定顺序写景物的方法,学习按游览的顺序写景物"。此目标可以拆分为7个认知层级,对应以下7个不同的学习活动。7个认知层级各有具体而明晰的学习任务,均具有可操作性。

(1)提取——回想,认识文中所写景物的特点;

(2)理解——综合,了解课文中的写作方法;

(3)理解——综合,了解课文中的写作顺序;

(4)分析——具体化,学会按游览顺序写景物的方法;

(5)分析——具体化,学会按其他顺序写景物的方法;

(6)知识运用——问题解决,按游览顺序写景物;

(7)知识运用——问题解决,按其他顺序写景物。

2.目标的选定

目标的选定应该从学科视角出发,这意味着教师需要对学科的核心概念、基本原理、知识体系及学科思维方法有深入的理解和把握,确保教学目标能够准确反映学科的核心要求和价值。另外,目标的选定还需关注目标之间的内在联系和逻辑关系,确保各目标之间相互支持、相互促进,共同构成一个完整、系统的学科教学目标体系。

以语文学科为例,教学茅以昇的《中国石拱桥》时,即使教师引导学生真的设计出了一座拱桥,也不等于学生完全完成了这篇说明文的学习任务;教学史铁生的《秋天的怀念》时,即使学生回到家后主动为母亲分担家务劳动,也不等于学生完全完成了这篇散文的学习任务。

语文教学应当关注文本的语言形式,教师要从学习语言文字运用的角度去制定所教文章的教学目标。比如,杨绛先生的《老王》,文章在语言形式方面的可教学点很多：以散文语言教学为主——这篇文章语言平和、平淡却字字含情，足以体现杨绛"朴素本色"却"别致耐读"的语言风格；以分析文章结构和线索为主——作者兼用了时间顺序和逻辑顺序，全文以作者与老王多年交往、感情逐渐加深为线索，使文章成为一个有机的整体。教师可以将文章"选材典型，各有侧重"作为教学重点，也可以把文章描写人物的方法作为教学重点。应该说，对《老王》这篇散文的选材、结构、语言、主旨、意蕴的探究和把握，都是适宜的教学目标。但有些教师在教学时，只为阐释小人物的优秀品格而把课堂教学引向让学生感受"感动中国十大人物"的精神品质，或者通过教学引导学生去"寻找身边的好人"等，这就与教学目标中的"语文价值"相背离，学生的语文学习水平也很难提高。

（三）贴近学情

从学习的主体角度来看，教师确定的教学目标实际上就是学生的学习目标，因此教学目标要充分考虑学情，体现学生学习的主体性。在教学前，教师可以让学生做一个前测。学生会的少教甚至不教，学生有疑难的地方应该重点攻破，从而确定教学的重点与难点，提高教学效率。

以统编版语文教材七年级下册第三单元《卖油翁》为例。教师最初设定的教学目标有两个，分别是特定环境下的人物形象分析和感悟"熟能生巧"的道理。这样的目标，行为主体不明确，并没有解决"谁来学"的问题；表述笼统，并没有指明"学什么""怎么学"及"学到什么程度"；没有关注单元目标和课文目标的关系，忽略了学情，重难点不突出，没能实现从低阶到高阶的螺旋式上升目标。

针对存在的问题和不足，教师对教学目标进行了多次重拟，最后将其确定为：第一，学生能通过资料考证法、成语印证法、语境推测法、旧知勾连法理解并掌握文言实词，读懂故事。第二，学生能从不同的人物角度去复述故事，通过文本细读，分析人物心理，初步认识人物。第三，学生能够借助史料，追根溯源，进一步认识人物，感受宽厚之美，并学会豁达面对生活中与他人发生的冲突。教师最终确定的教学目标，行为主体明确，贴近学情；表述清晰，指明了行为路径和行为程度；具有层次性，实现了"核心素养学科化"的转化。

总的来说，"输出式"教学目标是实现教学过程优化和学习成效提升的关键。这些目标不仅为教师的教学设计和实施提供了明确的方向，而且为学生的学习进步和发展提供了可衡量的标准。"输出式"教学目标的设计立足于课标，紧扣义务教育的总体要求，通过具体的教学活动，培养学生的综合素质和关键能力。这种教学目标的设定，不仅要求教师能够深刻理解教材内容，而且需要他们能够洞察学生的学情,从而制定出既符合课程标准又贴近学生实际的学习目标。

"输出式"教学目标的设计特别强调以学生的能力输出为导向,通过设定清晰的学习目标,激励学生主动探究和深入学习。这种目标的设定采用布鲁姆教育目标分类法,根据学生的认知水平,将学生的认知技能由低阶逐步引导至高阶,形成了一种螺旋式上升的学习过程。在这一过程中,教师成为学习引导者和促进者,他们精心设计教学活动,引导学生从知识输入转向能力输出,从而在课堂教学中有效培养学生的高阶思维。另外,教师在设计和实施这些教学目标时,应不断探索和创新,以适应教育的发展需求和学生的学习需求,确保教学活动既有意义又具有成效性。

三、"输出式"教学目标设计的案例

案例1:数学学科

(一)教学内容

课例选自人教版小学数学四年级上册第三单元"角的度量",课型为新授课。

(二)教学目标

"角的度量"传统教学目标设计与"输出式"教学目标设计的对比如表2-1所示。

表2-1 "角的度量"传统教学目标设计与"输出式"教学目标设计的对比

传统教学目标设计	"输出式"教学目标设计
运用量角器测量已知角的大小	通过小组合作、交流汇报,自主归纳角的测量方法,并能运用量角器对角进行测量,正确读出角的度数
认识角的单位	通过预习,以先前积累的知识,尝试推测角的度量单位是什么,并与同学交流
量角器的初步认识及角的度量方法	通过自主学习,观察量角器,了解量角器的各部分名称,尝试使用量角器测量角度

如表2-1所示,传统的教学目标设计往往缺乏新意,模式较为单一,过分注重向学生灌输有关角度的基础概念和测量技能。教师通常侧重于让学生通过记忆和练习来掌握角的基本定义、分类及测量方法。这种机械式的学习方式往往脱离了学生的日常生活实际,忽视了培养学生利用角度知识解决实际问题的

能力，使得学生虽然掌握了一些基本的角度知识，但却不知道如何将知识灵活地应用到实际生活中去。

因此，我们可以设计一些更加贴近生活实际的教学目标，让学生在解决实际问题的过程中学习和掌握角度知识。例如，可以组织学生进行小组合作，让学生测量教室内的各种物品的角度。这样的目标能够激发学生的学习兴趣和积极性，使学生能够将所学知识真正地应用到实际生活中。

在"角的度量"教学中，输出目标的设计应遵循真实性、问题性、知识性和合理性的原则，将学习目标细化为需要运用角度知识来解决的具体目标，从而推动学生经历一个"输出倒逼输入"的学习过程。

例如，我们可以设计这样一个输出目标："滑梯与地面的夹角要设计成多少度，才能既保持游戏的可玩性又保证人员的安全性？"这个目标就是基于一个真实的场景——滑梯的夹角，以此引导学生提出创意或建议。我们可以通过模拟学校发布的征集通知，激发学生的热情和创新思维。课堂上，学生对如何运用角度知识来设计平面图产生浓厚的兴趣。接着，学生带着"如何准确测量和标注角度"这一核心问题，开始探索本节课的知识点。通过完成这样的输出目标，学生不仅能够掌握角度测量的核心知识，还能够在实际应用中提升自己的实践能力和创新思维能力。同时，"输出倒逼输入"的学习过程再造，也能够帮助学生更好地理解知识，从而实现素养的整体提升。

（三）教学目标制定与具体实施

在本次教学中，学生将从数学课堂的"听众"转变为知识的"探索者"，从单纯依赖教师讲解公式定理转变为自主发现数学规律，主动构建解题思路；从死记硬背各种数学公式转变为通过解决实际问题，深入领会公式背后的逻辑与应用场景。这样的转变旨在让学生具备探究未知、解决问题的能力，成为真正的数学问题解决者。

下面分别从每一个目标的制定来介绍实施过程。

目标一：通过小组合作、交流汇报，自主归纳角的测量方法，并能运用量角器对角进行测量，正确读出角的度数

针对数学这门逻辑严密、结构清晰的学科，我们可以将其细分为三个领域——认知领域、情感领域、动作技能领域，以帮助学生全面学习。

认知领域：从"知道"基本数学概念、公式和定理开始，到最终"领会"其内在逻辑。学生需进一步"应用"这些知识解决实际问题。随后的"综合"能力培养要求学生创造性地融合多种数学思想，构建新的解题路径。

情感领域：在"组织"阶段，学生内化数学学习的方法和策略，使之成为

个人学习体系的一部分。

动作技能领域：体现为操作数学工具、完成几何作图、解决物理实验中的数学问题等能力。从"知觉"数学图形与符号开始，学生通过模仿教师操作，到最终实现独立操作。最终，频繁练习使这些技能形成习惯，这样可以为解决更复杂的数学问题打下坚实基础。

在课堂上，学生通过仔细观察，有效地调动自己的认识能力、形象思维能力、想象能力以及表达能力。作为本节课的第一个目标，我们要求学生梳理之前学过的关于角的知识。这一步骤至关重要，因为它有助于学生自行构建一个灵活可调整的心智模式。通过这种方式，学生更容易将新知识与现有知识整合在一起，从而深化对"角的度量"这一知识点的理解和掌握。

目标二：通过预习，以先前积累的知识，尝试推测角的度量单位是什么，并与同学交流

在课程设计中，我们选取了"推测"这个行为动词，旨在通过这个具体而富有层次的教学目标，引导学生在学习过程中发挥主动性，深化其对"角的度量"这一概念的理解和掌握。

依据布鲁姆教育目标分类法，我们设计如下教学活动：首先，推测环节——通过预习，以先前积累的关于长度、面积等度量概念的知识，尝试推测角的度量单位可能是什么，以及为什么需要用专门的单位来度量角。这一目标对应理解层次的拓展，鼓励学生运用类比思维，将新知识与旧知识联系起来，形成初步的假设。其次，交流与反思——与同学分享个人的推测、测量方法及结果，共同探讨角的度量单位选择的合理性，如为什么国际上普遍采用"度"作为标准单位，以及在不同应用场景下角的度量有哪些实际意义。这一过程不仅促进了学生的认知领域从理解层次到综合、评价层次的显著提升，还巧妙融合了情感领域的教育，通过团队协作与思想交流，极大地激发了学生对数学学科的探索热情与价值认同，促进了其全面素养的发展。

目标三：通过自主学习，观察量角器，了解量角器的各部分名称，尝试使用量角器测量角度

"输出式"教学目标强调学习过程的核心地位，不仅聚焦于学生在过程中的亲身体验和成长，还清晰地制定了他们应达成的具体学习目标。这些目标包括但不限于知识积累、技能提升和态度塑造等方面，且都具备可评估性。教师能够通过观察和分析学生的输出表现来准确评价他们的学习成效，确保教育目标的有效实现。

在达成目标三的过程中，学生需要自主探究四个角的度数如何测量。将学生分成四个小组对四个角分别进行测量，在测量的过程中需要解决三个问题——量角器怎样摆放、如何分辨内外圈、如果角的边不够长怎么办。这些问题让学生们"跳一跳摘桃子",既锻炼了学生的实践能力,也为原本较为平淡的教学内容注入了新的活力。

通过小组合作,学生掌握了"角的度量"的相关知识,学会了如何将知识运用到实际生活中。学生们通过团队协作和共同探讨,解决了设计过程中遇到的问题,提高了自己的合作技能和创新能力。同时,这次目标也让学生体验到了"输出倒逼输入"的学习过程,即通过实践应用来巩固和深化所学知识,达到了事半功倍的效果。

案例2:英语学科

(一)教学内容

课例选自人教版(PEP)(三年级起点)小学英语五年级上册"Unit 6 In a nature park",课型为综合实践课。

(二)教学目标

"In a nature park"传统教学目标设计与"输出式"教学目标设计的对比如表2-2所示。

表2-2 "In a nature park"传统教学目标设计与"输出式"教学目标设计的对比

传统教学目标设计	"输出式"教学目标设计	
1. 能够正确听、说、读、写本单元四会单词,掌握字母组合ow、ou的发音规则及例词的读音; 2. 能够继续学习和巩固there be句型的一般疑问句及其肯定、否定回答,并能够在实际情景中运用there be句型进行询问和回答; 3. 了解生态环境的相关知识,增强环境保护意识	Period 1:激发学习兴趣,深化概念理解	引导学生利用思维导图将所学知识点进行系统整合
	Period 2:深化学习理解,提升实践能力	鼓励学生用所学词汇和句型描述图片内容,并围绕"未来的公园应该具备哪些元素"这一主题展开讨论
	Period 3:巩固学习成果,拓展实践应用	学生通过小组讨论,与教师合作制定出评价准则;设计并展示自己的"Future Park",并进行组间分享和互评

如表2-2所示,传统的教学目标设计更侧重于知识点的掌握和学习技能的培养,如表中提到的能够正确听、说、读、写四会单词,掌握字母组合的发音规则,以及学习和巩固特定句型等。这些目标设计的落脚点主要是学生对基础

知识的理解和应用。学生在这样的目标引领下学习，核心素养难以得到全面发展和提高。

而"输出式"教学目标是动态的，这些目标是以学生为中心，围绕学生的需求和兴趣设计出来的，确保学生在教学过程中处于中心地位。以本课为例，"输出式"教学目标设计的落脚点在学习过程的各个阶段。在每个阶段都设计了具体的活动和任务，旨在激发学生的学习兴趣，提升他们的实践能力和创新思维。同时，通过思维导图、看图描述、小组合作讨论等阶梯式活动，引导学生主动思考和探索知识，培养学生的逻辑思维能力和归纳能力。

可以说，"输出式"教学目标设计更加注重学生的主体性和实践性，强调学生在学习过程中的参与和体验，而不仅仅是学生对知识的被动接受。这种教学方式更符合现代先进的教育理念，有助于培养学生的核心素养和创新能力。

（三）教学目标制定与具体实施

在本课的教学目标设计中，教师将学生的学习目标与真实世界的情境相整合，使学生能够在实际应用中展现所学，为学生提供了丰富的学习体验，明确指出了学生应达到的具体学习目标，且这些目标是可评估、可衡量、可达成的。

1. 分解教学目标一（Period 1）：激发学习兴趣，深化概念理解

在这个阶段，教师通过精心剪辑的公园视频素材，将学生带入一个又一个绚丽多彩的公园中，以视频的形式展现了多种公园的风貌，如生机勃勃的森林公园、宁静祥和的湖泊公园、富有历史韵味的文化公园等，每个公园都有其独特的景观和特色。通过让学生观看视频引导他们直观感受公园，初步了解公园的不同类别及其特征。

输出教学目标：观看视频后，教师引导学生利用思维导图将所学知识点进行系统整合。这不仅有助于巩固和加深学生们对公园类别的理解，还能培养学生的逻辑思维能力和归纳能力。

2. 分解教学目标二（Period 2）：深化学习理解，提升实践能力

这一阶段设计了一系列丰富多样的教学活动，包括看图描述、小组合作讨论等，引导学生进行深层次学习。通过这些活动，学生将进一步理解和掌握本课的主题——"Future Park"。

输出教学目标：在看图描述环节中，我们提供了一幅精美的公园图片，鼓励学生用所学词汇和句型描述图片内容，锻炼学生的语言表达能力，培养他们的观察力和审美能力。

在小组讨论环节中，学生将围绕"未来的公园应该具备哪些元素"这一主题展开讨论。通过讨论和分享，学生能够集思广益，共同总结出未来公园所必备的元素及其评价要求。

3. 分解教学目标三（Period 3）：巩固学习成果，拓展实践应用

这一阶段注重培养学生的合作探究能力和创新思维。通过组内讨论和组间学习的方式，学生可以相互分享彼此的观点和创意，共同完善自己的"Future Park"设计。

输出教学目标：在小组讨论中鼓励学生积极发言，表达自己的观点和想法。同时，要求学生虚心倾听他人的发言，尊重他人的观点。通过复述同学的观点和总结小组讨论意见，学生可以进一步提升自己的沟通能力和归纳总结能力。

最后，学生展示自己的"Future Park"设计，并进行组间分享。其他组的同学则运用评价标准对展示作品进行评价打分。这种互评互学的方式能够激发学生的学习热情，培养他们的批判性思维和评价能力。通过这一教学活动，学生将经历一个完整的学习闭环，巩固所学知识并拓展实践应用能力。

第三节　结构之美：学习内容的层次与逻辑

在当今这个知识更新迅速、技术日新月异的时代，如何有效地传授知识、培养学生的综合素质、激发学生的创新思维，成了教育工作者首先需要解决的问题。

《义务教育数学课程标准（2022年版）》强调了"构建结构化的教学内容"，这意味着教师需要更加关注教学内容的组织和融合，以提升学生核心素养。"输出式"教学中的内容结构化，正是充分落实新课标理念的体现。

教学内容的结构化不仅仅是知识点的简单排列，更是一种深层次的逻辑编织，一种对学生认知路径的精心规划。通过内容结构化，我们可以将碎片化的信息转化为系统化的知识，将孤立的知识点连接成一张张知识网络，使学生能够在学习的过程中逐步构建起自己的思维框架和认知体系。

那么，"有为·输出式"教学中的内容结构化是怎么样的？它又是如何实现教学内容的结构化的呢？

一、教学内容结构化的内涵

（一）内容结构化的含义

什么是内容结构化？心理学家让·皮亚杰认为，学习结构就是学习事物是怎样相互关联的。学习内容的结构化就是以一种整体的、关联的方式组织和

构建学习内容。结构化的学习内容一定由若干部分组成，各组成部分不是孤立的、分散的、无序的，而是存在着逻辑关联、意义关联，服务于共同的学习目标。郭华教授认为，掌握知识的结构能够让学生透过零散、表面的现象，理解学科的本质，以简驭繁，由繁至简[①]。郑长龙教授认为，结构化就是具备一定逻辑关系的认识模型，以促进学生模型认知素养的发展[②]。吴庆麟教授认为，知识结构化就是根据知识之间的内在联系对知识重新进行整理和组合，按照某种稳定的结构进行存储记忆，进而有助于信息快速而准确地被提取。因此，内容结构化旨在掌握知识的内在联系，根据知识间存在的联系将知识进行重组，形成稳定的知识框架[③]。

为什么要将教学内容结构化？根本目的在于促进学生对教学内容的深入理解。通过学习精心设计的教学内容，学生能够洞察不同概念和原理之间的联系，构建起一个连贯的知识网络体系。这种结构化的学习方法有助于学生在面对复杂问题时，能够灵活运用所学知识进行分析、找到解决问题的办法。内容结构化与学生的认知发展紧密相关。根据教育心理学的研究，学生的认知结构越清晰、越有组织，他们的学习效率就越高。内容结构化通过将复杂的教学内容分解为易于理解的小单元，帮助学生逐步建立起对复杂概念的深层理解。这种逐步构建的过程不仅符合学生的认知发展规律，而且能够有效激发他们的学习动机和提高他们的成就感。

但在当前的教学实践中，学习内容的组织形式往往呈现出数量过多、结构零散、脱离学生现实生活情境等不良特征。当学习内容过于繁多时，教师的关注点就会聚焦于如何按时按量地教完知识。尽管当前课堂上小组合作、任务驱动等形式比比皆是，但是受知识本位教学理念的影响，许多教学形式都是为了让学生更高效地完成知识输入，学生在学习过程中无法真正获得探索、研讨、合作等有利于思维发展的机会。学生要花费大量时间进行机械化的记忆和浅层理解，没有时间和精力将知识与现实情境性问题相结合并进行结构化梳理，难以实现知识的结构化，进而影响了高阶思维的发展。

（二）"输出式"教学内容结构化的内涵和特点

内容结构化在"输出式"教学中扮演着至关重要的角色。它不仅有助于学生组织和整合学习材料，而且能通过明确的学习目标和连贯的学习活动激发学生的学习动机，提高学生的参与度。此外，内容结构化为教师提供了一种

---

① 郭华.《教育过程》：阐释课程内容结构化的经典［J］. 中学语文教学，2023（10）：1.
② 郑长龙，孙佳林. "素养为本"的化学课堂教学的设计与实施［J］. 课程·教材·教法，2018，38（4）：71-78.
③ 吴庆麟. 教育心理学［M］. 北京：人民教育出版社，1999.

有效的工具,以评估和指导学生的学习进度,确保教学活动与学生的学习成果紧密相连。

在"输出式"教学中,内容结构化的目的在于为学生提供清晰的学习路径,帮助学生将所学知识转化为可展示的输出成果。这要求教学内容不仅要结构化,还要与学生的输出活动紧密相关,确保学生能够在实践中深入理解知识并应用知识。

教师在"输出式"教学的备课阶段就要厘清学习内容间的内在联系与脉络,基于结构化的学习内容设计学习任务,为学生改变过去点状获取知识的途径,并为学生追求知识的自主加工与构建提供路径,从根本上改变知识在学生大脑中孤立、零散的存在样态。教师通过知识点的整合与梳理发现知识点之间的联系,构建知识图谱。在构建知识图谱的过程中会发现学习内容结构化能使教师对学科知识有一个整体的印象,促使教师将教学关注点从学生是否逐"点"习得知识转变为学生是否形成有效的知识脉络、是否把握学科本质。教学过程中,教师不再执着于逐"点"讲解知识、逐"项"训练技能,而是通过基于知识结构所设计的学习任务,为学生的自主构建预留空间,使静态固化的知识转变为学生主动构建的知识结构。知识不再是与学生毫无关联的客观外在物,而是学生主动习得的生成物。

"输出式"教学中的内容结构化具有以下特点:一是以学生为中心。以学生的需求和兴趣为出发点设计教学内容,确保学习活动与学生的个人目标和动机相匹配。二是以任务为驱动。通过具体的任务或项目引导学生学习,使学生在解决实际问题的过程中,学习和应用知识。三是以实践为导向。强调将理论知识应用于实际情境,通过实践操作深化学生对知识的理解和掌握。四是多样化输出。鼓励学生通过多种方式展示学习成果,以适应不同学生的学习风格和需求,促进个性化学习。

二、教学内容结构化的策略

(一)基于知识之间的横向联系

教学内容结构化强调知识点之间的横向联系。同一学科内相似的概念在不同学习阶段可能会有不同的展现形式,这些差异不仅影响知识的传递,也影响学生的学习成效。因此,教师的任务是引导学生探索不同知识点之间的内在联系,识别并强调基础概念之间的统一性。

通过遵循学科的内在逻辑,教师可以将碎片化的信息串联起来,构建成一个连贯有序的知识体系,以帮助学生理解知识的深度,促进他们对学习材料的深入学习。例如,在数学教学中,学生在不同年级学习整数、小数和分数时,会逐步掌握计量单位、数字位置、数量关系及换算规则等概念。这些概念虽然呈现在不同情境下，但其核心——计数单位是一致的。在进行整数、小数和分数的计算时，学生应当理解这些运算在本质上都是基于相同的计数单位进行的。例如，整数和小数的加减运算都强调数位对齐，这一操作实质上是确保了参与运算的计数单位是一致的。通过这种对横向联系的探究，学生能够洞察不同数学概念之间的内在逻辑，从而形成更为坚实的数学基础。

（二）基于真实情境性问题而设计的教学任务

为了使学习内容的结构化更加贴合实际应用，教师必须将知识点与现实世界的问题紧密相连。真实情境性问题往往错综复杂，它们通常不具备清晰的结构，需要综合运用多方面的知识来解决。这种教学策略要求学生能够整合多个相关知识点，形成系统化的问题解决框架。

教师在设计教学内容时，应深入思考每个知识点在学生的实际生活场景中的应用。这不仅涉及知识点的直接应用，而且要求教师识别出能够帮助学生解决具体真实情境性问题的知识点，并围绕这一问题场景引导学生深入探索所需的知识点及知识点之间的内在联系和结构。

值得注意的是，在构建知识结构时，教师应具备灵活性，以适应不同学科和跨学科的教学需求。知识结构的设计既可以体现为单一学科的深入挖掘，也可以展现为跨学科的综合应用。

（三）基于概念的学习路径

在"输出式"教学中，引导学生深入理解和主动运用概念是帮助学生获取知识的高效途径。为了帮助学生构建这种深层次的理解，教学内容的结构化应遵循以下基本环节：概念引入、概念揭示、概念延伸和概念深化。

概念引入可以通过多种方式实现，例如，通过问题驱动的方式激发学生的好奇心，或通过回顾旧知识来建立新旧知识之间的联系。这种引入方式旨在为学生提供一个认知的起点，激发他们探索概念的欲望。

概念揭示环节是学生理解概念本质的关键。教师可以利用做实验、数据分析、多媒体展示等多种形式，使学生在感官体验和理性思考的基础上，自主构建对概念的理解。这一环节要求学生积极参与，通过观察、分析和讨论，逐步揭示概念的内涵和外延。

概念延伸是在学生掌握了核心概念之后，将知识应用到更广泛的情境中，实现知识的迁移和拓展。这一过程鼓励学生举一反三，探索与核心概念相关联的其他知识点，从而构建起一个更为全面的知识网络体系。

概念深化是指将学习从理论推向实践的过程。教师应设计特定的情境，引导学生将所学概念应用于实际问题的解决中，从而实现知识的深化和内化。

通过这样的学习路径，学生能够将分散在不同年级和教学板块中的知识点融会贯通，形成系统化的知识结构。教师通过这种结构化的教学方法，不仅提高了学生的思维能力，而且为学生后续学习其他概念知识奠定了知识基础。

（四）基于知识之间的因果关系

在内容结构化的过程中，教师需深入挖掘并阐释知识点之间的因果联系。这种层级化的视角能够帮助学生理解概念的内在逻辑，促进学生对学科深层次结构的把握。构建知识图谱是实现这一目标的有效手段。教师首先以学科知识为核心梳理出各个学科的关键知识点，并明确各知识点之间的上下位关系；然后将这些知识点的关联性、前后序列关系以直观的可视化形式展现给学生，促进学生的认知和理解。

图谱的使用为学生提供了一个清晰的学习蓝图。学生可以直观地识别知识体系中的各个组成部分，理解各知识点之间的相互联系和作用。图谱不仅有助于学生整合分散的知识点，构建起完整的知识框架，而且可以作为学生复习和检索知识要点的有力工具。

图谱的使用能帮助学生发现知识之间的潜在联系，激发学生探索知识的欲望，从而促使学生深层次学习和思考。通过这种结构化的方法，学生能够更有效地对知识进行总结和沉淀，减少知识盲区。

综上所述，"输出式"教学内容结构化的核心在于激发学生的内在动机，引导学生通过实践活动将知识内化，并以此作为解决问题和创新的基础。"输出式"教学中内容结构化的实施，首先对教师提出了要求，教师应该对学科知识有深入理解，具备较为完善的"结构化"知识体系，能结合自身的知识体系，把握该课时在整个单元乃至整本教材中的地位，通过科学的分析方法整合出符合学生实际情况的条理清晰的知识结构。在课堂教学中，教师需灵活地引导学生进行思考与分析，帮助学生内化知识，发展学生的思维能力。

三、教学内容结构化的案例

案例1：语文学科

（一）教学内容

《两小儿辩日》是统编版小学语文六年级下册第五单元《文言文二则》中的第二篇文言文。这篇文言文真实再现了一场古人围绕"太阳在不同时间距离地球远还是近"的论点进行的"辩论赛"，整篇文章有论点、有论据、有趣味、有思辨。文中两小儿均在亮出观点后，结合自身生活经历阐述了"事实依据",这正是本单元的语文要素"体会文章是怎样用具体事例说明观点的"的具体体现。

(二)传统学习内容与学习内容结构化对比

《两小儿辩日》是一篇极具教育意义的寓言故事,传统的学习内容主要包括以下几个方面:一是学生需掌握文言文的生僻词汇、句式结构,理解整体内容,以提升文言文阅读和理解能力。二是把握《两小儿辩日》的故事情节、人物形象和语言风格,深入理解深层含义。三是领悟文章传达的知识无穷、学无止境的道理,以及孔子实事求是、敢于承认不足的精神,培养独立思考能力和科学态度。四是欣赏《两小儿辩日》的艺术特色,学习对话描写和人物语言性格化,提升语言表达能力和写作技巧。

《两小儿辩日》这篇课文需要学生落实的语文要素是:用具体事例说明观点。"输出式"内容结构化分为两部分:故事逻辑和用具体事例佐证自己的观点(图2-9)。本篇文章的故事逻辑是两小儿分别说出自己的观点,从不同的角度举出不同的事例去证实观点,一小儿的观点是"日初出时近,日中时远",从视觉的角度提出"日初出大如车盖,及日中则如盘盂"的事例;另一小儿从触觉的角度提出观点"日初出时远,日中时近"的观点,举出的具体事例是"日初出沧沧凉凉,及其日中如探汤"。以此篇文章为依托,学生要学会提出观点,同时举出事例或依据来佐证自己的观点并合理地进行表达。以上学习能力的生成建立在学生仔细观察、认真思考、实事求是的基础之上。

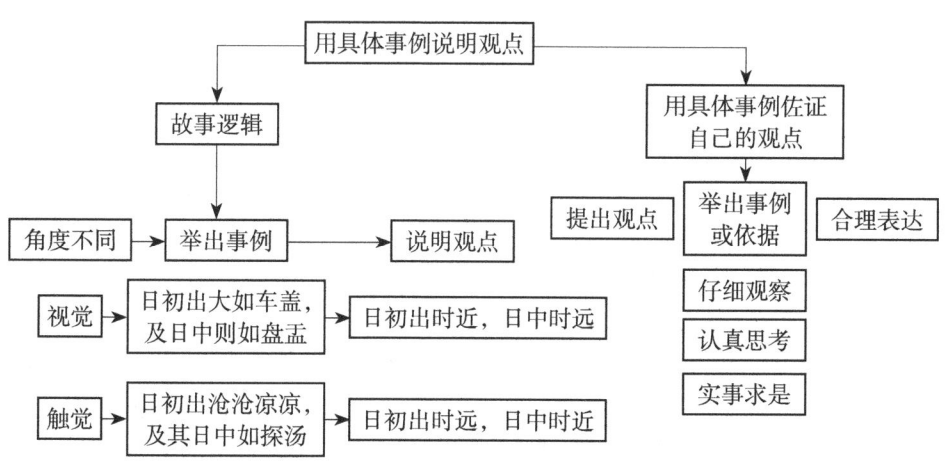

图2-9 《两小儿辩日》学习内容结构化

传统的学习往往注重对知识的记忆和背诵,而忽视了对知识的理解和应用。《两小儿辩日》作为一则寓言故事,在传统的学习中师生可能会更多地关注故事本身的内容，以及它所蕴含的寓意。然而，这种学习方式往往缺乏系统性和结构化，难以实现对知识的深度理解和掌握运用。

与之相比，学习内容结构化则是一种更加科学、严谨的学习方式。它强调对知识进行系统性梳理和逻辑性构建，能帮助学生更好地理解和应用知识。在《两小儿辩日》这一故事中，如果采用结构化的学习方式，学生可以将其中的知识点进行归纳和整理，形成一个清晰的知识框架。

当然，这并不意味着要完全摒弃传统的学习方式。传统的学习方式在某些方面仍然具有独特的优势和价值。比如，它注重对文化的传承和弘扬，能够让学生更好地了解和感受传统文化的魅力。但是，在现代社会中，学生更需要的是一种能够适应时代发展需求的学习方式——那就是学习内容结构化。

通过将传统学习方式与学习内容结构化两者进行对比，可以发现两者各有优劣。传统学习方式注重记忆和背诵，有利于对文化的传承和弘扬；而学习内容结构化注重知识的系统性和逻辑性，有利于提高学习效率和学习质量。因此，教师应该根据实际情况灵活运用这两种学习方式，以实现更好的学习效果。

（三）预计效果与评价

1. 预期学习成效概述

采用"输出式"教学法教授《两小儿辩日》，预期学生将深入理解课文内容，掌握古文基础知识。通过辩论形式的学习，培养学生思辨能力与口语表达能力，激发其探索自然科学的兴趣。

2. 教学策略与手段

教学中注重引导学生自主思考，鼓励他们提出问题、寻找答案。利用多媒体辅助教学手段、搜集相关科普知识，帮助学生建立跨学科知识体系。同时，组织小组讨论与角色扮演活动，增强课堂互动与学习效果。

3. 预期学生反馈与表现

预期学生将积极参与课堂活动，对课文内容产生浓厚兴趣。通过课后作业与课堂表现检验学生对古文知识的掌握程度及思辨能力的提升情况。此外，学生的口语表达能力与团队合作精神也将得到显著提升。

《两小儿辩日》的故事以其深刻的哲理和生动的对话，成为探讨辩论艺术的经典之作。以文本为依托，在内容结构化的基础上，为实现学生高阶思维的输出，我们设置了评选"金牌辩手"的任务，以期望挑选出真正具备优秀辩论能力的小辩手。

"金牌辩手"评选标准（表2-3）：观点明确可获得一颗星；能用上具体事例说明观点可获得一颗星；自信大方、语言流畅可获得一颗星。

表2-3 "金牌辩手"评选标准

评选标准	观点明确	能用上具体事例说明观点	自信大方、语言流畅
获得星星	★	★	★

首先,观点明确是评选的基石,用一颗星奖励那些能够清晰阐述自己观点的小辩手。他们不仅能够在短时间内捕捉到问题的核心,还能够用精练的语言表达自己的观点。这样的辩手在辩论场上能够迅速占领制高点,引领整个辩论的方向。

其次,能用上具体事例说明观点也是评选的重要标准之一,用一颗星奖励那些能够巧妙运用事例支撑自己观点的小辩手。他们善于从生活中汲取素材,将抽象的观点具象化,使得听众能够直观地理解并接受他们的观点。这样的辩手在辩论中能够灵活使用事例佐证自己的观点,使自己的观点更具可信度。

最后,自信大方、语言流畅是评选不可或缺的标准,用一颗星奖励那些在辩论场上表现出色的小辩手。他们不仅具备扎实的辩论技巧,还能够在紧张、激烈的氛围中保持冷静,用流畅的语言表达观点。他们自信的气质和良好的口才为整个辩论增添了不少色彩。

在评选过程中遵循以上标准,力求选出真正具备优秀辩论能力的小辩手,并通过评选活动激发更多学生对辩论的热爱和兴趣,让他们在辩论中不断成长、不断进步。

案例2:数学学科

(一)教学内容

课例选自人教版数学八年级下册"待定系数法求函数解析式",课型为方法探究课。

(二)传统学习内容与学习内容结构化对比

在传统学习内容设计中,该课例学习任务为掌握用待定系数法求一次函数解析式和会用分类讨论的思想求具体问题中的一次函数的解析式。这样的设计注重解题方法的学习,课堂任务多集中在反复练习待定系数法,未给予学生充足的探究发展空间,忽略了该知识点与其他知识的联系、整合,不能保证核心素养的提升。而内容结构化设计(图2-10)以学生已有知识为前提,将课题内容分为"内容—数学思想—核心素养"三个层面,并根据课程后续发展制定教学内容,使本节课与单元课程形成一个整体的知识架构,保障学生结构化输入。

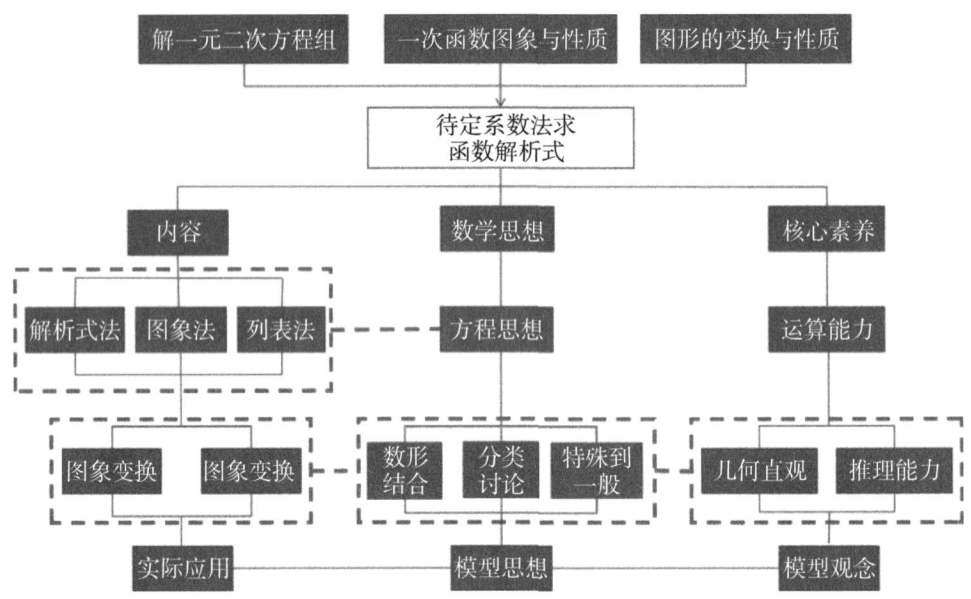

图2-10 "待定系数法求函数解析式"内容结构化设计

本课例在重组学习内容时,主要从以下三个角度出发:

第一,关注前置知识和后继知识的纵向发展。

学生在用待定系数法求函数解析式时,应当已经掌握以下几点知识或技能:①理解函数的定义以及函数的三种表示方法,即解析式法、图象法和列表法,还要会将自变量和对应函数值代入解析式中;②解一元一次方程或一元二次方程组;③简单几何图形的性质和变换。

因此,在教学中,课程刚开始时,需设计复习回顾环节,复习一次函数定义、性质和方程组的解法。由于方程和方程组的解法是在七年级下学期时学的,间隔时间较久,因此学生需要在前一天预习时完成知识回顾。这体现出教师从学生学情出发,为学生学习新课做准备的设计。

本课的核心方法是待定系数法,但又不能仅停留在掌握待定系数法这一表层状态,这不利于学生知识的发展。函数是解决几何问题和实际问题的有效工具。在后续的学习中,学生将面临各类函数与几何的综合问题。所以,考虑从图形的变换和性质出发,让学生探究如何用函数的方法解决几何问题,但问题的设置依旧落实到待定系数法上,这样既保证了学生熟练掌握本节课的核心知识,又凸显了该知识与其他知识的联系,最终达到学习内容结构化的目的。在这样的设计下,前置知识与后继知识与本课的学习内容形成一个有机的整体,利于学生整合知识。

第二,关注本节课知识结构的横向联系。

传统形式下,本课的教学通常按照"解析式法—图象法—列表法"三种形式让学生反复练习用待定系数法求函数解析式,结果导致学生虽掌握了待定系数法,但在遇到其他问题时,无法顺利地想到用该法解决问题。因此,设计教学内容时,我们要注意把待定系数法与其他学习内容联系起来,在学生理解了待定系数法的原理后,不要在课上让学生重复地用待定系数法求函数解析式,而是需要创设不同的问题情境,以此体现出待定系数法在解决问题时起到的作用。因此,本节课知识的结构由"学习内容—数学思想—核心素养"三个层面组成,每个层面中的内容之间又以递进或并列的形式组成,各个层面间又体现出学生数学能力发展过程。

第三,关注数学思想和核心素养的发展。

数学思想是对现实空间形式和数量关系的本质性认识,是对数学内在规律的揭示与理解,是核心素养的具体体现。传统教学倾向于就题讲题,未将数学思想纳入学习内容,学生未涉及该方面能力的培养,难以从思想层面发现问题的共性,导致学习迁移困难。本课将数学思想作为独立层面整合为学习内容的一部分,在教学中渗透数学思想,这有利于学生对通性通法的理解和掌握,提升学习效率,深化对数学学科本质的思考。

(三)预计效果与评价

经过本课的学习,从知识层面上看,"解方程组—待定系数法—函数和图象变换与性质"这个框架将融入学生知识体系,几何问题与函数问题将有机整合在一起,使学生深化对待定系数法和图象变换的理解。从方法和思想层面上看,学生在探究过程中提炼出方程思想、数形结合思想、分类讨论思想、一般到特殊思想,从更高视角认识数学问题和方法,实现高阶思维的发展。从核心素养层面上看,学生的运算能力、几何直观、推理能力和模型观念得到发展。

最后,制作学生自我反馈评价表(表2-4),让学生通过自我反思,检测是否达到本节课的学习目标。

表2-4 学生自我反馈评价表

评价内容	评价等级
是否知道学习本课需要具备的前置知识	A.知道 B.部分知道 C.不知道
是否掌握了待定系数法	A.熟练掌握 B.基本掌握 C.未掌握
是否理解图象的变换本质是点的变换	A.理解 B.基本理解 C.不理解
是否能够找到问题中用到的数学思想	A.全部能够 B.部分能够 C.不能够
本节课的总体表现	□较好 □一般 □较差

注:A为3分;B为2分;C为1分;较好为9~12分;一般为6~8分;较差为3~5分。

第四节 创新设计：输出任务的多样与互动

任务是"一组涉及学习者的认知和交际过程，以集体的形式对已知和新信息进行探究，在社会语境中完成某一项预期或临时目标的可区别、相互关联的问题指向性活动"[①]。任务的构成要素主要有六个：一是目标，即任务需具有明确的目标指向；二是内容，学生需明确自己要做什么；三是程序，学生需知道自己要怎么做；四是输入材料，即完成任务的过程中所用的资源；五是教师和学习者的角色，在设计任务时需要明确角色定位；六是情境，即任务所在的环境或条件应尽量是真实的或者具有真实性的。学生通过完成任务，在情境中学习知识、解决问题。

任务驱动式教学将从以传授知识为主的传统教学，转变为以解决问题、达成任务为主的多维互动式教学。在"输出为本"教学范式中，应如何思考并制定输出任务呢？

一、输出任务的内涵与特征

（一）任务的特征

在教学中，任务通常是指应用学科知识进行的促进知识学习，包括信息理解、加工、问题解决与决策等一系列相互关联，具有目标指向的交际活动。任务具有目的性，指向期望学生能达到的教学目的与非教学目的；任务具有综合性，需要学生调动多方面的能力与知识完成；任务具有开放性，达成任务的途径与方法是多样的、可选择的；任务具有交际性，可以是生生之间、师生之间、学生与学习内容之间的互动。

（二）输出任务的内涵与特征

输出任务是指根据单元教学目标与课时教学目标，找到知识与学生生活经验的连接点，设计出蕴含真实情境性问题的学习任务，让学生在学习知识前了解知识在生活中的应用价值，从而进行自主学习[②]。输出任务可以设计成需要运用跨学科知识解决的、指向真实情境的综合性任务，将看不见、摸不着的高阶思维目标转化为一个个小任务。

---

① 贾志高. 有关任务型教学法的几个核心问题的探讨［J］. 课程·教材·教法, 2005, 25（1）: 51-55.
② 王红. 从"输入导向"到"输出导向"的教学转变［J］. 北京教育（普教版）, 2018（7）: 28-29.

任务设计必须遵循层次性、情境性、驱动性、拓展性原则，以大任务卷小任务，以任务的达成来实现学生核心素养的提升。当然，学生在完成任务的过程中，除了自主学习外，还需要各种学习支持，包括教师教授、视频观看、习题练习、小组讨论等。"输出为本"课堂教学流程如图2-11所示。

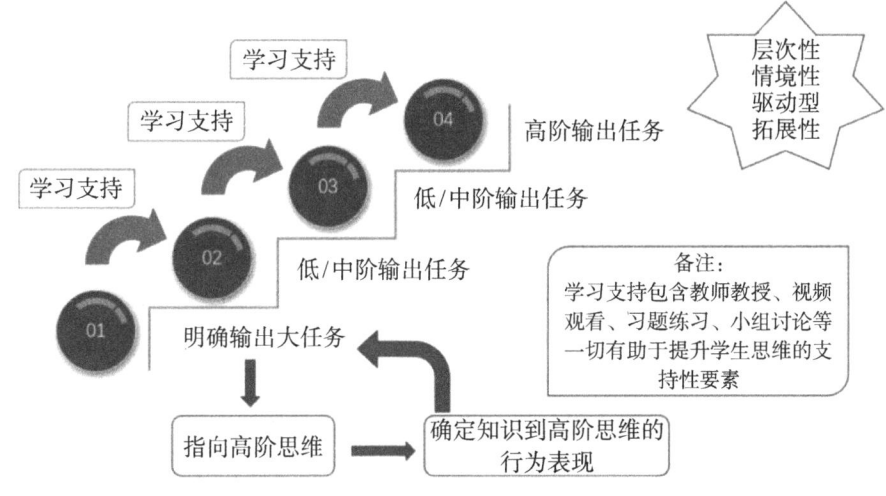

图2-11 "输出为本"课堂教学流程

输出型的任务与传统的任务相比有很大的进步。传统的任务可能只有教师了解任务的目的，但"输出为本"教学范式遵循"输出倒逼输入"原则。刚开始学习时，学生先了解与真实世界相联系的输出任务，即学生知道为什么要学习这一知识，学习这一知识将有助于自己解决什么现实问题，学生对知识的学习是带有目的性的。同时，输出型的任务强调问题意义，即"我"为什么要学习这个知识点，这就需要教师去提取核心知识，创设有意义的生活情境，在情境中运用核心知识解决问题[①]。另外，输出型的任务设计应具有层次性，要求学生不仅需要发挥主观能动性自主学习，还需要运用小组合作、项目式学习、跨学科学习等方法完成对知识的深度探究。

二、输出任务设计的原则与策略

（一）设计原则

当我们依据课程标准、教材、学情、资源等确定输出型学习目标后，接下来就需要思考设计怎样的输出任务去分解和达成最终目标，在此过程中需遵循

---

① 王红，吴颖民. 放慢知识的脚步，回到核心基础[J]. 人民教育，2015(7)：18-21.

以下四大原则。

第一，真实性。在设计输出任务时，必须将真实性放在第一位。任务与真实情境连接，能有效激发学生学习兴趣，也是知识转化成能力的前提。

第二，问题性。学生在情境中产生认知冲突，存在需要解决的"问题"，学生带着"问题"开始对本节课知识的探索，激发学生学习的动力。

第三，知识性。任务具有较强的目的性，是为了达成教学目标而设计的。输出任务是为了解决"问题"，问题的解决需要用到本节课的知识。但需注意，这里的"问题"，不是简单的问答或者下定义，而是难以处理或者难以理解的事物，是需运用学科知识解决的真实问题。当然在解决问题的过程中也会带入学科基础知识，以作为解决问题的条件支撑。

第四，合理性。任务的设计要符合学生最近发展区。列夫·维果茨基的"最近发展区理论"认为学生的发展有两种水平：一种是学生的现有水平，指独立活动时所能达到的解决问题的水平；另一种是学生可能的发展水平，也就是通过教学所获得的潜力。两者之间的差异就是最近发展区。所谓最近发展区，即学习者的实际发展水平和潜在发展水平之间存在的差距。合理的教学就是要赶超发展、引导发展，创造最近发展区，即"教学应走在发展前面"[①]。输出任务的设计需符合学生的最近发展区，既需指向学生现有发展水平，符合学生学情，又需探索学生的潜力所在，因为通过科学、合理的任务才能真正以输出表现评价输入质量。

（二）设计策略

在"输出为本"的教学模式中，教师如何实施教学才能使学生更好地完成学习的输出过程呢？关键在于用"输出倒逼输入"，即以输出的某项成果（大任务）为学习目标，带动学生有针对性地学习相关知识和技能（输入）。贯通且明确的学习任务可以驱动学生更高效地完成有针对性的知识输入，并围绕问题的解决而进行能力的输出。设置的学习任务应能激发学生的深层次思考，能将技能训练融入教学，促使学生构建与改进个人对问题的理解。通常，输出任务的设计可以采用以下策略。

1. 以学习内容为着力点，提炼核心知识

《义务教育英语课程标准（2022年版）》明确提出，核心素养是课程育人价值的集中体现，是学生通过课程学习逐步形成的适应个人终身发展和社会发展需要的正确价值观、必备品格和关键能力。"输出为本"教学范式与核心素养

---

① 列夫·维果茨基. 社会中的心智：高级心理过程的发展[M]. 麻彦坤, 译. 北京：北京师范大学出版社, 2018.

的要求趋于一致，旨在培养学生的高阶思维与解决问题的能力，因此蕴藏在教材中的可迁移运用到未来、需要领悟与思考的知识才是"核心知识"。教师在设计输出任务时，需要深入挖掘文本，从教学内容中提取"核心知识"，指向学生核心素养的培养。

2. 以核心知识为依托，连接生活情境

课标提出，课堂应依托语境开展教学，引导学生在真实、有意义的语言应用中整合性地学习语言知识。真实、富有意义的情境是学生核心素养形成、发展和表现的载体。情境教学可以为学生营造轻松、愉悦、生动的学习氛围，围绕真实情境性任务，运用情境问题引导学生由表及里、由浅入深地探究与思考，增强学生的主观能动性，让学生主动参与到课堂学习中，自主构建知识，并将知识运用到真实情境中，实现真学习、深度学习。

真实情境性任务分为三类：第一类，适合本节课教学需求的情境性任务；第二类，为了某种教学需求而进行加工改造，凸显学习内容的情境性任务；第三类，为了某种教学需要，专门创设的仿真实性情境任务。无论是哪种情境性任务，都应该指向输出目标，最大程度促进学生自主学习，构建学科知识，这种情境性任务现已成为培养学生核心素养的载体。教师要养成观察日常生活中蕴含哪些学科知识的意识与习惯，这样才能灵活地基于核心知识明确学生可能会运用这一知识的生活情境。

3. 以真实情境为抓手，设计输出大任务

在课堂教学中，教师需通过情境创设，让学生在输出任务中主动发现问题、解决问题。这需要教师明确学生已有的知识结构和认知心理，促使学生在情境中产生认知冲突，推动学生运用本节课知识去解决问题。核心问题确定后，教师需设计逻辑紧密关联、层层推进、指向学生核心素养的问题链，辅助任务的达成，培养学生高阶思维。

但是，创设一个真实的问题情境并不等同于输出型任务。真实情境中的问题往往比较复杂，解决问题所需的时间较长，条件较多，难以在课堂上完成。而输出型任务可以理解为净化版的真实情境性问题，其具有明确的目标、期限、成果形式等，产出会受到课堂因素影响。

4. 以输出大任务为导向，分解小任务

在"输出式"教学课堂中，一般一节课包含一个大任务，一个大任务下面包含3~4个小任务，任务难度呈螺旋状递增。每个任务活动之间应相互关联、层层递进，始终围绕一个真实情境性问题进行思考，形成逻辑进阶的任务链，让学习更充分，实践更深入，最终实现知识的创造性运用。通过独立思考、小组合作、支架辅助等方式，从知识构建、思维提升到情感升华，学生在完成任务的过程中获得丰富的学习体验。

5. 以多样的任务实施方式为路径，搭建学生展示平台

霍华德·加德纳提出多元智能理论，他将人的智能分为八类，认为对于个体而言，智能不会只有一种，而是一个多方面能力的集合体。在面对或解决具体问题时，或者需要解决某个特定任务时，个体会自动根据实际情况来综合运用这些能力。每个人在不同能力上所表现出来的强弱各不相同。因此，教师应充分考虑学生的年龄、心理特征、认知水平、个性特点及发展潜力，选择合理的评价方式，帮助每个学生在原有基础上实现发展。教师在进行任务设计时，需设计不同的任务实施方式来检测与评价学生学习情况，以适应不同学生的发展水平。

总之，输出任务是真实且富有意义的，是学生学习知识、培养高阶思维、提升素养的有效载体。教师需立足教材分析核心知识，将核心知识与真实生活情境连接，创设问题情境，帮助学生在完成任务的过程中感知知识的生活价值，促进知识的吸收，让学习真正发生，最终培养学生核心素养。

三、输出任务设计的案例

案例1：语文学科

（一）教学内容

课例选自统编版小学语文六年级上册《少年闰土》，课型为阅读课。

（二）任务设计

《少年闰土》传统任务设计与"输出式"任务设计的对比如表2-5所示。

表2-5 《少年闰土》传统任务设计与"输出式"任务设计的对比

	传统任务设计	"输出式"任务设计
大任务	体会"闰土"的人物形象	读《少年闰土》，走近作家鲁迅
分解任务一	掌握课文的主要内容，划分文章段落	回顾课文内容，梳理"新鲜事儿"
分解任务二	梳理文章的故事情节以及人物关系	品读"新鲜事儿"，感受闰土形象
分解任务三	文章表达了对"闰土"怎样的感情	聚焦形象变化，领悟作家思想

如表2-5所示，传统任务模式的探究浮于课文表面，主要设计都在梳理文章的线索和闰土的故事，逐"点"讲解知识，知识点之间的联系是分散的，且无法引导学生从分析人物形象转移到分析作家思想，思维训练停留在总结概括的传统

能力点上。而"输出式"任务模式通过基于知识结构所设计的学习任务,为学生的自主建构预留空间,使静态固化的知识转变为学生主动建构的知识结构。

(三)任务分解与实施

学习《少年闰土》一课,学生通过一个个相关联的学习活动,从完成一个个分解任务到完成大任务,一步步向学习目标迈进。从了解鲁迅写了什么到学习鲁迅是怎么写的,再到拓展阅读思考并明确鲁迅为什么写;从理情节到品人物,再到悟思想;从阅读一篇文章《少年闰土》,走向阅读整本书《故乡》……学生借助资料并灵活运用学习过的阅读小说的一些方法,在理解课文内容的同时了解作家鲁迅的思想,从而走近作家鲁迅。

1. 分解任务一:回顾课文内容,梳理"新鲜事儿"(基础型任务)

首先,教师出示故事插图,让学生猜插图中的人物。图片可以帮助学生快速回忆上节课学过的知识,理清课文脉络,并让学生自由说说闰土给自己留下的印象。其次,教师引导学生回顾闰土给"我"讲的四件新鲜事儿。通过回顾学过的知识,让学生整体把握文章的脉络以及主要内容,为接下来的学习作铺垫。

2. 分解任务二:品读"新鲜事儿",感受闰土形象(发展型任务)

(1)环节一:师生共读,学习方法。

①学着闰土的样子给大家讲一讲"雪地捕鸟"这个故事。

②结合关键词了解闰土是怎么捕鸟的。

③感受人物个性特点。

(2)环节二:学生自读,感受形象。

①同桌合作,用同样的方法,读一读其他三件事。

②说一说从这几件事感受到闰土是个怎样的孩子。

(3)环节三:归纳总结,激发想象。

①归纳总结(借助插图、关键词、标点符号等理解文章内容)。

②联系生活实际,想一想见多识广的闰土还会讲些什么"稀奇"事儿。

这一任务从"扶"到"放",让学生在了解学习方法的基础上,尝试用相同的学习方法解决问题,培养学生的学习能力。本单元的课文写作背景距离学生较远,属于"难文章",因此要想理解课文主要内容,需借助相关资料。

3. 分解任务三:聚焦形象变化,领悟作家思想(发展型任务)

(1)环节一:朗读句子,感知内心。

体会"我"的向往和渴望。

(2)环节二:类比分析,体会内心。

①在文中找出写"我"听完闰土讲述后的感受的句子。

②发现"四件新鲜事儿"的相同之处。

（3）环节三：补充材料，探究原因。

①微课出示《从百草园到三味书屋》片段。

②了解闰土口中的"稀奇"事儿，以及"我"都一概不知、闻所未闻的原因。

③对比生活，理解"四角的天空"。

（4）环节四：想象话别，创意表达。

①想象一下他们会怎样话别。

②创意表达：分角色表演，还原离别画面。

这一子任务设计引导学生体会"我"对闰土生活的向往和渴望，借助资料对比生活，理解"鲁迅表达的深刻内涵"。《少年闰土》一课所在的第八单元以"走近鲁迅"为人文主题，编排了四篇课文，分别是两篇精读课文《少年闰土》《好的故事》，两篇略读课文《我的伯父鲁迅先生》和《有的人——纪念鲁迅有感》。其中，前两篇精读课文是鲁迅先生自己的作品，后两篇略读课文是别人描写鲁迅先生的作品。这样的编排既是为了从不同文体、不同视角和不同表现手法，多角度、全方位地展现鲁迅先生的形象，更是为了让学生通过本单元的学习从走近鲁迅到亲近鲁迅，从认识鲁迅到读懂鲁迅。

案例2：数学学科

（一）教学内容

课例选自人教版数学八年级上册"多边形及其内角和"，课型为几何探究课。

（二）任务设计

"多边形及其内角和"传统任务设计与"输出式"任务设计的对比如表2-6所示。

表2-6 "多边形及其内角和"传统任务设计与"输出式"任务设计对比表

	传统任务设计	"输出式"任务设计
大任务	探究并理解多边形内角和公式	探索并掌握多边形内角和公式，体会转化、特殊到一般的数学思想
分解任务一	复习多边形的相关知识	回顾三角形、正方形、长方形的内角和，引导学生理解将多边形的内角和问题转化为三角形的内角和问题

续表

	传统任务设计	"输出式"任务设计
分解任务二	从四边形到五边形，引导学生通过连接对角线将图形分成三角形，利用三角形的内角和求出多边形内角和	引导学生类比四边形的内角和的探究方法，推导 n 边形的内角和公式
分解任务三	多边形内角和公式应用	在利用公式解决问题的过程中，体会转化、数形结合的数学思想
分解任务四	课堂总结	学生剪掉五边形的一个角，自主探究剪完之后所得图形的内角和

八年级的学生具有较强的理解能力和应用能力，他们喜欢合作讨论，大部分学生的学习习惯和学习方式较好。从学生的知识储备来看，在本节课之前，学生已经学习了线段、射线、直线和角，也学习了平行线的判定和性质，初步认识了基本几何图形，知道了角的度量和转化等基础知识，对三角形、特殊四边形的内角和已经有了一定的理解和认识。从教材的编排看，求多边形内角和与外角和是在求三角形内角和的基础上对多边形知识学习的延伸。知识由特殊向一般转化，作为承上启下的一节内容，为后续的学习作铺垫。该节内容主要包括多边形的内角和与外角和公式与推导及正多边形的定义和有关性质，引导学生研究多边形的内角和与外角和公式的过程，可以让学生学会探索、推理和归纳知识，积累解决问题的基本经验；通过将多边形转换为三角形，从而求得多边形的内角与外角和。学生可以体验转换思想在几何中的应用。通过探索多边形的内角和与外角和，学生可尝试用不同的方法解决问题，提高解决问题的能力。预想学生在探究任意四边形内角和时会想到量、拼、分的方法，但是"分割多边形为三角形"这一任务会是学生学习的难点，在探究的过程中要想办法把难点分散开来，这样才有利于学生对本课知识的学习和掌握。

输出任务的设计目的是以"输出倒逼输入"，以输出的方式调整输入的教学模式，激发学生的主观能动性。数学源于对现实世界的抽象，是研究数量关系与空间形式的科学，学生通过数学课程的学习，掌握适应现代生活及进一步学习的必备基础知识、基本技能、基本思想和基本活动经验；同时激发学习数学的兴趣，养成独立思考的习惯和合作交流的意愿；发展实践能力和创新精神，形成和发展核心素养，增强社会责任感，树立正确的世界观、人生观和价值观。

（三）任务分解与实施

1. 分解任务一

设计能激发学生兴趣和引发学生思考的真实情境性任务。

（1）思考：将长方形截去一个角会变成几边形？如何截？

通过探讨"将长方形截去一个角会变成几边形？"这一问题，激发学生的探索求知欲，开拓学生的思维，激励学生积极、主动地思考，寻求解决问题的方法。

（2）探究：五边形的内角和是多少？（通过四种方法加以证明，图2-12）

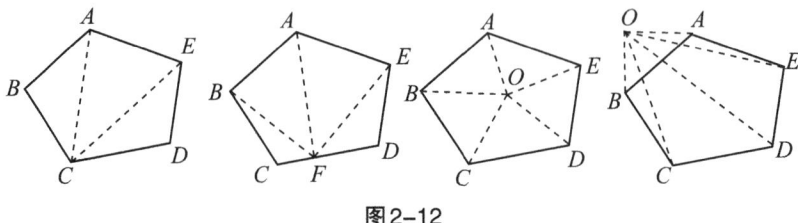

图2-12

一方面，学生通过对五边形的内角和求解，体会转化的数学思想。将五边形的内角和转化为三角形的内角和从而解决未知的问题，在学习中渗透转化的数学思想。另一方面，通过四种方法来证明五边形的内角和是540°，这不仅解决了问题，而且发散了学生的思维，让学生在学习中体会一题多解，培养学生的求异思维。

2. 分解任务二

设计一个需要解决的问题，问题的解决需使用本节课习得的知识。问题：一个五边形剪掉一个角后，得到的新图形的内角和是多少（图2-13）？

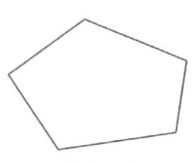

图2-13

这是一道开放性的题目。学生已经对多边形内角和公式进行了探究性的学习，对多边形的内角和公式有了一定的理解，设计这道题的目的是通过应用知识解决问题加深对知识的理解并巩固。剪去一个角的方式不一样，得到的结果会有所不同，先让学生自己思考，思考后再分组讨论交流，使之产生思维碰撞的火花，最后让学生上台输出展示，继而发现根据不同的剪法，会得到不同的结论，从而使学生体会分类讨论思想。

3. 分解任务三

从由易到难的小任务到连接真实生活的大任务，任务应有层次性。

（1）探究1：四边形的内角和是多少？

（2）探究2：五边形的内角和是多少？（通过四种方法加以证明，图2-14）

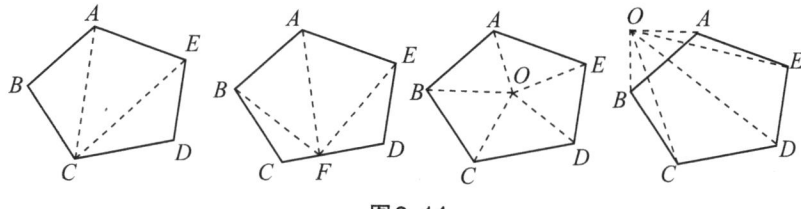

图2-14

（3）探究3：自主完成下列表格（表2-7）。

表2-7

多边形	边角	分成三角形的个数	图形	内角和	计算规律
三角形	3	1	△	180°	$1 \times 180°$
四边形	4	2		360°	$2 \times 180°$
五边形	5	3		540°	$3 \times 180°$
六边形	6	4		720°	$4 \times 180°$
七边形	7	5		900°	$5 \times 180°$
⋮	⋮	⋮	⋮	⋮	⋮
n边形	n	$n-2$		$(n-2) \cdot 180°$	$(n-2) \cdot 180°$

从已有的知识（三角形的内角和）出发，经历从特例到一般四边形内角和的探究过程，让学生体会三角形和四边形的密切联系。通过连接四边形的对角线，将四边形分为两个三角形，四边形的内角和等于两个三角形的内角和；由此探究五边形的内角和，用多种方法求五边形的内角和，拓宽思维；再通过表格填写，合理地推出n边形可以转化为$(n-2)$个三角形，从而有条理地发现和概括出边数与内角和之间的关系。

4. 分解任务四

任务四包含3~4个输出型任务，利于课堂生成。

通过3~4个输出型的任务，引发学生积极思考，引导学生在真实情境中发现问题，运用观察、猜测、实验、计算、推理、验证、数据分析等方法分析问题和解决问题，促进学生理解和掌握数学的基础知识和基本技能，从而能够利用所学知识解决实际问题。

5. 分解任务五

任务实施方式多样，适合学习内容和学生发展水平。

本节课让学生经历探索阶段、证明阶段、应用阶段，激发学生的探索求知欲，从而调动学生的积极性，让学生积极参与课堂活动。在证明这一环节，通过多种方式来证明五边形的内角和的解法，打开了学生证明思想的大门。通过表格填写，从具体到抽象，渗透了转化思想，训练抽象概括能力。学生通过对开放性练习题的动手操作、自主思考、合作交流、上台输出展示，能够体会到学习的乐趣和学习带来的成就感。

第五节 智慧引导：课堂提问的艺术与技巧

问题是启迪思维的关键，高阶思维的培养需要教师有效提问，以引导学生深入思考。在提问过程中，教师应赋予学生充足的思维发展空间，并根据学生的反馈评估其思维层次，从而做出有效理答。在课堂提问的设计与实施过程中，教师需秉持真实性、启发性、层次性、开放性和互动性等原则，不断优化预设问题，创设真实的问题情境，引导学生积极思考并输出表达，进而推动学生思维进阶。"输出式"教学强调以真实性问题驱动学生主动参与学习，让学生制定解决问题的方案，培养学生解决现实世界的真实问题的能力。

一、"输出式"教学课堂提问的内涵与特征

课堂提问是指在课堂中教师根据教学目标、学情、所教内容等设计一系列问题，用适切的方式激发学生兴趣、引导学生输入和输出，根据学生的反应有针对性地做出适切的反馈，从而提高课堂教学质量的过程[1]。课堂提问的特征可概括为针对性、激发性、灵活性、过渡性和鼓励性。这些特征相辅相成，旨在激发学生在课堂上的积极性。

"输出式"教学的课堂提问是以学生为中心，创设真实情境，为学生的思维发展提供民主、开放的空间。有效的课堂提问，能让学生运用学科知识解决现实生活中的问题，从而帮助学生更好地理解和掌握知识，促进学生全面发展。因此，"输出式"教学的课堂提问要具有真实性，能针对学生的实际情况和教学内容提出问题；要具有启发性，能够启发学生思考，引导他们去探索新

---

[1] 王红，张倩."输出为本"教学范式的变革实践[N]. 中国教师报，2021-10-27(4).

知、理解观点;要具有互动性,能够引发学生之间的互动,让他们在讨论中互相学习,互相启发;要具有反馈性,能够为学生提供及时的反馈,帮助他们了解自己的学习情况,以便调整学习策略。

传统的课堂提问方式较为单一,通常是师生一问一答或者先点名后回答,以此来检查学生对知识的记忆和理解,学生是被动地接受知识[①]。与传统课堂提问相比,"输出式"教学的课堂提问是指向能力输出目标的提问,包括记忆、理解、应用、分析、创造、评价等,能够引导学生积极主动探究、交流真实性问题;其分为三大阶段(图2-15),注重课堂提问的预设、生成与反思,充分体现学生是课堂的主体,教师是课堂的组织者、引导者、合作者。

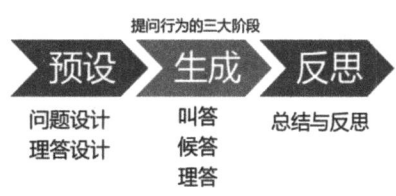

图2-15 "输出式"教学的课堂提问环节

二、"输出式"教学课堂提问的原则与策略

(一)设计原则

当教师依据课标、教材、学情、资源等确定好一节课的输出型学习目标后,就要思考:设计怎样的"输出式"的课堂提问才能引导学生去积极主动思考和合作交流。面对课堂的生成,教师要提供怎样的有效理答才能促进学生思维进阶?

在此过程中,"输出式"教学的课堂提问设计需遵循以下四大原则。

第一,真实性。在设计课堂提问时,教师必须基于真实情境下的真实性设计问题,课堂问题要与学生的生活实际紧密连接,这样既能激发学生的学习兴趣,让学生积极主动参与学习活动,又能落实新课标提出的培养学生解决真实问题的能力和素养的目标。

第二,启发性。课堂提问设计要基于学生已有的知识与经验设计,适度超越学生的认识水平,但要符合学生的最近发展区。通过问题驱动学生思考、探索、质疑,培养学生积极思考、触类旁通、举一反三的品质,展现学生的思考过程和显露思考过程中存在的问题。

第三,层次性。问题设计应做到低门槛、大空间、多层次,顺应学生的认知规律,呈现由浅入深的层次。通过不同层次和类型的课堂提问,引导不同认知水平的学生真思考、真探究、真交流。

---

① 冯大霓. 新型师生关系下的课堂提问方式探讨[J]. 阜阳师范学院学报(社会科学版), 2013(3): 134-136.

第四，开放性。问题的设计要具有开放性，能够激发学生的求知欲和探索欲，能够引导学生多角度思考、讨论和交流问题，要给学生留有探索的空间并指向课堂学习目标。

（二）设计策略

在"输出式"课堂教学中，教师如何提问才能驱动学生更好地输出表达，引导学生思维向高阶发展？关键在于课堂提问的预设和生成。有效的课堂提问能促进学生思维输出和转化。一般来说，课堂提问设计策略可以从以下几方面加以思考。

1. 基于学习目标，提炼核心问题

在设计课堂问题时，要深入研读教学内容与学科课标，结合学习目标提炼出课堂教学内容的核心问题，以核心问题为焦点，引导学生深度思考，指向学生能力输出。

2. 基于真实情境，设计真实问题

"输出式"教学强调知识的学习要与学生的真实生活连接，要解决真实世界中的真实问题。比如，学生会想"我为什么要学这个内容？学了有什么好处？"只有把知识的学习与生活联系起来，让学生体会到教育的真正意义，他们才会有兴趣进行学习。因此，教师可以以核心问题为中心设计一系列子问题（问题链），在子问题（问题链）的引导和启发下，让学生更好地解决核心问题，落实学习目标，最后实现学生能力输出和思维进阶（图2-16）。

图2-16　核心问题与子问题关系

3. 依据教育理论，设计层次问题

布鲁姆教育目标分类法将认知领域的教育目标分为知道、理解、应用、分析、综合和评价六个层次。教师可以根据不同层次，在课堂提问时设计不同难度的问题，让学生逐渐从简单的事实记忆过渡到复杂的批判性思考，从一个简单的概念问题过渡到一个需要分析和综合应用知识的问题。通过提出不同层次的问题，引导不同水平的学生深入思考，促进学生思维发展，提升课堂提问的质量和层次。

4. 基于以生为本，有效提问策略

"输出式"教学的课堂提问包括问题设计、理答设计、叫答、候答、理答、总结与反思。教师除了要基于学习目标与真实情境设计真实性问题之外，课堂上的叫答、候答、理答也是有讲究的。第一，根据布鲁姆教育目标分类法设计不同层次的问题，课堂上叫答时要根据学生的水平层次予以叫答，以此提高学生课堂参与度，力求所有学生都能对问题做出反应，确保每一位学生都有成功回答的平等机会①。第二，教师提供有效叫答后，要给予学生适当的时间进行思考，如给候答时间3～10秒，为学生思维发展提供时间和空间。第三，教师智慧的理答能引导学生深度参与、深度思考，因此教师要善于利用深层次问题追问、转问学生，将学生的思维引向更高处（图2-17）。

图2-17 理答行为图

三、"输出式"教学课堂提问的案例

案例1：语文学科

（一）教学内容

课例选自部编版语文七年级下册第三单元《卖油翁》，课型为文言文教读课，属于"文学类文本阅读与创意表达"任务群。

（二）问题设计

《卖油翁》传统提问设计与"输出式"提问设计的对比如表2-8所示。

表2-8 《卖油翁》传统提问设计与"输出式"提问设计的对比

环节	传统提问设计	"输出式"提问设计
课前思考	根据故事，你认为陈尧咨和卖油翁各是怎样的人？	陈尧咨和卖油翁，你更喜欢谁？为什么？
情节梳理	请用一句话复述故事情节并思考事件是如何发展、矛盾是如何一步步激化的。由此可看出陈尧咨和卖油翁怎样的性格特点？	文章讲述了一个怎样的故事？请你选择一个喜欢的人物，从他的角度用第一人称复述故事情节

---

① 邵怀领. 课堂提问有效性：标准、策略及观察 [J]. 教育科学, 2009, 25(1): 38-41.

续表

环节	传统提问设计	"输出式"提问设计
再识人物	作者刻画人物形象用了哪些描写手法？从文中找出具体句子进行分析	你能用表情包梳理出你所喜欢的人物的心理变化过程吗？试一试，并结合文本说明理由
史料连读	结合史料，说说你读出了一个怎样的陈尧咨？	读完史料，你是否也会对陈尧咨改观呢？带着你的发现再读本文，说说文章最后陈尧咨"笑"的含义
课后思考	这篇短文告诉我们一个什么道理？由此你还想起了哪些名言警句？	1. 某班干品学兼优，工作认真负责，年级决定给他颁发奖章，但遭到部分同学反对，理由是该班干管理过于严苛，甚至不近人情。你认为该班干有资格获奖吗？理由是什么？ 2. 有同学在阅读《海底两万里》时产生了疑问："尼摩船长富有正义感，重情重义，是一位真正的英雄。但是他独断专行、冷酷无情。这样的他还能算是楷模吗？"请你尝试用多元评价法来帮这位同学答疑解惑

如表2-8所示，传统课堂的提问设计指向单一，多为记忆型问题和理解型问题，基本停留在低阶思维的训练层面，无法真正激发学生的学习热情，忽视了对学生利用知识解决问题的能力的培养，对学生核心素养的培养自然也无从谈起。而"输出式"教学的课堂提问设计遵循任务设计的真实性、问题性、知识性和合理性的原则，将学习目标分解成需要运用学科知识解决的一个个任务。例如，本课的输出核心问题："陈尧咨和卖油翁，你更喜欢谁？"首先，它是基于一个真实的情境背景——"通过学习这篇课文，你会喜欢上谁？"提出的。课堂上，学生被真实的提问吸引，从而激起了学习本文的兴趣。其次，学生带着核心问题对本节课的知识进行探索。在这个过程中，学生学习的动力是自发的、积极的，而非被动的、消极的。最后，学生依据师生共建的评判标准检查任务的完成情况。用基于真实情境背景提出的核心问题、核心任务来驱使学生主动探究知识、积极探索学习方法的课堂，就是以"输出倒逼输入"的课堂。通过课堂学习，学生掌握了核心知识，提升了素养。

（三）具体实施

1. 环节一：不凡文章初诵读，复述故事明始末

为培养学生多角度思考问题的习惯，为下一个环节作铺垫，教师首先设问："文章讲述了一个怎样的故事？"在激活学生关于内容概括的已有经验、得到学生的肯定回答后，教师顺势提出一个要求："请你选择一个喜欢的人物，从他的角度用第一人称复述故事情节。要求贴近原文，符合人物心理，可适当补充心理活动。"

环节一的提问，意图在于引导学生从不同人物的视角去概括故事情节，且要求用第一人称复述故事，这便于学生多角度、更全面地把握文章内容，初步感知人物形象。同时引导学生关注文本矛盾之处，为下一个环节作铺垫。

2. 环节二：且观二者暗交锋，揣摩心理析形象

为帮助学生更好地梳理人物心理变化，教师设计了一个真实情境下的问题："你能用表情包梳理出你所喜欢的人物的心理变化过程吗？试一试，并结合文本说明理由。"

好的课堂提问不仅要体现教学目标，还要符合学生的认知实际。过于简单的提问不能触动学生的思维，如传统课堂中频繁出现的提问方式："作者刻画人物形象用了哪些描写手法？"同样，难度过大的提问又容易挫伤学生的积极性。因此有效的提问应符合列夫·维果茨基的"最近发展区"原理，学生通过教师的提问引导就可以找到合适的学习策略。环节二的问题就属于有效提问，采用贴近学生生活的表情包来表现人物的心理变化过程，这大大激发了学生的兴趣。依托这个问题，学生用表情包完成了对人物心理活动的梳理，同时得出了对于卖油翁的新认识——卖油翁虽技艺高超、从容平和，但也存在自鸣得意的嫌疑。

3. 环节三：史料联读见其人，多元认识引深思

梳理人物的心理变化实际是在帮助学生不断丰富对人物的认知。在上一个环节中，学生更新了对卖油翁的认知。接下来，教师就要思考如何让学生对另一个人物——陈尧咨有更深层次、更多元的认知。教师在前两个问题的基础上设计了进阶式的提问："读完史料，你是否也会对陈尧咨改观呢？带着你的发现再读本文，说说文章最后陈尧咨'笑'的含义。"

提出环节三的问题后，可通过组织学生读史料，培养学生的发散思维和思辨能力。借助教师提供的相关史料，学生学会了辩证看待人物，认识到了陈尧咨虽骄横自矜，但也有宽容大度的一面。

在本课的输出提问环节中，学生从低阶思维的训练逐渐走向高阶思维的训练，最终掌握多元评价人物的能力。当学生懂得用多元评价去审视自己、审视

他人、审视世界时,教师便完成了对学生核心素养的培养。

4. 环节四:迁移运用,作业布置

为帮助学生巩固课堂所学,并将这一能力迁移运用到实际生活中去,教师设计了下面两个问题:①某班干品学兼优,工作认真负责,年级决定给他颁发奖章,但遭到部分同学反对,理由是该班干管理过于严苛,甚至不近人情。你认为该班干有资格获奖吗?理由是什么?②有同学在阅读《海底两万里》时产生了疑问:"尼摩船长富有正义感,重情重义,是一位真正的英雄。但是他独断专行、冷酷无情。这样的他还能算是楷模吗?"请你尝试用多元评价法来帮这位同学答疑解惑。

问题①来源于真实生活情境,问题②则是对名著人物的评价认识。这两个问题,一个直接指导学生运用课堂所学解决生活实际问题,一个指导学生将课堂所学融合进名著阅读学习当中去。两个问题的设计遵循了"从课堂到生活,又从生活回归课堂"这一原则,体现了对"多元认识人物"这个核心知识的迁移与应用。

本节课的问题设置由浅入深,由真实情境而生,既能让学生带着核心问题,反复阅读文本,深刻理解文本并掌握"多元评价人物"的能力,为后续学习认识"小说中的人物形象"奠定基础;又指导了学生的实际生活,符合"输出倒逼输入"的学习理念。

案例2:数学学科

(一)教学内容

课例选自人教版数学五年级下册"长方体和正方体",课型为概念课。

(二)问题设计

"认识长方体"传统提问设计与"输出式"提问设计的对比如表2-9所示。

表2-9 "认识长方体"传统提问设计与"输出式"提问设计的对比

环节	传统提问设计	"输出式"提问设计
认识长方体三要素	通过"学生摸索—教师提问—学生回答",逐一认识面、棱、顶点	设问激活研究图形的经验—疑问观看视频—实践巩固
认识长、宽、高	通过直接告知方式介绍长方体长、宽、高	疑问拆棱—动画感受—命名创造
认识面的特征	通过"学生摸索—教师提问—学生回答",认识面的特征	疑问找面—追问发现特征

如表2-9所示，传统提问是师生一问一答，学生被动地接受知识，并没有深刻理解知识的深刻内涵，导致学生只会死记硬背知识点，无法将知识迁移应用。"输出式"教学的课堂提问是指向能力输出目标的提问，能够引导学生积极主动探究体现学科本质的知识。例如，本课环节二"认识长、宽、高"中，先让学生带着疑问去学习，接着让学生动手实践操作，教师提出问题，学生回答，最后教师转换物体摆放，让学生指一指。学生在探究过程中，深刻理解并掌握了棱的特征，提升了素养。

(三) 具体实施

1. 环节一：认识长方体三要素

为了培养学生知识结构化的学习素养，要让学生形成研究问题迁移的能力。教师首先设问："请大家回忆一下，研究长方体是从哪些元素思考？"激活学生研究图形的经验。在学生回答后，教师提出疑问："大家猜一猜，如果要研究长方体，应该从哪些元素思考？"学生回答："边和角。"让学生明白研究图形需要先找出图形元素，形成学习结构化。最后让学生带着问题思考"长方体有哪三个重要元素？"学生观看视频学习，直观地理解顶点、棱和面（图2-18）。

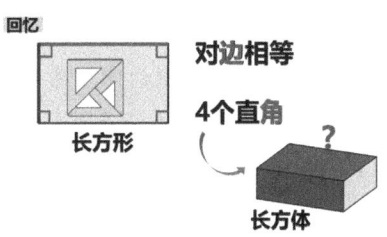

图2-18 回忆长方形元素

环节一的提问不仅帮助学生巩固学过的知识，借助自身的知识经验解决问题，而且培养了学生知识结构化的学习素养，为其后续学习其他立体图形奠定基础。

2. 环节二：认识长、宽、高

在学生搭建长方体框架，掌握棱的特征后，教师让学生带着疑问"最少保留几条棱就能想象出它原来的样子？"去动手实践操作。学生在操作过程中会借助棱的特征去思考，最终发现剩下相交于同一顶点的三条棱。接着，教师提出问题："如果让你给相交于一个顶点的三条棱命名，你觉得取什么名字合适？"学生根据其特征命名。最后，教师转换物体摆放，让学生指一指。

本环节的提问能让学生带着任务去学习，通过操作深刻理解并掌握棱的特征，凸显学科本质，实现学生素养的提升。

3. 环节三：认识面的特征

在学生学习完棱的特征后，开始进行探究面的特征的任务。根据单元整体教学要求，由于后续要学习表面积，表面积的计算需要寻找相关的棱。所以，教师设问:"根据框架,怎样快速从右侧(多媒体呈现一些面)找出长方体的每个面?"学生在探究过程中,根据自身认识,发挥想象,发现面的特征。教师在学生汇报展示过程中,通过追问进一步完善面的特征(图2-19)。

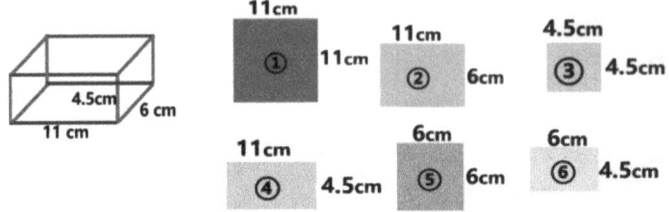

图2-19 "面的特征"教学图

本环节的提问能让学生带着任务去学习,通过操作深刻理解并掌握面的特征,为后续学习表面积奠定基础,发展了学生的空间想象能力,凸显学科本质,再现"输出倒逼输入"的学习过程。

第六节 多元评价:输出成效的反馈与衡量

学习评价是以学习目标为依据,运用观察、反思、调查、测验等方法,来收集学习过程及学习结果等方面的客观资料,并进行相应的处理,进而对学习效果作出鉴定和价值判断,对学习目标进行反思和修订的活动。学习评价为教学活动提供优化和改进的方向,帮助教师依据教学目标反思并完善教学内容、方法和资源,以求达到预期成果;为学生指明学习路径,使他们清楚了解应达到的标准和期望,从而有针对性地进行学习。

学习评价的结果不仅应当用于评定学生的学业成绩,还应作为教学决策的依据,推动教学策略的调整和教学资源的优化。同时,评价体系本身需要定期审查与更新,以适应教学改革、课程变化及学生需求的发展。而输出成效评价相较于传统教学评价,更注重能力培养、过程评估、多方参与、个性化发展、实时反馈以及与实际需求的紧密联系。

一、输出成效评价的内涵与标准

（一）学习评价的构成要素

学习评价的目的是检查学习活动是否达到了预期目标，以及为未来的教学活动提供改进的依据。它的构成要素主要有六个：一是评价目标，评价目标应与课程目标、教学目标以及学生的学习目标相一致；二是评价内容，涵盖学生应掌握的知识点、应具备的技能、应形成的态度及应达成的情感目标等各个方面；三是评价标准、评价的参照系，用来衡量学生在特定领域内所达到的程度；四是评价方法与工具，包括笔试、口试、观察、访谈等多种形式，评价工具可以是试卷、评分表、量表等；五是评价过程，涉及数据收集、数据分析、结果解释及反馈等环节；六是评价主体，包括教师、学生本人、同伴、家长、行业专家等多元评价者。

（二）学习评价的维度

学习评价并非单一维度的评价，它是多方面评价的总和。第一，学习目标评价是评价过程中的首要环节。学习目标评价关注学习活动是否实现了预定的知识、技能和情感态度目标。第二，学习内容评价确保所学内容与教学大纲和课程标准相契合，同时具备必要的科学性、系统性和实用性。第三，学习方法评价用来判断学生学习方法是否得当，课程是否能够激发学生的学习兴趣和积极性，是否有利于培养学生的自主学习能力和创新精神。第四，学习效果评价用于评价学习效果是否显著，学生是否能够掌握所学知识和技能，是否能够将所学知识应用到实际生活中。

（三）输出成效评价的标准

"输出式"教学要求教学要实现"教—学—评"的一体化，目标、任务、评价要具有一致性。教师在对学生进行评价时应有一定的理论依据作为支撑，如布鲁姆教育目标分类法、SOLO分类评价法等。其中，SOLO（Structure of the Observed Learning Outcome）分类评价法是一种由澳大利亚教育心理学教授比格斯（Biggs）首倡的评价方法，意为"可观察的学习结果的结构"。它以等级描述为基本特征，主要解决能力的层次问题，能够真正显现出学生能力的差异。该方法主要包括以下五个层次：前结构水平、单一结构水平、多元结构水平、关联结构水平和拓展抽象结构水平[①]。

[①] 吴有昌，高凌飚. SOLO分类法在教学评价中的应用[J]. 华南师范大学学报（社会科学版），2008（3）：95-99+160.

与传统的教学评价相比，输出成效评价不仅关注学生对知识的掌握程度，还重视学生在学习过程中所展现的各种能力、技能、态度以及价值观的形成与发展。它不局限于学科知识的测验成绩，而是放眼于项目完成情况、实践操作能力、创新思维、团队协作、沟通表达等多元化的学习成果。

二、输出成效评价的原则与策略

（一）评价原则

实施输出成效评价时，应遵循以下原则：

第一，目标导向性。评价应紧密围绕既定的教学目标和学习标准，确保评价内容、标准和方法与预期的学习成果高度契合。聚焦于学生应掌握的核心知识、关键能力和价值观，确保评价的针对性和有效性。

第二，全面性与均衡性。评价应覆盖知识、技能、情感态度、价值观等多方面的学习成果，避免过度侧重某一单一维度。既要关注显性学习成果（如书面作业、考试成绩），也要考量隐性学习成果（如团队协作、创新思维、道德行为等），确保评价体系能够全面反映学生的综合素质。

第三，真实性与情境性。评价应尽可能模拟真实情境或采用实际任务，让学生在解决实际问题的过程中展示所学知识和技能，以提高评价的生态效度。例如，采用项目评价、案例分析、角色扮演、模拟实验等评价方式，使学生在接近现实的情境中展现学习成效。

第四，过程与结果并重。评价不仅要关注结果，还要重视对学习过程的观察与评估。包括学生的学习策略、努力程度、进步轨迹、反思能力等，以形成性评价来促进学生的持续发展。同时，确保终结性评价能够公正、准确地反映学生的学习成果。

第五，多元化与个性化。采用多种评价方法和工具，如观察、访谈、作品集、自评、互评、标准化测试等，以适应不同的学习内容和学生特点。尊重学生的个体差异，允许学生以最适合自己的方式展现学习成效，鼓励创新性和个性化的学习成果。

第六，反馈与改进机制。评价结果应及时、具体，且将具有建设性的意见反馈给学生和教师，以便学生和教师了解学习状况，明确改进方向。评价应与教学过程紧密结合，评价结果应作为调整教学策略、优化教学资源和改进学生学习计划的依据。

（二）实施策略

输出成效评价需要贯穿整个课堂，教师应给予学生输出的机会，检验学生短时间内的输入质量,并根据学生的输入质量及时调整教学策略,以便达到更好的输出效果。实施输出成效评价是一个系统性的过程,旨在评估学生的学习成果和进步幅度。

1. 明确评价标准与目标

首先,教师应根据教学内容和学生的学习目标设定清晰、具体的输出标准。参照新课标和教材,明确课程内容、知识体系、技能要求及情感态度、价值观等方面的教学目标。考虑学生实际情况,如考虑学生的年龄、认知发展阶段、先前知识基础、学习风格和兴趣等,确保教学目标既符合课程要求,又适应学生个体差异。在上课前,教师应使用行为动词(如"解释""设计""批判性思考"等)清晰、具体地表述教学目标,使其具有可观察、可测量的特性。遵循SMART(Specific, Measurable, Achievable, Relevant, Time-bound)原则,确保目标具体、可衡量、可达成、相关性强且有时限。同时,明确期望学生在完成特定任务或活动后的表现特征,如语言表达的准确性、逻辑性,作品的创新性、实用性等。

2. 选择评价方法和工具

根据评价目标和标准选择适合的评价方法,如书面测试、口头表达、作品展示、项目实践、观察记录等多种方式,确保所选方法能够真实反映学生的学习成效。在选用不同的评价方法时可以考虑使用相匹配的评价工具。一是测验与考试:针对知识和技能的直接测试,可采用选择题、填空题、解答题等多种题型。二是作品与项目:如论文、研究报告、艺术作品、实验报告、设计项目等,展示学生综合应用知识的能力。三是表演与演示:如角色扮演、演讲、实验演示等,评估学生的口头表达能力、演示技巧及内容理解程度。四是反思与日记:通过撰写学习日志、反思报告,促进学生自我评价和深度学习。五是讨论与对话:通过课堂讨论、小组研讨、师生对话等方式,观察学生的思考过程、交流能力和批判性思维能力。六是思维导图与概念图:用可视化工具展示学生对知识结构的理解和关联思维。

3. 设计多元化的输出任务

为充分考查学生的输入成效,设计丰富的输出任务至关重要。这些任务可以是口头报告、书面作业、小组讨论、项目展示、角色扮演、实验报告、创作作品(如绘画、短文、视频等)等。不同的任务类型能从不同角度反映学生对输入知识的理解和应用能力。

4. 过程性评价与结果性评价结合

过程性评价主要关注学生在学习过程中的行为、态度、参与度、进步与解决问题的能力等；结果性评价聚焦于最终的学习成果，如知识掌握程度、技能达成水平、作品质量等。要关注过程性评价的各项指标（如参与度、合作能力、自主学习能力等）和结果性评价的具体考核点（如考试成绩、项目完成度、报告质量等），确保评价有据可依。不仅关注学生最终的输出成果，也重视其产出过程。观察他们在完成任务时的信息检索、策略选择、团队协作、问题解决等行为，这有助于了解学生对输入知识的实际运用情况。可以采用观察记录、同伴互评、自我反思等方式收集过程性数据。

5. 使用评价量规或评分指南

为确保评价的公正性和一致性，教师应制定详细的评价量规或评分指南，明确各项评价指标及其权重，以及对应的不同等级的表现描述。这样一来，无论是教师评价还是学生自评、互评，都有统一的标准参照。在"输出式"教学中，我们可以用到SOLO分类评价法及其他科学的评价方法。

6. 及时反馈与指导

评价不应仅仅是打分或评级，更重要的是提供具体、建设性的反馈，指出学生在输出中的优点与需要改进之处，帮助他们识别学习盲点，调整学习策略。针对普遍存在的问题，教师要适时调整教学方法或内容，以优化后续的输入环节。密切关注学生的课堂反应，以及他们在小组讨论、实验操作、问答环节中的表现，以便及时捕捉他们的困惑、误解或创新思维。鼓励学生发言，耐心倾听他们的观点和问题，尊重他们的思考过程，为后续反馈和指导做好准备。适时使用启发式提问引导学生深入思考，如"你是怎么得出这个结论的？""有没有其他可能性？""能否举例说明？"等。

7. 持续跟踪与调整

定期进行输出评价，并对比分析学生在不同阶段的输出表现，观察其进步趋势，判断输入策略的有效性。如有必要，教师应及时调整教学计划、资源分配和教学方法，以更好地支持学生的学习输入。

总之，实施学习成效评价需要系统性的规划和执行。通过以上步骤可以全面评估学生的学习成果和进步，为教学提供有针对性的支持和指导。新课标的发布，不仅明确了基础教育课程的基本规范和质量要求，更强调了课程改革的核心理念，即以学生为中心，注重学生的全面发展。在这一背景下，将新课标与"教—学—评"一体化融合显得尤为重要。将新课标的要求与教学评价紧密结合，可以确保教学目标与课程目标的高度一致，从而实现"教—学—评"的有效互动和相互促进，更好地促进学生的全面发展。

三、输出成效评价的案例

案例1：英语学科

（一）教学内容

课例选自人教版英语八年级上册"Unit 7 Will people have robots?"课型为阅读课。

（二）评价设计

在"输出式"教学中，我们强调"以输出表现评价输入质量"，结果性输出和过程性输出都能作为评价输入的标准。在备课环节，教师需深入思考应该在课堂教学的哪个环节设计输出，并以此作为检验上一环节输入质量的方式。在教学过程中，教师应对学生的输出表现进行细致考查，该表现涵盖了两个核心维度：输出意愿和输出层次。输出意愿着重评估学生在学习活动中展现出的积极性，即他们是否愿意、乐意并擅长参与到各类学习互动中。输出层次则关注学生对所学知识的内化与运用程度，具体划分为四个阶段：重复式输出、复述式输出、建构式输出及创造式输出。

在"Unit 7 Will people have robots?"阅读课中，教师根据输出任务设计了一系列学习成效评价方式和标准。每个分解任务都有相应的评价方式和评价标准，而最后总任务的完成与学习目标相呼应，切实实现"教—学—评"相一致（表2-10）。

表2-10 "Unit 7 Will people have robots?"阅读课学习成效评价方式和标准

大任务	设计属于自己的机器人	
	输出评价方式	输出评价标准
分解任务一	阅读文章，总结文章提到的关于机器人的四个方面	能够完成思维导图
分解任务二	讨论设计机器人应该考虑的因素	语言准确、内容全面
分解任务三	画出自己小组的机器人，用自己的语言向同学们介绍	语言流利、自信大方、设计创新、结构完整

（三）评价实施

为了完成"设计属于自己的机器人"这个大任务，学生需要逐步完成不同的小任务，而在不同的小任务中，教师制定了不同的输出评价标准并实施。

1. 分解任务一

这一任务的输出层次主要是复述式输出。为了积累关于机器人的基础知识，学生需要在规定的时间内阅读文章，完成思维导图（图2-20）。学生在这一过程中运用阅读技巧快速捕捉关键词，进而对文章的结构进行大致了解。对于这一输出环节，教师制定的评价标准有：准确找到每一段的关键词、总结出第三段的两种观点，"Robots will think like humans"和"Robots won't think like humans"及常见的机器人形状（humans and animals）。

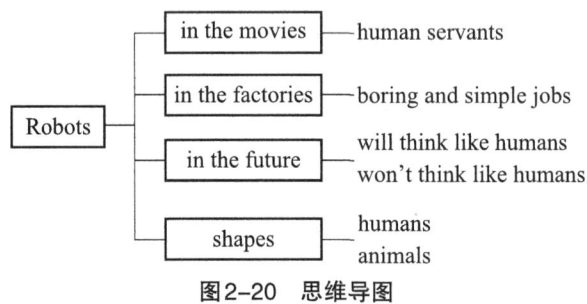

图2-20 思维导图

2. 分解任务二

学生以小组为单位，各自讨论设计一个新的机器人需要考虑哪些因素，然后派出代表进行发言，最后教师带领同学们总结需要考虑的因素（机器人的外表、功能和对人类的帮助等）。这一阶段以建构式输出为主，此环节的评价标准主要有学生讨论的参与度、学生能否使用正确的英语句子，以及学生的答案是否全面。

3. 分解任务三

在这一环节里，学生需要根据上一环节讨论得出的结果，结合教材文章中的一些语句，在5分钟内设计出属于自己的机器人并画在纸上，再到讲台上进行展示。展示的评价标准主要有语言流利、自信大方、设计创新和结构完整四个方面，输出层次主要是创造式输出。

通过对学生输出意愿和输出层次的综合评价，教师能够精准评估前一环节输入内容的质量与效果，即是否有效引发了学生的积极参与，以及学生对知识的吸收、转化与创新程度如何。基于这些反馈，教师可以及时调整后续的教学策略：若发现学生输出意愿较低，可能需要调整教学方式，如增加互动元素、创设趣味情境、提供个性化支持等，以提升学生的学习兴趣与动力；若发现学生输出层次停留在较低阶段，可能需要加强知识的深化讲解，给学生提供更多的实践机会，引导学生进行深度思考，以推动其知识内化与高阶思维能力的发展。

案例2：数学学科

（一）教学内容

课例选自人教版小学数学六年级上册"外方内圆和外圆内方"，课型为解决问题课。

（二）教学分析

本课旨在引导学生探索圆的内接正方形和外切正方形与圆之间部分的面积这一综合应用问题，探索发现数学规律，经历问题解决的全过程，提高学生发现问题、提出问题、分析问题、解决问题的能力；引导学生多维思考，打破思维定式，培养学生灵活应用知识的意识。

依据课标制定的学习目标如下：第一，学生借助动手操作、观察，分析图形之间的关系，掌握计算圆与正方形之间面积的方法，发展几何直观和符号意识。第二，学生通过解决实际生活中组合图形问题，感受学习数学的价值，发展应用意识。

（三）学情分析

已知点：学生在已学习圆的面积计算方法的基础上进行学习。学生在本单元前面几节课也学习了圆的认识、圆的周长、圆的面积、扇形，具备了一定的基础知识，能在具体情境中理解现实的问题，并将其转化成要解决的数学问题，能够初步推断出组合图形面积的计算方法，从而找到解决问题的方案。

障碍点：第一，对于"外圆内方"这种模型，学生在无法直接求出圆内接正方形边长时，难以想到利用圆的直径和半径添加辅助线的方法，将正方形的面积转化为2个三角形的面积和或4个小三角形的面积和来计算。第二，学生对于外方内圆和外圆内方一般化结论的建模与直观想象应用存在一定的困难。

突破措施：第一，适时引导学生思考，借助学具，让学生通过"折一折"的方法，启发学生通过作辅助线找到解题的方法。第二，以学生自主合作为主，让学生在小组合作交流中实现多角度的思考。

（四）输出成效的反馈与衡量

本课的输出目标、输出反馈与衡量任务如表2-11所示。

表2-11 输出目标、输出反馈与衡量任务

输出目标	输出反馈与衡量任务
借助动手操作、观察，分析图形之间的关系，掌握计算圆与正方形之间面积的方法	针对输出目标一： 1. 自主尝试计算正方形与圆之间草皮的面积。发现半径与正方形边长之间的关系，初步感知外方内圆的计算模型。 2. 合作探究：当不知道正方形的边长时，怎么才能求出圆里面正方形的面积呢？通过小组合作学习，培养合作探究意识并学会外圆内方面积的计算方法，渗透转化思想
通过解决实际生活中的组合图形问题，感受学习数学的价值	针对输出目标二： 在生活情境中巩固方与圆之间面积的计算方法，并能用代数式表示，培养学生的符号意识

针对输出目标一，制定如表2-12、表2-13所示的输出反馈与衡量量规。

表2-12 输出反馈与衡量量规（一）

输出反馈与衡量要点	输出反馈与衡量标准	输出反馈与衡量层级
能否独立计算出正方形与圆之间草皮的面积，发现半径与正方形边长之间的关系	能够独立计算出正方形与圆之间草皮的面积，发现半径与正方形边长之间的关系	等级A（优秀）
	能够在老师的提示或小组的帮助下，计算出正方形与圆之间草皮的面积，发现半径与正方形边长之间的关系	等级B（合格）
	不能计算出正方形与圆之间草皮的面积，也不能发现半径与正方形边长之间的关系	等级C（待改进）

表2-13 输出反馈与衡量量规（二）

输出反馈与衡量要点	输出反馈与衡量标准	输出反馈与衡量层级
能否求出圆里面正方形的面积	能够独立求出圆里面正方形的面积	等级A（优秀）
	能够在老师的提示或小组的帮助下，求出圆里面正方形的面积	等级B（合格）
	不能求出圆里面正方形的面积	等级C（待改进）

针对输出目标二，制定如表2-14、表2-15所示的输出反馈与衡量量规。

表2-14 输出反馈与衡量量规（三）

输出反馈与衡量要点	输出反馈与衡量标准	输出反馈与衡量层级
能否通过方与圆之间面积的计算方法，解决实际问题	能够独立通过方与圆之间面积的计算方法，解决实际问题	等级A（优秀）
	能够在老师的提示或小组的帮助下，通过方与圆之间面积的计算方法，解决实际问题	等级B（合格）
	不能通过方与圆之间面积的计算方法，解决实际问题	等级C（待改进）

表2-15 输出反馈与衡量量规（四）

输出反馈与衡量要点	输出反馈与衡量标准	输出反馈与衡量层级
能否用代数式表示方与圆之间的面积关系	能够用代数式表示方与圆之间的面积关系	等级A（优秀）
	能够在老师的提示或小组的帮助下，用代数式表示方与圆之间的面积关系	等级B（合格）
	不能用代数式表示方与圆之间的面积关系	等级C（待改进）

在"外方内圆和外圆内方"一课中，教师根据教学评价量表设计了"大任务卷小任务"的课堂教学活动。本节课以独特的问题设置方式和教学方式，激发了学生浓厚的学习兴趣，同时给学生创造了一定的想象空间，让学生发散思维，想象出正方形与圆之间的位置关系，从而准确计算面积差。这些任务设计得紧密相连，层层递进，旨在通过解决实际问题，提升学生的数学应用能力和思维能力。

依据"输出为本"理念设计教学评价表，在学情分析中增加与学生有关的社会经验的内容，以此设计学习任务，使得生活与所学知识相联系。如教师由视频中的具体生活情景引出"公园要进行升级改造，正举行公开竞标，两家设计公司各给出了一个方案，你们能算出哪个方案中的草皮费用更实惠吗？"的大任务。这一任务设置贴近生活实际，能够更好地激发学生的学习兴趣和探究欲望。正方形与圆之间的草皮面积计算问题，是一个既具有挑战性又富有生活气息的数学问题。通过这一问题的设置，让学生能够将数学知识与现实生活相联系，从而更好地理解和应用数学知识。

对于圆内正方形面积的求解，目标不仅在于得出精确数值，更在于引导学生通过观察、分析、推理，逐步形成解决复杂几何问题的能力。当学生在任务链的驱动下出现不会求圆内正方形面积的情况时，教师就引导学生在小组内用学具动手折一折、连一连、说一说的方法求出正方形的面积。学生在教师引导后，能够使用画辅助线的方法解决问题，即了解方与圆的内部联系。有了"外方内圆"的经验积累，便可以拾级而上解决"外圆内方"的问题。教师有层次性、递进式地巧设问题，能够逐步引导学生深入思考。

不同于传统教学，在这节课上，因为学生的输出被授课教师额外关注，所以学生回答问题的频率及输出的水平层次得到提高。随着课堂不断深入与推进，学生的输出重点逐渐由数量向质量转移，表明教师更加关注培养学生的高阶思维。可以看到，学习流程的再造，使学生的学习兴趣和真实生活体验得到教师更多的关注，使其教学更加注重知识学习从虚拟世界向真实世界的迁移应用。

输出实践篇

第三章

文学之韵——语文课例中的"输出式"教学实践

语文课程是一门针对国家通用语言文字运用的综合性、实践性课程,其基本特点在于工具性与人文性的有机统一。语文课程的根本目标聚焦于培育与提升学生的核心素养,以此为学习其他课程奠定坚实的基础,并积极引导学生树立正确的世界观、人生观和价值观,塑造其独特的良好个性与健全的人格。此外,语文课程还着力于培养学生的求真创新精神、实践能力与合作交流能力,促进学生德智体美劳全面发展,为学生的终身发展奠定基础。为更好地发挥语文课程的育人作用,学校在语文学科教学中结合了"有为·输出式"教学范式,以期提升学生的语文应用能力、培养学生的创新思维和批判性思维、增强学生的自信心和学习兴趣、促进师生之间的互动与交流以及培养团队之间的合作意识和协作能力。

第一节 语文学科开展"输出式"教学的实践依据

一、语文学科开展"输出式"教学的作用

(一)培养创新思维和批判性思维

"输出式"教学鼓励学生发挥自己的想象力和创造力,以独特的视角和方式表达自己的观点。这种教学方式能够激发学生的创新思维,培养他们的批判性思维。例如,在进行主题讨论时,学生可以围绕某个话题展开深入思考与探讨,从多个角度分析问题,形成自己的观点和见解。这一过程有助于培养学生的批判性思维,提高他们独立思考的能力。

(二)培养审美情趣

学生的审美情趣是语文核心素养的关键组成部分。通过"输出式"教学,

学生可以欣赏和创作优秀的文学作品，从而提高文学鉴赏能力和创作能力。例如，在文学鉴赏课程中，学生可以通过阅读和分析经典文学作品，领悟其中的艺术魅力和人文价值，从而培养审美情趣并提高文学素养。

（三）提升语文应用能力

"输出式"教学强调学生在学习过程中的输出活动，如写作、演讲、表演等。这些实践活动能够帮助学生将所学知识运用到实际工作中，提升他们的语文应用能力。例如，在写作实践中，学生需灵活调遣已学词汇、准确运用语法规则及巧妙采用修辞手法，以此深化对语文知识的领悟与掌握；而通过参加演讲、表演等实践活动，学生不仅能够锤炼其口头表达的艺术性，还能有效强化逻辑思维能力，从而在实践中进一步提升语文应用水平。

（四）增强自信心

"输出式"教学注重学生的积极参与与成果展示，鼓励学生在课堂这一舞台上尽情绽放其才华、发挥其潜能。此教学模式不仅极大地增强了学生们的自信心，还如同催化剂般激发了他们探索知识的热情与兴趣。当学生在课堂上获得认可与鼓励时，那份由内而外的自信促使他们无畏学习路上的挑战，更加踊跃地投身于课堂活动。此外，通过亲手呈现自己的学习成果，学生能够深刻体会到学习带来的喜悦与成就感，这份情感体验进一步加深了他们对语文学科的热爱与投入。

（五）培养团队合作能力

在"输出式"教学中，学生需以团队形式携手完成任务或项目，这一模式培养了学生的团队合作精神与协作技能。在团队协作模式下，学生需紧密配合、明确分工，共同完成任务。此过程不仅是任务的完成之旅，更是学生人际交往能力的成长之路，促使他们学会倾听他人意见、尊重他人视角，并掌握协同作战的策略。这些宝贵的团队协作能力与个人素质，对学生开拓未来学习与职业生涯的广阔天地起着非常重要的作用。

二、语文学科开展"输出式"教学的有效路径

教学有线，活动有序，架构有模。"输出式"教学的理念是以教师为主导，以学生为主体，以输出为中心的策略体现；当它被运用到语文学科中时，"创、导、练、展、评、拓"的课堂模式就直接体现在教学结构中。其中，教学以目标为首要，而目标是教学的方向。创，是开启；导，是关键；练，是重点；展，是实践；评，是交流；拓，是提升。六个环节，环环相扣。

(一)创

创，即创设情境任务，以任务驱动学习，实现"输出倒逼输入"的学习过程再造。

创设情境任务，最基本的层次是让学生的思想、情感与学习内容进行共振。在此基础上把学习内容、学习方式与个人发展、社会需要等关联起来，实现学习的迁移、跃升，促进语文关键能力的提高。在这一过程中，要有效地推动语文学科知识结构转化为学生的认知结构。此外，每一堂课都应精心设计一个核心情境任务作为整个教学流程的统领与驱动力，确保教学活动紧密围绕该任务展开，并贯穿始终，以此提升教学的连贯性与实效性。在此基础上，根据学生情况转化为几个小的结构化的任务活动，通过这几个小的任务活动来完成一个较大的任务活动。

创设情境任务的核心目的在于促进深度学习、激发主动学习、实现综合学习、推动合作学习。教师应避免仅为追求情境而设计情境、仅为完成任务而布置任务、仅为参与活动而开展活动，不能无意识地让任务成为学习的障碍。例如，在阅读课中，根据《腊八粥》来举办美食会，或根据《骑鹅旅行记》来探讨如何设计旅行计划等情境，未免显得过于宽泛和空洞，甚至脱离学习目标的主航道，其效果往往低效甚至无效。因此，教师必须紧扣语文学科核心素养，根据学生的实际情况和教学内容，灵活而审慎地创设教学情境，以达到最佳的教学效果。

(二)导

语文学科核心素养明确提出了"思维能力"，培养学生的思维能力必须引导学生在综合的语文学科情境及高质量的任务导向中，运用分析、综合、评价、创造等高阶思维来进行深度学习。

以引导学生梳理、整合知识点为例。基于语文学科的特点，在知识结构化的基础上，教师在引导学生学习时可以帮助学生搭建学习框架，给学生提供思维导图、结构图、线路图、时间轴、"语文树"、表格等，引导学生将枯燥的、零碎的知识点变成一张有关联的"网"，并将课文中的知识要点按照一定的关系以一种结构化的方式来呈现，让学生在梳理、整合知识点的过程中培养条理性和系统性思维。

以统编版语文教材二年级下册第七单元《蜘蛛开店》教学为例。本课的语文要素是"讲故事"，要想有效地引导二年级学生顺利、高效地讲好这个故事，教师在教学中就要引导学生梳理、整合知识点。首先，引导学生朗读课文，读出故事的结构——课文讲了蜘蛛几次开店、分别卖什么、顾客是谁、顾客有什么特点、结果怎么样，以此让学生在脑海中构建起故事的结构图。其次，引导学生再读课文，看看课文这三次开店在写法上有什么相同之处。师生通过总结归纳，发现这三次开店在写法上有相同之处：先写蜘蛛的想法，准备开什么店；接着写蜘蛛挂出开店招牌；最后写顾客来了之后的情况。教学到了这一步，就可以让学生根据故事结构图和写法结构来复述故事。通过这样的梳理、整合，学生快速地掌握了故事的结构脉络，能够顺利复述故事，同时摒弃了简单记忆、孤立存储信息的浅层学习方式，训练了思维的条理性与系统性。

（三）练

美国著名学习专家埃德加·戴尔提出"学习金字塔"理论，认为采用不同的学习方法，其平均学习保持率（两周后还能记住多少）各不相同。比如：听讲的平均学习保持率为5%，阅读的平均学习保持率为10%，声音、图片的平均学习保持率为20%，示范演示的平均学习保持率为30%，小组讨论的平均学习保持率为50%，实际演练、"做中学"的平均学习保持率为75%，马上应用、教别人的平均学习保持率为90%。我们可以清楚地看到，学习效果在30%以下的几种传统方式都是个人学习或被动学习，而学习效果在50%以上的都是团队学习、主动学习和参与式学习。

练习是从设计活动到实际体验的一个连续过程。在设计任务活动时需要强调"七动"原则，即动手实践、动眼观察、动耳倾听、动情体验、动口交流、动笔记录和动脑思考。在这些活动中，"思考"是体验的核心，贯穿于其他各种形式之中；而"实践"与"观察"是智慧的基石，为学生提供了认识世界的窗口；"倾听"与"体验"起到引导作用，帮助学生在教师的指导下更好地把握方向；"交流"是知识迁移与运用的重要环节，同时也是新旧知识融合的桥梁；"记录"则侧重于知识的迁移与运用，为学生发挥创造力提供了广阔的空间。

以《两小儿辩日》一文为例，在实施分解小任务一"读好文本，读对'语气'"时，朗读文章可以采用多种形式，如同桌练习读、男女分读、师生分角色读、PK朗读等。同桌练习读可以让学生互相倾听、互相纠正，从而更加准确地掌握文章的节奏和语调。男女分读可以让学生更好地感受文章中的性别差异和角色特点，有助于理解文章的情感色彩。师生分角色读可以加强师生之间的互动，促进教学相长。PK朗读可以激发学生的竞争意识，让他们在竞争中提高朗读水平。这些朗读形式既可以提高学生的朗读能力，也可以增强学生对文章的理解和感悟。

由此可见，在练习过程中鼓励学生利用对话、沟通、交往、合作、探究、展示、模拟等多种活动形式进行学习，有助于提升学生的多项能力，包括逻辑思维能力、创造力、沟通能力、实践能力、观察能力、探究能力、协作能力以及解决问题的能力。

（四）展

展，就是输出展示。在分享展示的环节里，学生被赋予了一定的自主空间，他们通过积极互动汲取新知、掌握技能方法。在这一过程中，学生学会了独立思考与团队协作并重，共同探索学习的未知领域；彼此之间进行客观评价，懂得总结归纳，掌握如思维导图等高效学习工具。同时，这一经历极大地促进了他们解决问题能力的提升。

分享展示本质上是一个质疑、解疑、释疑的循环过程。在此过程中，教师要重视培养学生的分析能力、梳理能力、评价能力和分享能力，让他们能够分享疑惑的解答过程，分享思考和探索的历程，以及分享得出结论的依据。学习是需要"可见"的，而分享展示的过程正是使学习变得"可见"的重要途径。

以统编版语文教材六年级上册《竹节人》一课为例，要求学生从做竹节人、玩竹节人的环节中提炼信息，可以采取直接描述、绘制表格或思维导图的方式，将制作使用的材料、工具、步骤、注意事项等梳理清楚，并教别人玩这种玩具，说说具体玩法，可用上首先、然后、接着、最后等关联词语进行串联。小组合作，制作竹节人说明书。完成后，邀请小组代表介绍，用自己的话介绍竹节人的制作方法和玩法，包括所需材料、具体步骤、注意事项和怎么做、怎么玩，可利用首先、其次、再次、最后等关联词进行串联。

（五）评

课堂教学评价是以"以评促学、以评导学"为目的，促进学生主动学习的有效手段。新课标指出，实施评价应注意教师的评价、学生的自我评价与学生间的互相评价相结合。也就是说，我们在课堂教学中要以多元评价方式代替传统的单一评价方式，除了教师评价之外，还要从多个角度组织学生进行自评和互评。

以统编版语文教材二年级上册《小蝌蚪找妈妈》一课为例。课后有一道练习题是分角色朗读课文，对此，有些教师会找几个学生站起来分角色读一下，学生读完之后，然后给予"这位同学读得挺不错的，那位同学还需要继续努力""这位同学读得字正腔圆，读出了小蝌蚪找妈妈的焦急心情"等评价。这样的评价没有具体的量化标准，同学们不知道该读到怎样的程度才算达到了要求。

新课标提出"教—学—评"一体化的概念，其中重要的是把评价前置，以评促思，以评促教。表3-1是关于分角色朗读课文并进行表演的教学设计。有了"小小表演家"评价表，学生的表演就有了抓手，教师的评价就有了标准，教学效果也会好很多。不足的是，该表格主要围绕自评来设计，缺少了他评、小组评。

"输出式"教学课堂评价,需要明确两点基本原则:

坚持"教—学—评"一体化原则,将评价贯穿于整个课堂之中。良好的课堂评价不仅是为学习提供反馈,其本身也是一种学习活动:作为学习的机会,深化学生对相关内容的理解,锻炼学生在不同情境中运用所学知识、方法解决问题的能力等。

表3-1 "小小表演家"评价表

评价内容	评价等级
能表现出所演角色的特点,并加入自己的理解	☆☆☆
表达清楚,口齿清晰,感情充沛	☆☆☆
表情自然、大方,动作设计、表现符合角色	☆☆☆

请同学们对照评价标准,评价一下自己的表现吧。看看谁是最佳"小小表演家"。

开展课堂评价以发展学生语文核心素养为最终旨归,最重要的目标是将目光集中在学生身上,优先考虑他们的需求,关注他们在学习过程中的变化和成长。学生开展语文学习的核心诉求是获得语文核心素养的发展,因此课堂评价的设计需要充分理解学生在课堂活动、学习行为中的具体表现。课堂评价要注意创设真实、有意义的情境,引导学生在情境中解决问题,从而获取学生核心素养水平的相关信息,据此开展指向核心素养发展的教学改进和学习反馈。

(六)拓

新课标指出,要逐步培养学生探究性阅读和创造性阅读的能力,提倡多角度的、有创意的阅读。这就要求教师采取合适的教学策略,拓宽语文学习和运用的领域。"拓展迁移"正好为学生搭建了一个开放而有活力的教学平台,其内容丰富多彩、形式生动活泼、思路和答案多元化,既开阔了视野,活跃了思维,又激发了学生学习的积极性和主动性。

我国教育家叶圣陶曾提出,语文教材无非是例子,凭这个例子要使学生能够举一反三,练成阅读和作文的熟练技能。这里所说的举一反三的能力就是迁移应用能力。所谓迁移,是指在一种情境中获得的知识、技能和形成的情感、态度与价值观,对在另一种情境中获得的知识、技能和形成的情感、态度与价值观的影响。从教学角度来看,培养学生的迁移能力能促进学生的学习理解与知识建构。对"输出式"教学而言,拓展迁移是对学生需要掌握的能力的实践运用。

例如，在统编版语文教材四年级上册《盘古开天地》一课的教学中，教师引导学生知道盘古是神话故事中华夏文化的始祖。神话故事中还有很多拯救人类于水深火热之中的伟大人物，如为人类补天的女娲。接下来，教师请学生用先前的学习方法，根据要求来学习课文。教师出示课文阅读要求："小组合作学习课文，勾画出自己认为神奇的地方，然后对重点词句进行品读，并体会女娲的人物形象，完成学习任务单。"教读课仅仅停留在一篇文本的教学上显然是不够的，还要以这一篇课文为例，教给学生阅读这一类文章的方法，从而让学生能够举一反三，真正从"学会"再往前一步跨到"会学"。《女娲补天》是课本中本单元的略读课文，能更好地将帮助学生从《盘古开天地》课中学到的方法加以运用和巩固。

在语文教学中，教师可以借助拓展迁移来设计语文教学方法，借助生活中的知识，促进学生对课文内容的理解与运用；借助教学内容之间的联系，使学生意识到语文学科内容之间的关联性。这样的教学方式能够使学生在学习中收获更多的知识，获取更多的学习能力。

第二节　语文学科开展"输出式"教学的案例[①]

在前文教学内容结构化部分中，以《两小儿辩日》作为案例进行了阐述，下面以《两小儿辩日》的完整教学实录来说明语文学科是如何开展"输出式"教学的。

这一课所教授的六年级学生有一定的知识积累，具有一定学习文言文的能力，善于思辨，且具备较好的小组合作经验和能力。在日常生活中，学生能感知上午凉、中午热，上午太阳大、中午太阳升高变小等现象，能理解"用

扫一扫，观看案例《两小儿辩日》教学视频

具体事例说明观点"这一方法。这一课的输出型目标设定为：一是学生能正确、流利地朗读《两小儿辩日》；二是学生能根据注释理解文意，说出《两小儿辩日》这个故事的内容；三是学生能了解《两小儿辩日》中两个小孩的观点，并知道他们说明观点的依据；四是学生能用具体事例佐证自己的观点。

一、教学流程

《两小儿辩日》教学流程设计如表3-2所示。

---

① 本案例来自东莞市松山湖横沥实验学校蔡旻旻老师。

表3-2 《两小儿辩日》教学流程设计

输出任务	内容	任务意图
前置大任务：推荐金牌辩手	播放微课视频，创设情境，明确大任务：为班级推荐金牌辩手参加六年级辩论赛	在课堂导入中创设前置大任务，能够统领学习内容，激发学生学习古文的兴趣。本环节紧紧围绕"推荐金牌辩手"这一主题，立足于语文要素，以儿童的视觉构建实践性课堂
分解小任务一：读好文本，读对"语气"	1.引导学生探讨"辩"字的演化。 2.引导学生聚焦到两个小孩的对话，教师指导朗读，读出轻重、节奏和气势，同桌辩斗、师生辩斗、男女辩斗。 3.确保每个学生都能进行练习。随机抽取小组代表进行展示	文言文教学非常注重诵读，采用多种方式读课文能够培养学生的语感，加深学生对文言文的理解，感悟中华优秀传统文化的语言之美
分解小任务二：梳理文句，明确"辩题"	1.介绍辩论秘密武器——辩论手卡。在辩论前，把辩词记录在辩论手卡上；比赛时借助辩论手卡，就能更流利地表达。 2.引导学生读懂两个小孩到底在争辩什么问题，确定辩题。 3.学生回顾梳理理解文本大意的方法，并进行分享；以小组合作的方式，梳理文本大意并展示合作成果。 4.教师带领学生借助图片，理解"车盖""盘盂"的意思	运用已学的方法合作翻译，有助于学生实现知识的迁移。在任务学习中实施"教—学—评"一体化的教学模式，以评促教，以评促学，落实语文核心素养目标。在此环节中，表格的设计可以有效地培养学生自主参与、理清脉络、提炼信息的能力
分解小任务三：分析辩词，提炼"辩法"	1.回到文本，根据提供的表格，引导学生梳理两个小孩是怎么一步一步表达自己的观点的。 2.教师小结辩论的法宝：先说出自己的观点，再举出具体的事例来说明自己的观点。 3.向学生提问：三个人物，你最喜欢谁？引出人物品质：观察、思考、实事求是	文言文教学离不开学生思维的参与，学生需要在人物分析中感知作者表达的情感、观点、道理，理解文本的意义与价值。此项任务指导学生辩证理解两个小孩和孔子身上的品质，充分挖掘文言文中的知识特性与育人价值，围绕学生的学习生活，联系学生的语言认知规律，让学生在会意、入境、共情中全面提升语文素养

续表

输出任务	内容	任务意图
输出大任务：穿越古今，"辩"出理据	1. 开展辩论赛，与两个小孩辩论太阳距离人远近的问题，决出班级的金牌辩手。针对辩题，学生先独立写辩词，再进行自由辩论。 2. 根据学生的辩论，学生对辩手进行星级评价，选出三星金牌辩手进行颁奖	辩斗是学生的兴趣所在。在设计语文实践活动时要从学生的兴趣点出发，给学生提供展示的机会。在这一任务中学生从未脱离文本，在一遍又一遍的辩斗中，体会古人辩论的智慧，实现辩论知识的内化，从而提高学生语文综合实践能力，为本单元的口语交际作铺垫

二、教学实录

1. 前置大任务：推荐金牌辩手

（1）出示任务。

师：同学们，我们学校六年级将在下周举办一场友谊辩论赛。经过抽签，我们班的首轮对手是604班，看，他们向我们发来了挑战令。

（2）播放微课。

师：今天，我们将通过学习为班级推荐金牌辩手去参赛。为了挖掘大家的辩论潜质，我特意给同学们设计了4个学习任务，希望这节课大家能够学有所成。我们一起齐读课题吧！

生齐读：两小儿辩日。

（3）探讨"辩"字的演化。

师：中华汉字博大精深，通过了解"辩"字从甲骨文到现代汉字的演变过程，同学们有什么发现？

生：我发现中间是一个嘴巴，演变到现在就变成了言字旁。

师：你观察得很仔细，它的两边和现在楷书的"辩"字基本一致，而中间的"言"字放到现在就是言字旁的意思。

师：争辩就需要用到嘴巴，那你知道两旁的"辛"字代表的是什么吗？

对于六年级的学生而言，他们已经拥有六年口语交际的实践经验，加上语言表达能力较好，用辩论的方式更能激发他们更高水平的表达。由于这节课的核心是希望通过《两小儿辩日》这篇课文培养学生的辩证思维，因此，辩论就是一种很好的培养学生此项高阶思维的手段。

课堂伊始，大任务一经发出之后，学生情绪较为高涨，对自己能成为班级金牌辩手并代表班级出战产生了极大的兴趣。

生：是代表两个人吗？

师：其实两个"辛"字代表的是刀具和刑具。"辩"字在古代就是两个有罪之人对簿公堂，争辩输掉的一方要接受刑罚的意思。我们在写这个字的时候尤其要注意中间是一个"言"字。

2.分解小任务一：读好文本，读对"语气"

（1）自由朗读。

师：同学们，大家知道这两个小孩到底在争辩什么吗？让我们带着这个问题进入第一个学习任务：读好文本，读对"语气"。请大家按要求自由朗读课文。

学生自由朗读。

（2）聚焦对话。

出示句子：一儿曰：我以日始出时去人近，而日中时远也。

师：为了清楚两个小孩到底在争辩什么，让我们把目光聚焦到两个小孩的对话上。第一句谁来读一读？请你来。

生：一儿曰：我以日始出时去人近，而日中时远也。

师：老师也来读一读，大家听听我读得有何不同。一儿曰：我以日始出时去人近，而日中时远也。谁听出来了？好，请你说。

生：老师的近和远读得不一样，近读得比较轻和比较短，远读得重和比较长。我听出了远、近的对比。

师：分析得很到位，那你能不能照着老师的方法读一下这一句？

生：我试试。一儿曰：我以日始出时去人近，而日中时远也。

出示句子：一儿曰：我以日初出远，而日中时近也。

师：你读出了远、近的感觉与对比。哪一位同学可以带上重音，同时把节奏也读好？请你来试试。

生：一儿曰：我以日始出时去人近，而日中时远也。一儿曰：我以日初出远，而日中时近也。

学生在小学六年的学习生涯中已学习《司马光》《杨氏之子》《学弈》等多篇文言文，具有一定学习文言文的能力，在自己独立预习的前提下，也能很好地解决字音、节奏等朗读问题。于学生而言，这是非常简单的事情，由易到难，会使学生获得非常好的体验感。

在本环节中，让全体学生自由朗读课文，开展学习，是建立在学生前置经验基础上的学习，也是建构在学生"平稳舒适区"中的学习活动，在此"平稳舒适区"的学习是给后面的分解小任务二作铺垫。在实施教学时，学生很自信地就能朗读出来，并能达到读好重音、读出节奏、读对语气等朗读标准，为下一步的教学提供很好的效能感和自信心奠定基础。

师：读得字正腔圆，给你点赞！

出示句子：日初出大如车盖，及日中则如盘盂，此不为远者小而近者大乎？

师：来，跟老师读这一句——日初出大如车盖，及日中则如盘盂，此不为远者小而近者大乎？

生齐读：日初出大如车盖，及日中则如盘盂，此不为远者小而近者大乎？

出示句子：日初出沧沧凉凉，及其日中如探汤，此不为近者热而远者凉乎？

师：哪一位同学能来挑战读这一句？你的手举得最高，你觉得该怎样读？试试吧！

生：日初出沧沧凉凉，及其日中如探汤，此不为近者热而远者凉乎？

师：从你的朗读中，我听出了凉和热的对比。请坐！

（3）同桌练习。

师：同学们，要读好这两句话可不容易，请每组同桌之间一人读一句练一练，一会儿老师找两桌同学来PK一下，开始做准备吧！

同桌对练。

（4）同桌展示。

师：声音渐渐小了，哪一桌同学可以来打头阵？好，请你们先来。

生：日初出大如车盖，及日中则如盘盂，此不为远者小而近者大乎？

生：日初出沧沧凉凉，及其日中如探汤，此不为近者热而远者凉乎？

师：你觉得他有哪个字读得不是那么标准的吗？

生：我觉得整体还不错，但是要注意"沧"的读音，不要读成翘舌音。

师：能不能教一下你的同桌？

生：日初出大如车盖，及日中则如盘盂，此不为远者小而近者大乎？日初出沧沧凉凉，及其日中如探汤，此不为近者热而远者凉乎？

师：请你跟着小老师读一读。

生：日初出大如车盖，及日中则如盘盂，此不为远者小而近者大乎？日初出沧沧凉凉，及其日中如探汤，此不为近者热而远者凉乎？

师：好像有一点点小进步。其他同学能给点掌声鼓励一下他吗？哪一桌同学认为可以跟他们一争高下的？好，请你们来。

（5）探究字音。

师：谁读得更有气势一些？请听听同桌的。

师：两桌同学，大家认为第一桌更好的请鼓掌，认为第二桌更好的请鼓掌。请你们坐下，最厉害的这一桌同学请起立。敢不敢继续往难处挑战？好，请接招！来，两小儿笑曰——

生：孰为汝多知乎？

师：大家同意它的读音吗？

生：同意！

师：同学们要读好这句话可不容易，当中有两个字需要我们尤其注意，是哪两个字呢？

生：第一个就是多音字"为"。

生：还有一个是通假字"知"。

师：你们观察得真仔细！是的，请看屏幕，我们可以根据它们的意思来推断它们的读音。

（6）同桌辩斗。

师：文本都读好了，接下来，我们分角色辩斗，可以加上自己的动作。现在，请同桌扮演两小儿，相互辩斗。

师：声音渐渐小了，哪一桌同学愿意到上面来"辩斗"？请第二组最后面一桌同学上台展示。

生：我以日始出时去人近，而日中时远也。

生：我以日初出远，而日中时近也。

生：日初出大如车盖，及日中则如盘盂，此不为远者小而近者大乎？

生：日初出沧沧凉凉，及其日中如探汤，此不为近者热而远者凉乎？

（7）师生辩斗。

师：辩是辩了，就是没有斗起来。请你留下，我来跟你辩斗辩斗。你害怕吗？听你的口气，看你战战兢兢的样子，还是有点怕。到底怕不怕？为什么？老师不再是老师，是一小儿。可以开始了吗？谁先说？那我就当仁不让了，大家注意听，更要注意看，我们两小儿是怎样辩斗的。

师：我以日始出时去人近，而日中时远也。

生：我以日初出远，而日中时近也。

师：日初出大如车盖，及日中则如盘盂，此不为远者小而近者大乎？

生：日初出沧沧凉凉，及其日中如探汤，此不为近者热而远者凉乎？

师：此言差矣！我以日始出时去人近，而日中时远也。

生：非然也！我以日初出远，而日中时近也。

师：非也非也！日初出大如车盖，及日中则如盘盂，此不为远者小而近者大乎？

生：不跟你啰嗦了！日初出沧沧凉凉，及其日中如探汤，此不为近者热而远者凉乎？

师：反正太阳刚出来的时候距离人近！

生：你胡说，太阳正午的时候距离人近！

师：看到了吧？这才叫——大家一起说！（辩斗）

（8）男女辩斗。

师：同学们，同桌辩完以后我们升级难度，男女对辩，老师负责旁白。老师想要听听是男生读得更有气势还是女生更强？孔子东游见两小儿辩斗，问其故。一儿曰——

生读。

3. 分解小任务二：梳理文句，明确"辩题"

（1）引出秘密武器：辩论手卡。

师：在辩论赛中，我们经常会看到辩手拿着一个小卡片，这就是辩论秘密武器——辩论手卡。在辩论

在分解小任务一中，学生已经熟悉了文本，通过多种形式的朗读，感知文言文

前，把辩词记录在辩论手卡上，比赛时借助辩论手卡，就能更流利地进行表达。

（2）探讨辩题。

师：读通读顺了文本以后，大家读懂了两小儿到底在争辩什么问题了吗？

生：两小儿在争辩太阳距离我们远近的问题。

师：是的，这就是我们的辩题。

（3）回顾梳理文本大意的方法。

师：为了更好地和古人沟通，我们还需要掌握梳理文本大意的方法。那么你们常用的梳理文本大意的方法有哪些呢？能给大家分享一下吗？

生1：我们可以借助注释理解文意。

生2：联系上下文也是个方法。

生3：还可以查阅其他书籍、工具书，等等。

（4）小组合学。

师：大家都有非常多的法宝，那么下面同学们以4人小组为单位，用上面这些方法进入第二个学习任务——梳理文本。一会儿老师请一个小组上来汇报一下他们小组的成果，遇到不会的，大家可以互教互学。限时4分钟，开始！

（5）小组展示。

师：纸上得来终觉浅——

生：绝知此事要躬行。

师：好，请你们这个小组上台展示。

生：大家好，我们是飞翔组，我代表我们小组进行汇报。通过借助注释、联系上下文，我们得知了本文大意：孔子到东方游历，见到两个小孩在争辩，便问是什么原因。一个小孩说："我认为太阳刚出来的时候离人近一些，而到中午的时候距离人远些。"另一个小孩却认为太阳刚出来的时候离人远些，而到中午的时候距离人近一些。一个小孩说："太阳刚出来的时候像车盖一样大，等到正午就小得像一个盘子。这不是远处的看着小而近处的看着大吗？"另一个小孩说：

的大致内容。想要小任务推动大任务，不仅需要小任务之间层层推进，还需要对文本进行更深入的理解。在以往学习古诗和文言文的过程中，学生已经习得多种理解文意的方法，如借助注释、联系上下文、借助插图、借助工具书等，大部分学生都能通过各种方法理解文章的意思。理解文意是为下一步分析两小儿如何"用具体事例说明观点"奠定基础。

在分解小任务二的教学环节中，教师让学生回顾梳理文本大意的方法，整合观点，明确辩题，引导学生以小组合作的方式理解文意，梳理文本大意并展示合作成果。由于我校推行小组合学制，学生有良好的合学基础及默契，加上小任务难度适中，本环节小组合学效果较好，学习能力弱一点的同学也能被带动起来。在展示环节，学生能根据注释理解文意，说出故

"太阳刚出来的时候有清凉的感觉,等到中午的时候像手伸进热水里一样热,这不是近的时候感觉热而远的时候感觉凉吗?"孔子不能判决(谁对谁错)。两个小孩笑着说:"谁说您的知识渊博呢?"

生:我补充,我们一开始对"决"字无法理解,后来黄同学教会了我们使用联系上下文的方法,根据上文的小儿在辩解,我们知道了"决"字的意思是"判断"。

师:看,这就是合学的力量,通过同伴之间的交流,我们很快就闯过了字、词的难关。老师在巡视的时候,看到了很多同学都圈起了一个词"车盖",老师给大家带来了图片。这就是车盖,车顶的棚盖,它是用来做什么的?这是盘盂。在古代,圆形的是盘,方形的是盂。借助图片,也是我们学习古文的好方法。

4. 分解小任务三:分析辩词,提炼"辩法"

(1)找观点,辩清楚。

师:文本意思都理解了,现在,请同学们根据老师给的表格,梳理一下,两小儿是怎么一步一步表达自己的观点的?

(2)学生独学,完成学习单。

师:谁来挑战做今天的小导师?

(3)学生汇报。

生:我觉得其中一小儿的观点是日出近,日中远。具体事例就是:日出大如车盖,日中如盘盂。角度是视觉。另一个小儿就是日出远,日中近。具体事例是:日出沧沧凉凉,日中如探汤。角度是触觉。

(4)教师小结。

师:感谢这位小导师,经过他这么一梳理,两小儿的思路就很清晰地呈现在我们面前。他们都先说出了自己的观点,再举出具体的事例来说明自己的观点。我们在辩论的时候也要像两小儿一样,表达要清晰、符合逻辑,把观点和理由连起来说的辩词,就是我们今天学到的辩论法宝:用具体的事例来说明观点。

(5)感悟人物品质。

事内容。此时,学生思维处于"初级起步"阶段。

本课的输出大任务是辩论,似乎与小任务一与任务二的关联性不大,那么小任务三就起到了至关重要的作用。此任务借助《两小儿辩日》课文中的故事逻辑提炼出辩论的辩法,学生通过文中的事例,提炼出"用具体事例佐证自己的观点"这一智慧法宝。学生此时的学习进入到提炼、概括、辨析阶段。此任务旨在让学生根据教师的引导,顺藤摸瓜,寻找线索,促使高阶思维发散开来。

学生独立完成学习单并上台分享"两小儿是怎么一步一步表达自己的观点

师：这节课我们认识了三个人物，除了两小儿，还有一个是谁？

生：孔子。

师：通过对课文的学习，这三个人物，你最喜欢谁呢？

生1：我喜欢两小儿，因为他们观察仔细。

生2：我喜欢孔子，因为他实事求是。

师：是的，两小儿仔细观察，认真思考，敢于说出自己的想法，拥有思辨的能力。实事求是，也印证了孔子的那句：知之为知之，不知为不知，是知也。（板书：观察、思考、实事求是）

5. 输出大任务：穿越古今，"辩"出理据

（1）出示辩题。

师：作为圣人的孔子，面对两小儿的辩斗，他也不能判决谁对谁错。那么，你支持哪个小儿的观点呢？

生：他们两个都不对。

师：终于到了终极任务时刻，让我们穿越古今，与两小儿辩斗，决出班级的金牌辩手。刚才我们向两小儿学习，知道了要用具体的事例来说明自己的观点，两小儿的事例都是起证明作用的事例。其实在辩论场上，我们还可以举出事例去反驳别人，大家围绕自己的观点先写一段辩词吧，开始。

（2）学生写辩词。

（3）出示辩论流程。

师：请收笔，我们的辩论赛即将开始，请同学们先看一下辩论流程，一会儿会有2分钟的自由辩论时间，大家一定要抓紧时间起立发言。现在先请所有同学各就各位。

（4）学生辩论。

生1：我认同第一个小儿的观点，远小近大的道理我们都知道，大山远处非常小，站在山脚看就非常大。

生2：远凉近热的道理也一样，家里的浴霸，离得近时觉得很暖和，离得远时没有那么暖和。

的"。被随机点名上台的学生落落大方，分析得有理有据。但是教师在巡视的过程中发现，有小部分学习能力弱的学生下笔缓慢，甚至答不到点上。如果此环节改为先独立完成学习单，再进行同桌互帮互学，或许对学习能力弱的学生能起到一定的帮助，增强他们的自信心和学习效能感。

前面三项小任务都是为输出大任务作准备。辩论作为一项具有挑战性和互动性的学习活动，对于培养学生的高阶思维能力具有显著作用。围绕"你支持谁的观点"这一辩题让学生参与到两小儿的辩论中，这样学生不仅能够锻炼自己的语言表达能力和逻辑思维能力，还能够培养批判性思维、辩证思维和创造性思维等高阶思维能力。

在课堂辩论中，有部分学生能按照指定的辩法支持其中一小儿，在辩论中用依据表达自己的观点；

生3：我同意早晨太阳看起来比中午太阳大，但实际早晨太阳并不比中午太阳大。首先，早晨太阳红光更多，红光传递更远，因此在视网膜上形成的影像会更大一些。其次，早晨空气中的水分比中午更多，更容易对光造成散射，使太阳显得更大。最后，早晨太阳在地平线，与远处的树木、建筑作对比显得更大一些。因此，对方提出的论证前提并不成立，所以对方论证无效。

生4：早晨和中午，太阳到达地球的距离是一样的。早晨太阳初升的时候，因为地平线周围有树、房子等参照物，所以显得太阳大些；到了正午，天空空旷，所以显得太阳小些。早晨太阳光是斜射地面，所以强度小、温度低；到了中午，太阳光直射大地，所以温度高。

生5：我认为大家说得都不对，太阳每天早晨都会从东方升起，傍晚在西方落下。我们在地球上看仿佛是太阳在围绕着地球转动，而实际情况正好反过来了，是地球在围绕着太阳转动。假如地球围绕太阳公转的轨道是一个正圆形，那么问题的答案就很清楚了。中午的时候，太阳距离我们更近一些，但是事情并没有这么简单。因为地球围绕着太阳转动的轨道并非正圆形，而是一个椭圆形。所以，从1月初到7月初的上半年，地球离太阳越来越远；而从7月初到次年1月初，地球又会越来越接近太阳。所以，地球与太阳的位置一直在变化。

（5）评选金牌辩手。

师：2分钟自由辩论时间到，同学们认为谁可以获得班里的三星金牌辩手？为什么？请对照老师的评价表说明理由。

（6）学生评价。

生：我认为若彤可以被评为三星金牌辩手，因为他说得很有条理，而且有理有据。

生：我认为杰凯可以被评为三星金牌辩手，因为他自信大方，用具体事例说明了观点，他的事例很有

也有部分学生通过课前充分的预习，搜集了资料，提出了第三种观点，用具体事例佐证了自己的观点。此时学生的高阶思维处于"螺旋上升"阶段，对课文的理解能力、语言表达能力甚至是辩证思维都达到了"质"的飞跃。

说服力。

师：大家同意吗？

生：同意！

师：好，下面有请这2位辩手上台接受颁奖。这2位同学将代表我们班参加六年级级部辩论赛，祝愿你们在赛场上取得好成绩，大家掌声祝贺！

师：同学们，人类在科学的探索中从未停止过脚步，在一次次的大胆质疑、勇于尝试中，我们解开了越来越多的谜团。就像单元导语页的人文主题："科学发现的机遇，总是等着好奇而又爱思考的人。"希望大家也能插上科学的翅膀，留心生活，细心观察，大胆思考，不断破解新的奥秘。

6.布置作业

师：请看今天的作业——

一星作业：把《两小儿辩日》这个故事用自己的话讲给爸爸妈妈听。

二星作业（选做）：阅读《列子》一书中感兴趣的故事，如《纪昌学射》《愚公移山》等。

三星作业（选做）：改编《两小儿辩日》这个故事，以图文集合的方式在班级学习墙进行展示。

三、教学反思

在《两小儿辩日》教学中，教师将辩论作为培养学生高阶思维的重要手段。课堂一开始，教师为学生设置了富有挑战性的前置大任务"推荐金牌辩手"，旨在引导学生在深入学习课文内容的基础上，运用具体事例阐述自己的观点。学生情绪激昂，对自己能成为班级金牌辩手并代表班级参与辩论赛产生了浓厚的兴趣。学生们纷纷投入课文学习中，寻找论点和支持自己观点的具体事例。

在学习过程中，学生不仅要深入理解《两小儿辩日》这篇课文，还要学会如何运用辩证思维分析问题。他们需要学会在辩论中尊重对方观点，同时有理有据地表达自己的看法。这样的教学方式有助于培养学生的独立思考能力、口头表达能力和团队合作精神。

为了顺利完成这个任务，学生们纷纷行动起来，他们查阅资料、讨论观点、演练辩论技巧。在这个过程中，学生们不仅对课文内容有了更深入的理解,还锻炼了自己的思维能力和表达能力。当他们准备好参加辩论时,对自己充满了信心,渴望在比赛中脱颖而出,成为班级的"金牌辩手"。

在辩论课堂上,学生们充分展示了自己的才华和潜力。教师则在一旁给予指导和支持,帮助学生克服困难,提升辩论水平。最终,通过这场激烈的辩论比赛,学生们不仅收获了荣誉,更重要的是在辩论过程中锻炼了思维能力和表达能力,培养了辩证思维。

1. 以输入为手段

要想成为一名"金牌辩手",学生需要经历一系列的学习和实践过程。首先,学生需要以《两小儿辩日》这篇课文为基本依托,深入研究和理解两小儿辩论的独特风格。这种风格主要包括以下几个方面:

一是辩论的语气。两小儿各自运用恰当的语气来表达自己的观点。他们通过重音强调重点,使自己的论述更加具有说服力。这种语气上的把握是辩论赛中不可或缺的要素。学生需要学会在辩论中运用恰当的语气,以达到吸引听众注意力的目的。

二是辩论的内容。为了更好地进行辩论,学生需要全面了解《两小儿辩日》的全文内容,并对文章进行深入的翻译和解读。这样,他们才能在辩论中游刃有余地引用文章中的观点和论据。此外,学生还需要学会如何提炼文章的核心观点,并将其运用到实际的辩论场景中。

三是学会运用具体事例来说明观点。在课文中,两小儿通过具体的事例来支持自己的观点,使自己的观点更具有说服力。这种运用事例的辩论技巧被称为辩论的法宝。学生需要学会如何发掘和运用事例,让自己的辩论更有力量。

要想成为"金牌辩手",学生要在学习《两小儿辩日》的过程中掌握辩论的语气、内容、事例运用等方面的技巧。这些思维输入将为他们在实际辩论中的任务输出赋能,使他们在辩论赛中脱颖而出,赢得观众的认可和赞赏。通过不断地学习、实践和总结经验,学生将逐步提升自己的辩论水平,获得"金牌辩手"的荣誉。

2. 以输出倒逼输入

文章中,两小儿各执一词,言之凿凿,展现出了对于自然现象的探索精神和思辨能力。在准备这场辩论赛的过程中,学生不仅需要仔细研读相关的文本,理解其中的意思和语气,还需要梳理文句,提炼出有力的辩词和辩法。这个过程能够让他们更深入地理解文章内容,学会如何运用语言来表达自己的观点。

在辩论的过程中,学生将自己的观点以清晰、逻辑严密的方式表达出来。他们通过举例、对比、引用等方式,让听众能够更直观地理解他们的观点。同时,他们也积极回应对方的质疑和反驳,通过逻辑推理和事实依据来捍卫自己的观点。

这场辩论赛能够取得成功，不仅得益于学生的出色表现，更得益于他们采用"以输出倒逼输入"的学习方式。正是因为学生有了输出的需求，才更加深入地研读文本、理解意思、提炼辩法。这种学习方式让学生的输出更加精彩，也让他们的输入更加深入和有效。可以说，"以输出倒逼输入"的学习方式提高了学生的学习效率和质量，锻炼了学生的思维能力和表达能力。

3.以输出成效评价输入质量

教师在引导学生进行辩论时，除了要求他们完成输出大任务，还需要对学生的表现进行成效评价。这种评价有助于激励学生积极参与课堂活动，并帮助学生认识到自己在辩论中的优点和不足，从而进一步提升辩论能力。

首先，设立"观点明确"这一评价维度，给予一颗星作为奖励。这意味着学生在进行辩论时需要能够清晰地表达观点，并且观点需要具有明确性和针对性。学生可以通过在辩论前进行充分准备，深入思考并明确自己的立场，以及在辩论过程中不断强调和解释自己的观点来实现这一目标。

其次，设立"能用上具体事例说明观点"这一评价维度，给予一颗星作为奖励。这一要求旨在鼓励学生通过具体的事例来支撑和阐述自己的观点，使自己的观点更具有说服力和可信度。学生可以通过收集相关的资料、观察生活中的现象或者回忆自己的经历来寻找合适的事例，在辩论中恰当地运用这些事例来支持自己的观点。

最后，设立"自信大方，语言流畅"这一评价维度，给予一颗星作为奖励。这一要求旨在培养学生的自信心和表达能力，使他们在辩论中能够自信地表达观点，同时保持语言流畅、条理清晰。学生可以通过多参加辩论活动、积极与同学交流、锻炼自己的口才和思维能力来提升自己的自信心和表达能力。

通过以上三个维度的成效评价，教师可以全面地了解学生在辩论中的表现，并据此对其输入质量进行评价。同时，这种评价方式还可以激励学生不断提升自己的辩论能力，争取在下次辩论比赛中取得更好的成绩。

语文学科实施"输出式"教学取得了显著的成效。"输出式"教学通过提升学生的语言表达能力和逻辑思维能力，促进学生的自主学习和合作学习，为学生的全面发展提供了有力的支持。

第一，提升学生的语言表达能力。在传统的语文课堂上，学生往往处于被动接受知识的状态，鲜有机会表达自己的观点和看法，然而"输出式"教学鼓励学生积极参与课堂讨论，勇于发表自己的观点。这有助于学生提高口语表达能力，也有助于他们更深入地理解课文内容，加强对知识点的掌握。

第二，培养学生的逻辑思维能力。在写作、演讲等实践活动中，学生需要清晰地阐述自己的观点，并提供相应的论据和例证。这要求学生具备一定的逻辑思维能力，能够有条不紊地组织自己的语言。通过不断地实践和反思，学生逐渐提高自己的逻辑思维能力，能更好地应对各种语文考试和实际生活中的问题。

第三，促进学生自主学习和合作学习。学生在"输出式"教学中需要积极参与各种活动，这要求他们主动查阅资料、思考问题，并与同学进行交流合作。这不仅培养了学生的自主学习能力，还培养了他们的团队合作精神和协作能力。

此外，我们也应清醒地认识到，"输出式"教学的实施仍需要不断探索和完善，以适应不断变化的学生需求和教育环境。例如，需要解决如何设计有效的课堂活动、如何激发学生的参与热情、如何评估学生的表现等问题。

首先，进一步优化和完善教学内容，确保教学内容既符合学科特点，又能满足学生的实际需求。更加注重对文学作品的深入解读和赏析，引导学生感受文字之美，理解文化之韵；加强对学生写作能力的培养，通过丰富多样的写作训练，帮助学生提升文字表达能力和思维逻辑能力。

其次，积极探索和尝试新的教学方法和手段。例如，利用多媒体技术和网络资源，为学生创造更加真实、生动的学习环境。通过组织课堂讨论、小组合作等活动，鼓励学生积极参与教学过程，提高他们的合作意识和交流能力。

再次，尝试开展跨学科的教学活动，将语文学科与其他学科相结合，培养学生的综合素养和创新能力。

最后，建立科学有效的评价体系，以评估学生的学习成果和教师的教学质量。将过程性评价与结果性评价相结合，关注学生在学习过程中的表现和进步；加强与家长的沟通和合作，共同促进学生的全面发展。

总之，语文学科的"输出式"教学要注重学生的主体性和实践性，紧密围绕提升学生的语文学科核心素养和综合能力展开。

请扫二维码观看更多教学案例：

案例《卖油翁》

案例《卖油翁》教学视频

第四章

数理之光——数学课例中的"输出式"教学实践

数学既是自然科学的重要基础,同时在社会科学领域内的影响力也日益凸显,其广泛应用已深深植根于现代社会的各个方面,直接为社会创造价值,推动社会生产力的发展。伴随大数据分析与人工智能技术的飞速发展,数学的研究边界与应用领域持续拓宽,展现出无限潜力。在塑造人的理性思维方式、培育科学精神,以及促进个体智力成长方面,数学扮演着无可替代的角色。如今,数学素养已成为现代社会公民不可或缺的基本能力之一,是衡量个人综合素质的重要标志。

在义务教育阶段,数学学科承载着落实立德树人根本任务、实施素质教育的功能。该阶段的数学课程设计兼具基础性、普及性与发展性的特点,旨在为学生奠定坚实的知识与能力基础。通过学习数学课程,学生不仅能够掌握适应现代社会生活及未来深造所必需的数学基础知识、基本技能、核心思想及实践活动经验;还能培养独立思考的良好习惯,提升合作交流的能力,并进一步发展其实践操作能力和创新思维,最终促进数学学科核心素养的形成与深化。

第一节 数学学科开展"输出式"教学的实践依据

一、数学学科开展"输出式"教学的作用

数学学科开展"输出式"教学是精准对接数学抽象性与逻辑性特点的创新举措。通过引导学生将数学概念、定理及解题策略以讲解、推导、应用等形式输出,不仅强化了学生对数学知识点的深度理解与掌握,还促进了其逻辑思维与解决问题能力的飞跃。此教学模式鼓励学生跳出被动接受的角色,主动探索数学之美,将复杂的数学语言转化为直观的理解与表达,从而在实践中巩固知识,激发学习兴趣。数学学科的这一变革,旨在培养具有扎实数学基础、敏锐逻辑思维和强大创新能力的未来人才,为数学教育的持续发展注入新的活力。

（一）培养数学学科核心素养

数学学科核心素养培育聚焦于三大维度：会用数学的眼光观察现实世界，会用数学的思维思考现实世界，会用数学的语言表达现实世界。数学学科的"输出式"教学正是一种以学生为中心、高度重视学生逻辑思维与语言表达能力的教育策略，它强调在真实情境中运用数学思维，以此提升学生解决数学问题的能力，并促进其在日常生活中灵活应用数学知识来解决实际问题。

通过"输出式"教学，学生可以通过用数学语言来表达现实世界中的简单数量关系与空间形式的过程，初步感悟数学与现实世界的交流方式，欣赏数学语言的简洁与优美，逐步养成用数学语言表达与交流的习惯，形成跨学科应用的意识与实践能力。例如，一年级的学生在进行看图列式计算时，通过说图意进行口头表达，厘清数量关系，最后将理解与口头表达转化为数学语言，并用算式输出，从而提高理解能力与表达能力。

（二）培养批判性思维和创新意识

"输出式"教学鼓励学生大胆表达自己的疑问和想法，这种教学方式能培养学生发现问题、提出问题、解决问题的能力，培养学生敢于质疑的意识，培养学生的批判性思维和创新意识。让学生不仅能学到有价值的知识，而且能将知识内化沉淀为学科素养。例如，教师在课堂中提出"关于这个知识你想了解什么"，学生则会提出是什么、为什么、怎么做等问题。

（三）培养团队合作意识和协作能力

在"输出式"教学的小组合作学习中，学生会根据他人的提示和引导，产生思维碰撞的火花，激发学生大脑深层次的信息加工，促使他们不断反思和总结，在一定程度上促进元认知能力的发展。例如，小组合作探究核心任务，并上台展示合作成果，这有助于培养学生的合作意识、团队精神和责任感，有助于培养学生的交往能力、竞争意识、平等意识，且有助于培养学生自信的品格，激励学生主动学习，学会倾听、尊重他人，提高学生口头语言表达能力等。

（四）增强自信心和学习兴趣

"输出式"教学注重学生的参与和展示，让学生在课堂上充分展示自己的才能和潜力。例如，从一节课的导入开始，我们就设置了一系列具有趣味性、探究性、挑战性的问题，激发学生对知识的求知欲和好奇心，调动学生的积极性，激发内驱力，把"要我学"变成"我要学"。当学生在课堂上得到认可和鼓励时，他们会更加自信地面对学习挑战，更加积极地参与课堂活动。同时，通过展示自己的学习成果，学生能够感受到学习带来的乐趣和成就感，从而更加热爱数学学习。

总之，数学学科开展"输出式"教学既能够提升学生的逻辑思维能力、语言表达能力，培养学生的创新思维和批判性思维，又能促进师生之间的互动与交流，以及培养学生的团队合作意识和协作能力。

二、数学学科开展"输出式"教学的有效路径

"有为·输出式"教学应用到数学课堂模式上，可以分为五个环节：第一个环节"激学导入"，在于激发学生的学习兴趣和求知欲，产生学习的需要；第二个环节"独学真思"，在于启发学生积极思考，独立自主学习，是知识输入环节；第三个环节"合学展学"是合作学习，主要方式为汇报展示，由知识输入转为输出；在第四个环节"展学凝练"中，学生表达自己的疑问和想法，师生一起归纳总结，属于知识输出环节；第五个环节"拓学创思"，是通过迁移、应用，内化课堂知识，实现知识"输出倒逼输入"。

（一）激学导入

激学导入环节，即在课堂导入部分激发学生对知识的求知欲和好奇心，调动学生的积极性，激发内驱力。一段构思巧妙、设计精彩的导入，能紧紧吸引住学生的注意力，调适课堂气氛，激发学生的学习兴趣，是切入新旧知识的衔接点。俗语说："良好的开端是成功的一半。"将数学课堂教学模式第一个环节设为"激学导入"，目的是通过创设真实情境，适当制造认知冲突，教师设计具有趣味性、探究性、挑战性的问题，激发学生内在的学习主动性，特别是内在的学习动机，使学生能以主动渴求学习知识的姿态进入课堂。

《义务教育数学课程标准（2022年版）》课程实施的教学建议提出，注重发挥情境设计与问题提出对学生主动参与教学活动的促进作用，使学生在活动中逐步发展核心素养。注重创设真实情境并设计合理的问题是数学教学中非常重要的一环。通过从社会生活、科学和学生已有数学经验等方面入手，选择贴近学生生活经验、符合学生年龄特点和认知加工特点的素材，可以打造出生动有趣的数学课堂，让学生在轻松、愉快的氛围中掌握数学知识，并将其应用于实际生活中。例如，在人教版数学教材一年级下册第三单元"分类与整理"中，教师可以结合绘本故事引导学生进入虚拟与现实交织的环境，让学生在互动中更好地理解和掌握分类与整理的概念，对知识有更深刻的体验和感受。在设计情境的过程中，教师必须深入学生的内心世界，从他们的视角出发，既要关注学科内容，也要创造一个充满趣味性和吸引力的学习环境。

（二）独学真思

独学真思环节主要是学生自主学习，属于学生的知识输入阶段。这一环节做好了，学生才能在合学时愿意与同学进行探究、交流，共同解决问题。为了让独学更有效，教师应设计一个大任务，在大任务下设置2~3个小任务，启发学生积极思考，主动投入自学的状态。学生通过新旧知识之间的联系或自身的生活经验，能解决一些简单的问题，调整自己的认知结构，同时发现自己不能确定或不会解决的问题，为后面的合学提供机会。例如，人教版数学教材二年级上册"认识时间"一课，其数学要素是会读钟表，能准确读出几时几分。对于二年级的学生，教师在教学中要引导学生对知识进行梳理。首先，引导学生回顾一年级上册怎样读整时（分针指向12，时针指向几就是几时）。其次，让学生仔细观察钟面，结合钟面描述自己的发现。最后，师生通过总结归纳，学生会发现钟面有数字、大格、小格，并将重点落在探究大格与小格之间的关系上。

教师在设计核心任务之前，需要认真研读教材、分析学情。教材是教师教学的重要依据，而学情是教师了解学生学习状况的基础。通过研读教材和分析学情，教师可以准确把握教学内容的本质和学生的实际需求，为核心任务的设计提供有力的支撑。在研读教材时，教师需要清楚地理解数学知识的结构和学习顺序，掌握主要活动及习题类型。此外，教师需要对教材进行加工，使其结构化，将多个内容置于一个大任务中。这样，学生在完成核心任务的过程中，可以系统地掌握数学知识，提高学习效果。

学情分析有助于教师了解学生的认知水平和已有的知识结构，从而为核心任务的设计提供有力的依据。在学情分析的基础上，教师可以通过厘清教材中的数学知识，由难到易的顺序以及不同学生已有认知水平的差异来确定教学实施的流程，使核心任务的课程设计更加贴近学生的实际需求。例如，在"倒数的认识"这堂课中，教师应当清楚倒数的认识是基于两个数的乘法算式的规律总结出来的，属于概念性知识，需要学生借助概念与规律分析来理解知识。首先，通过计算比赛激发学生的学习动力；其次，学生自主发现为什么女生能够算得快，积极地了解乘积为1的两个数之间的关系；再次，由教师揭示"乘积为1的两个数是互为倒数"；最后，教师引导学生为找出一个数的倒数的方法进行小组合作。这一过程也为后续学习分数除法奠定基础。在日常的练习中，学生对于乘积为1的算式有一定的了解，通过两个数的乘法算式的规律引出倒数的概念，借助分析概念关键词、找数的倒数的任务，倒逼学生深入理解倒数的概念，掌握找一个数的倒数的方法。

(三)合学展学

基于前面的独学环节和核心任务,学生在学习中会遇到不确定或不知道怎么解决的问题,这时进行小组合作学习是必要的。在这个环节中,我们要避免假合学、假探究,因此要有合学的要求和合学的核心任务,组内分工要明确,学习时间要有保障,展示要有层次等。由合作学习到学生汇报展示,这一过程是把知识输入转变为知识输出。

以人教版数学教材"鸽巢问题"为例,学生提炼了两种方案,以"小明该选择哪一种方案能尽可能拿到多的笔"为引,采取动手操作、画图的方法解释选择哪种方法最优(图4-1)。

【我的研究】

任务一:

> 六年级的哥哥/姐姐:
>   你们好!我是小明,由于我最近上课表现好,可以得到老师的奖励。老师有4支笔,给了我两种选择方案:
>   方案一:直接拿走2支笔。
>   方案二:老师会把4支笔放入三个敞开的笔筒中,老师放好后,我可以任意选择其中一个笔筒中的笔。
>   好难呀,怎样能得到尽可能多的笔呢,大家可以帮我出出主意吗?

小明应该选择哪个方案呢?请你作出详细的解释。

图4-1

(四)展学凝练

《学记》有言:"善待问者如撞钟,叩之以小者则小鸣,叩之以大者则大鸣。"提问就像敲钟一样,提出一个小的问题获得的是一个小的收获,提出一个大一点的或有思维含量的问题,获得的是一个大的收获,即获得高阶思维。为了培养学生敢于质疑、善于提问,以及学会读出例题真正意图的能力,在合学展示后,教师可以安排学生进入展学凝练的环节,鼓励学生大胆表达自己的疑问和想法。在这个过程中,教师也可以设计1~2个能突破本节课难点或能凝练本节课知识的核心问题。最后,教师要根据学生的疑问和零碎的解答,加以提炼、归纳和总结,梳理出整节课的知识脉络。

(五)拓学创思

有效的练习不仅能够巩固学生的基础知识,还能够拓展他们的思维边界,激发他们的创新精神。除了设计基础的巩固练习外,练习的设计更需要注重思维力度的培养，激发学生的思维活力。在这个环节中，教师要设计层次分明、形式多样的课堂练习（包括基础练习和拓展练习），可使学生通过知识的迁移、应用完成基础练习，鼓励学生积极尝试、创造性地解决拓展练习。通过输出型课堂任务倒逼学生内化知识的输入，实现"输出倒逼输入"。通过设计一些开放性的问题或项目，引导学生从不同的角度思考问题。按照布鲁姆的认知分类系统，教学提问被分成由低到高6个水平，每一水平的提问都与学生不同类型或水平的思维活动相关联：①知识性提问——回忆。②理解性提问——用自己的话叙述、比较等。③应用性提问——应用、运用、分类、选择等。④分析性提问——为什么、什么因素、证明等。⑤综合性提问——根据……你能想出问题的解决方法吗？为了……我们应该……，如果……会出现什么情况等。⑥评价性提问——判断、评价、你对……有什么看法等。在教学过程中，教师应该设计指向合作探究的开放性问题，问题需具备低门槛、大空间、多层次、真思考的特点。例如，这几个特点在"分类与整理"一课中，以不同形状的红色纽扣作为契机。教师提出疑问"这个纽扣按照颜色/形状分别应该放在哪里"，并适时追问"为什么""是否需要修改表格""怎样修改"，采用了应用性提问与分析性提问。通过科学、合理地安排练习和拓展，教师可以有效地促进学生的思维发展，提升他们的学习能力和综合素质。

教学方法的多样性和创新性是提升学生学习效果的关键。"输出式"教学要求以开放的导入任务、表现性任务为载体，辅以师生互动的学习方式，以开放的小结结束课堂。其中，表现性任务是一种注重过程而非结果的任务类型，它要求学生通过实际操作、探索和发现来解决问题。这种任务类型可以打开学生的思维空间，让他们产生多样的想法，并给他们提供多元表征的资源，实现知识的输出。在表现性任务完成后，教师可以根据学生的表现和反馈来组织"师生"和"生生"之间的互动，以学生的想法和资源为教学推进的依据。

这种互动可以让学生对相关资源进行对比、辨析、联结和抽象化，从而构建数学知识体系。同时，教师还可以通过引导学生进行深入讨论和交流，帮助他们更好地理解和掌握数学知识。

第二节 数学学科开展"输出式"教学的案例[①]

下面以人教版数学教材三年级下册第八单元"数学广角"的第二课时"搭配的学问"的完整教学实录来说明数学学科是如何开展"输出式"教学的。该课型为新授课。在日常生活中,三年级学生能利用实物进行具体操作的搭配,对简单的排列组合有一定了解。他们对于"搭配"的知识有一定的积累,部分学生能做到有序思考,但是大部分学生还停留在本单元运用实物的具体操作阶段。

这一课的输出型目标设定为:一是学生能有序、不重复、不遗漏地找出所有搭配方法;二是学生能用不同的方法表示思考过程。

一、教学流程

"搭配的学问"教学流程设计如表4-1所示。

扫一扫,观看案例"搭配的学问"教学视频

表4-1 "搭配的学问"教学流程设计

输出任务	内容	任务意图
前置大任务:有序、不重复、不遗漏地找出所有服装搭配方案	播放草龙舞《龙的传人》视频,创设情境,明确大任务:你觉得要准备多少件不一样的上装和下装?	导入视频创设大情境,创设前置大任务,从学生已有生活经验出发,说说搭配的过程
分解小任务一:记录搭配过程	1. 出示学习任务一。 2. 独立完成任务并记录搭配的过程。 3. 在小组内说出自己的想法	学生在自主探究与合作交流的过程中找到搭配的方法,发展学生解决问题的能力
分解小任务二:用符号表示法	1. 出示学习任务二,学生完成后进行小组讨论。 2. 引导学生思考:你更喜欢哪种记录方式?为什么? 3. 展示学生作品:文字记录法、图形表示法或字母表示法。学生直观地感受符号表示法更清晰、简便。 4. 用乘法来列式计算,感知列式法的一般性	通过合学、独学有助于学生实现知识的迁移。从记录搭配到符号化的过程让学生进一步体验搭配的有序性,培养学生的符号意识。逐步培养学生有序地、全面地思考问题的意识,并向学生渗透数学思想,为学生以后学习概率建立一个概念

[①] 本案例来自东莞市松山湖横沥实验学校张正老师。

输出任务	内容	任务意图
输出大任务：师徒搭配、研学路线规划	1. 如果四位同学分别和黄耀林师傅和吴满水师傅各拍一张照片，一共要拍多少张照片？ 2. 从学校经过黄耀林师傅家到草龙基地，一共有几种路线可以走	进一步让学生体会有序思考问题的优势，提升学生的抽象思维能力，由知识输入到知识输出，实现知识"输出倒逼输入"

二、教学实录

1. 前置大任务：有序、不重复、不遗漏地找出所有服装搭配方案

（1）出示任务。

师：同学们，你们知道横沥镇有哪些非遗传统吗？

生：草龙舞、貔貅舞……

师：是的，貔貅舞和草龙舞是我们东莞横沥镇的非遗传统。去年学校的音乐老师们设计了一个节目，将合唱、街舞和横沥草龙舞结合，大家想看这个节目吗？

（2）播放《龙的传人》视频。

师：为了更好地宣传横沥草龙舞，让非遗之美被更多人看到，学校决定再设计一个面向三年级学生的表演。这个表演需要提供6种不同的服装搭配，你觉得要准备多少件上装和下装？

师：服装搭配指什么？

生：一件上装搭配一件下装。

师：你觉得要准备多少件上装和下装？

生：6件上装和6件下装（3件上装和3件下装）。

板书展示6件上装和6件下装。

师：这样搭配出来只有6种服装搭配吗？

生：不对，第1件上装难道不可以和第2件下装、第3件下装搭配吗？

师：太会思考了。看来，6件上装和6件下装搭配出来多于6种。

生：可以是6件上装和1件下装。

导入视频创设大情境，整节课以横沥草龙舞作为切入点，让学生从已有的生活经验中提取出数学问题，理解数学问题来源于生活，并能够解决生活中的实际问题。将数学知识和非物质文化遗产融合，能让学生进一步了解本土文化。通过这样的情景创设前置大任务，从学生已有的生活经验出发，说说搭配的过程。如果直接让学生从2件上装和3件下装进行搭配，学生可能不太明白学习搭配的意义。所以设计前置大任务让学生思考需要准备几件上装和几件下装。最开始学生可能会产生疑惑，教师可以适时进行引导：1件上装

2. 分解小任务一：记录搭配过程

（1）学生展示6种搭配。

师：你们有黑板上的学具吗？

生：没有。

师：那你们可以用自己喜欢的方式记录这6种搭配吗？

学生独立完成任务并记录搭配的过程。

（2）学生分享。

生：6件上装可以分别搭配1件下装，也就是6个1。

师：这位同学用文字表达得非常清楚，并且运用到了数学中的重要思想：有顺序的思考，也就是有序思考。这样做，重复了吗？

生：没有。

师：遗漏了吗？

生：没有。

师：希望接下来的搭配大家也能像这位同学一样，做到有序思考。

师：这位同学是固定上装搭配下装，还可以怎么搭配？

生：固定下装。1件下装可以分别搭配6件上装，有一件下装就是1个6。

师：大家很会解决问题。

3. 分解小任务二：用符号表示法

师：6种搭配方案除了6件上装、1件下装，还有其他可行方案吗？

生：1件上装和6件下装。

师：你太会思考，逆向思维也能有6种不同的服装搭配方案。

师：还有吗？

生1：3件上装，2件下装。

生2：2件下装，3件上装。

师：真棒，现在请选择你喜欢的方式记录其中一种情况。

展示优秀学生作品。

和6件下装，给学生一个思考的"支点"。

在任务一环节，教师先放手让学生进行自主探究与合作交流，用展示文字表达法鼓励学生做到搭配不重复、不遗漏，做到有序思考。在同样的6件上装和1件下装的问题上，教师展示画图练习方法，引导学生用更加简洁的方法表示思考过程。在这个过程中，提高学生解决问题的能力。

通过合学、独学，有助于学生实现知识的迁移。从记录搭配到符号化的过程让学生进一步体验搭配的有序性，培养学生的符号意识，逐步培养学生有序地、全面地思考问题的意识，并向学生渗透数学思想，为学生以后学习概率的知识建立概念。

①展示第一幅作品。

师：请小老师上台分享。

生：我用6个字母表示上装、用1个圆圈表示下装，通过连线可以看到圆圈分别连接上面6个字母，所以有6种搭配方法。

师：是的，她用到了符号表示法。1个圆圈分别连接6个字母，可以说是有1个6，也可以说有6个1。

②展示第二幅作品。

师：请小老师上台分享。

生：我用A和B表示上装，用1、2、3表示下装。A分别和1、2、3搭配有3种，B分别和1、2、3搭配也有3种，所以有6种搭配方法。

师：掌声送给小老师，太棒了！她用到了字母表示法。我们如果固定上装就有2个3，固定下装就有3个2，所以可以用$2×3=6$来算。

③展示第三幅作品。

师：请小老师上台分享。

生：我用3个圆圈表示上装，用2个三角形表示下装。通过连线可以看出也有6种搭配方法。

师：小老师也用到了有序思考，也可以用2个3或者3个2来表示。现在，我们一起观察一下这3位小老师的作品，与文字表示法相比较，符号表示法和字母表示法更加简便。还有其他更简单的方法吗？

生：可以用乘法解决。

师：给大家点赞，大家找到了最简单的方法——列式法。

师：看来大家今天收获满满，还会进行择优选择。通过大家的研究，我们不仅帮助音乐老师解决了服装搭配的问题，还学会了用图形、字母等符号表示搭配过程。

4. 输出大任务：师徒搭配、研学路线规划

（1）出示草龙舞传承人和貔貅舞传承人的照片。

师：非遗传统的传承需要一代又一代人的努力，学校将传承人请进了我们的课堂。看，如果4位同学分别和黄耀林师傅、吴满水师傅各拍1张照片，一共要拍多少张照片？

用乘法来列式计算，感知列式法的一般性。通过大任务进一步让学生体会有序思考问题的优势，提升学生的抽象思维能

生：2×4=8。

（2）研学路线规划。

师：为了让大家身临其境地了解草龙舞，学校计划面向三年级学生展开一次研学。从学校经过黄耀林师傅家到草龙基地，一共有几条路线可以走？

生：2×3=6。

师：如果在学校和草龙基地之间再修一条路，从学校到草龙基地，一共有几条路线可以走？

生1：在学校和草龙基地之间直接修一条路，2×3+1=7。

生2：在学校和黄耀林师傅家之间直接修一条路，3×3=9。

生3：在黄耀林师傅家和草龙基地之间直接修一条路，2×4=8。

师：对比这3种加路的方案，你有什么发现？

生：如果是在中途加修路就用乘法，如果是在首尾加修路就用加法。

师：这节课我们共同进行探索，丰富了数学知识，也更加了解横沥草龙舞。你们在这节课上的表现非常好，思维活跃、发言积极、勇于探索新的方法，老师为你们感到骄傲！没有最好，只有更好，期待下一次大家更加精彩的表现。

5. 布置作业

师：请看今天的作业——

一星作业：把今天所学的数学知识和你对草龙舞的了解讲给爸爸妈妈听。

二星作业：小明今天早餐有2种饮料、4种点心，饮料和点心只能选一种，一共有几种不同的搭配？

三星作业（选做）：根据图4-2，提出一道符合下图模型的数学问题。

图4-2

力，由知识输入到知识输出，实现"输出倒逼输入"。

基于"不同的人在数学上得到不同的发展"，本次作业设计注意层次性、开放性、可选性，让学生能有"跳一跳，摘果子"的挑战欲望。让学生自己设计一道数学问题，也能更好地提高学生提出问题和解决问题的能力。

三、教学反思

"输出式"教学强调知识的学习是基于真实生活,解决生活中的实际问题。在学习时,学生可能会思考"我为什么要学这个内容"或者"这个内容学了有什么好处"。基于此,在设计时应以学生视角思考这节课的学习方法,践行核心素养导向的课堂,推动课堂实现"精准教""有效学""科学评"。

1. 精准教——设置真实情境

本课的核心学习内容是学生要掌握不重复、不遗漏的有序思考,并能用简洁的表示方法表示搭配过程,如图形表示法、符号表示法、算式表示法。在设计上,教师改变教材直接给出的对6件衣服进行搭配的任务,重新设计了一个大任务。以学生熟悉的本土非遗文化为基点,从学生感兴趣的角度出发,引导学生思考需要提供6种不同的服装搭配方案。基于同样的情景,让学生在非遗传统文化的情境中整体思考搭配问题,从而实现"精准教"的教学目的。并且,借助独学、合学等学习方式,引导学生思考。这样的教学方式体现"以教定学"的理念,逐步构建师生对话、生生对话的课堂,从而推动学生的学习。纵观本课,在"以教促学"方面还有待加强,可以借助小组激励性竞争机制使小组的竞学更有效、更高效,让指向核心素养的学习更有深度、有梯度、有效度。

2. 有效学——完善学习目标

在"以输出为目的"的教学中,学习目标的设置要求以学生为主体,以学生的外显行为改变为目标落脚点。把学习行为目标不断加以对照,审视自己的学习成果,让学习不偏航。本课的学习目标是学生要学会用有序、不重复、不遗漏的方法解决简单的搭配问题,并会用符号方法和乘法简洁表达解决问题的过程。

在本课中,任务一目标的达成检验标准是学生是否表现出不重复、不遗漏的有序思考。从学生独立完成情况来看(表4-2),有90%的学生能通过画图和文字正确表达6种搭配。其中有3位同学用文字表示重复、遗漏,有3位同学没写。任务二目标的达成检验标准是学生能否使用较简便的方法(如符号表示法、字母表示法等)来进行搭配。从学生的练习情况来看,也有96.6%的学生能用更简便的符号进行表示。其中,有10位同学已经能在字母表示法或符号表示法的旁边标注列式法。

从目标达成情况来看,学生学得比较扎实。任务一之所以有3位同学

表4-2 课堂学习单完成情况调查

任务		选用人数 (总人数为60人)
一	画图表示法	42
	文字表示法	12
二	字母表示法	15
	符号表示法	43
	列式法	10

空着没写，是因为对他们来说问题的指向不明确，他们不理解题意。数学的学习就像滚雪球一样，会的同学积极、主动地将"知识雪球"越滚越大，不会的同学会被动地站在原地。当不会的知识越来越多，学生的学习积极性会不断下降。因此，教师在授课过程中要让大部分学生感受到数学知识是能够学会的。本课不论是学习任务的设置还是作业的设置都十分注重层次性，让大部分学生都能参与进课堂，感受那些简单任务或练习带来的快乐，再逐渐增加难度，促使学生得到最大发展。

3. 科学评——促进深度学习

有效的评价应贯穿学习的全过程，做到课中评价、课后评价一体化考虑，从而促进学生的深层次学习。有效的数学学习过程不能只靠模仿和记忆，而要基于"不同的人在数学上得到不同的发展"，注意教学层次性、开放性、可选性。"教—学—评"一致性的课堂，教师的"教"、学生的"学"、课堂的"评"必须共同指向学习目标。"评"要关注学习的结果，也要关注学习过程发挥的作用，将评价与学习融合，让评价成为一种学习结果。从作业完成情况来看，必做作业完成度和正确率都较高，且学生能用自己的语言说清楚所学数学知识和对草龙舞的了解。选做作业是根据数学模型提出数学问题，从完成情况来看，不少学生还是选用课堂中的情景，反映出多数学生不能很好地利用生活素材对问题进行编排。从学生的输出表现来看，大部分学生学会了运用核心知识解题，基本达到了预期的学习目标。从学习过程来看，任务二在列式法出示后，应在原题上增加难度，如再增加1件上装或增加2件下装等，并在这个过程中让学生提前接触归纳的数学思想。

"输出式"教学在数学学科中的应用效果是显著的。一是增强了学生输出的真实性及可视性。"输出式"数学课堂中，教师不会过于强调数据表达的单一性而忽略学生的个体差异和多元化表达需求，而是注重调整教学策略，鼓励学生运用丰富多彩的表达方式，使得输出的内容更加贴近现实，富有可视化效果。例如，鼓励学生发挥创意，运用多种形式展示学习成果，如图表、模型等；倡导学生在与同伴交流的过程中，分享彼此的想法，互相借鉴，共同成长。教师充分尊重学生的独立思考，并给予适当的引导和支持，让学生在探究过程中发现问题、解决问题。

二是促进了生生互动，优化了课堂氛围。在教学过程中，教师引导学生通过同桌之间的互动，激发了学习兴趣；鼓励学生积极参与课堂讨论，敢于发表自己的观点，培养了学生的团队协作意识和沟通能力；在互动过程中关注学生的表现，及时给予反馈，帮助学生树立自信，强化了学生表达展示的意愿。

三是改革了评价体系，提升了学生高阶思维能力。传统的评价方式过于注重对知识的考查，忽视了对学生能力的评价。然而，在"输出式"课堂教学中，教师对评价体系进行改革：重视学生的创新能力，鼓励他们勇于尝试新方法，提出新颖的观点，为创新能力的发展奠定基础；加强对团队合作能力的评价，鼓励学生在团队活动中发挥积极作用，培养团队精神；关注学生的成长过程，充分了解学生的学习状况，为每个学生制订合适的个性化发展方案。这样更好地促进了学生高阶思维能力的发展。

四是促使学生学会了用数学的语言表达现实世界。传统的数学课堂上，学生往往处于被动接受知识的状态，鲜少有机会自主参与数学探究活动。然而，"输出式"教学有利于学生在实际情境中发现和提出有意义的数学问题，进行数学探究，发展想象力、好奇心和创新意识。例如，在推理演算过程中，学生需要具备清晰的逻辑思维能力。"输出式"教学有利于学生经历独立的数学思维过程，发展质疑问难的批判性思维，形成实事求是的科学态度，初步养成讲道理、有条理的思维品质，逐步形成理性精神。

在"输出式"课堂中，学生能够有意识地运用数学语言表达现实生活与其他学科中事物的性质、关系和规律，并能解释表达的合理性；能够感悟数据的意义与价值，有意识地使用真实数据表达、解释与分析现实世界中的不确定现象；能够欣赏数学语言的简洁与优美，逐步养成用数学语言表达与交流的习惯，形成跨学科的应用意识与实践能力。

在现代教育理念的指导下，"有为·输出式"教学这种教学范式强调学生的主体地位，鼓励他们积极参与课堂讨论和实践活动。学校致力于通过优化学生输出、促进生生互动和改革评价体系，全面提升学生的实际应用能力、创新能力和团队合作能力。这样的教育模式旨在为学生提供更加符合现实需求和实践导向的教学内容，让他们在掌握专业知识的同时，提高自身的综合素质，从而为他们未来的发展奠定坚实基础。

请扫二维码观看更多教学案例：

案例"平方差公式"

案例"平方差公式"教学视频

第五章

英语之声——英语课例中的"输出式"教学实践

教育要从知识导向走向素养导向的生态重塑,其变革的根源在课堂。为了更好地推进改革措施,学校英语科组对教情、学情进行了如下分析:

第一,师资方面。学校英语科组的教师队伍年轻,充满朝气与活力。教师的教学方法各异,在设计交际活动、创设真实语境、突破重难点、合理使用教材、重组教学资源、构建知识框架、对学生进行英语学习方法的指导和能力培养等方面,需要以先进的教学理念为引领,通过自我培训和学习不断改进、提升。

第二,学情方面。学生大多数来自镇区,英语学习情况各异、水平参差不齐,年级、班级内有差距。英语语言环境缺失,学生接触语言的时间与数量频度严重缺乏;教学内容单一,课堂互动的任务设计和真实语言运用较少;有限的教学时间内,学生参与活动的时间短,输入大于输出,缺乏品格、思维的培养。

第三,依据实际学情,学校英语科组以课程为引领,建构了CLIL品牌课程体系,包括跨学科的cross-curricular learning校本课程、生动的life-like主题课程、有独创性的ingenious活动课程等。例如,在低年段采用英语绘本阅读的方式,达到"无痕启蒙"的教学效果;在中、高年段探索英语单元整体教学,促使教学相长。

基于以上情况,学校英语科组以生为本,立足学情,从课堂教学出发,探索以"输出为本"的英语教学范式,致力于探索"有为·输出式"教学特色的英语教学模式,以提升学生的核心素养。

第一节　英语学科开展"输出式"教学的实践依据

一、英语学科开展"输出式"教学的作用

英语课例中的"输出式"教学模式强调学生的语言输出，通过多样化的教学活动和形式，如口语表达、书面写作、小组讨论等，激发学生的学习兴趣，促进语言技能的实际运用，并培养学生的英语能力。

（一）提升语言技能的实际运用能力

"输出式"教学实践在英语课堂中通过模拟真实语境，鼓励学生运用所学的词汇、语法和句型，进行口语表达、书面写作等输出活动，从而提升他们的听、说、读、写综合技能。例如，通过角色扮演、小组讨论等活动，学生可以模拟日常生活中的对话场景，锻炼口语表达能力和语言组织能力。同时，写作练习也能帮助学生巩固语法知识、提高书面表达能力。这种实践性的学习方式比传统的"填鸭式"教学更能有效地提升学生的语言技能实际运用能力。

（二）激发学习兴趣与增强学习动力

"输出式"教学实践中的多样化教学活动和形式，如演讲、辩论、情景剧等，不仅符合学生的年龄特点和兴趣爱好，还能让学生在轻松愉快的氛围中学习英语，这极大地激发了学生的学习兴趣。当学生看到自己的学习成果被展示和认可时，他们会感到自豪和满足，从而进一步增强学习动力。此外，"输出式"教学还鼓励学生根据自己的兴趣和特长选择合适的输出方式，这种个性化的学习方式有助于激发学生的学习热情，提高他们的学习积极性和参与度。

（三）培养批判性思维与创新能力

在"输出式"教学实践中，学生需要对自己的观点进行阐述和论证，这要求他们具备批判性思维和创新能力。例如，在英语辩论中，学生需要分析对方的观点，提出自己的反驳意见，并给出合理的证据支持自己的观点，由此锻炼自身的逻辑思维能力和批判性思维能力；在写作练习中，学生需要构思文章结构、选择恰当的词汇和句型来表达自己的观点，进而培养自身的创新能力和独立思考能力。

（四）促进师生之间的有效沟通与互动

"输出式"教学实践强调师生之间的有效沟通与互动。在学生的输出过程中，教师需要及时给予反馈和指导，帮助学生改进语言表达和思维方式。这种

互动不仅有助于学生更好地掌握语言知识和技能，还能加深师生之间的了解和信任。同时，学生通过小组合作、讨论和互评等方式，相互学习、共同进步，形成良好的学习氛围和团队精神。这种教学方式有助于构建一个和谐、积极、互动的课堂环境，提高英语教学效果和质量。

二、英语学科开展"输出式"教学的有效路径

"有为·输出式"教学如何在英语课堂教学中落地？教师的教学观念转变、理论学习是前提。教学设计是教学理念向教学实践转化的关键连接点，课堂教学则是实现"输出式"教学的场域和有效路径。

（一）输出为本，构建模式

学生是具有高阶思维的生命个体，教学不能将知识教学和素质能力培养割裂开。以"输出式"教学为引领，能够更好地培养学生的高阶思维，促进学生全面发展、终身发展。在探索中，学校英语科组以"输出为本的英语教学范式"为抓手，探索有效、切实的"有为·输出式"教学特色的英语教学模式——"BOPPS"教学模式，即导入（bridge in）、目标任务呈现（objective task）、参与式学习（participatory learning）、后测（post-assessment）、总结（summary）。

以"输出倒逼输入"为总原则，以5个环节为串线，设计指向高阶思维的大任务，再由大任务包含小任务，环环相扣，层层递进，提供各类学习支持。围绕"无痕""有为"开展教育教学活动，深入课堂培养学生的阅读习惯和阅读能力，提高学生的语言综合运用能力，提升学生的英语学科核心素养。

（二）实践模式，以研促教

1.导入

课堂的导入方式对于学生的学习状态和心态有着重要的影响，它起到了课前动员的作用。课堂导入的方式可以简洁明了，但一定要迅速将学生的思维拉到课堂内，可以是情景融入，也可以是小游戏。灵活多变的导入方式要契合课程主题，还要考虑到学生的思维新鲜感，达到引导学生思维的目的。

课堂伊始，教师的导入活动可以不拘一格，灵活多样，如歌曲、视频、教师自编的chant、游戏等。复习之前学过的单词、短语和句型，为课堂的输出搭建语言支架，充分调动起学生的学习兴趣，促使其主动思考，营造良好的课堂气氛。以人教版英语教材四年级下册"What time is it?"为例，教师设计了以下导入环节：学生先通过跑酷游戏复习日常活动短语和描述时间的句型，并选择一个时间点讲讲自己的时间安排，为大任务"制作时间表并严格执行"的

输出铺垫了语言基础。以人教版英语教材五年级上册"In a nature park"综合实践课为例,教师在导入环节先让学生观看公园的相关视频,开阔学生的视野,引导学生思考关于公园设计的想法,然后通过思维导图的形式复习有关公园景观的内容,为接下来公园推介的大任务输出做好语用支架的铺垫,让学生做到有物可说,构建实践性课堂。

2. 目标任务呈现

在"输出式"教学的课堂上,教学目标的制定要着眼于学生高阶思维的培养。教师精心设计具有思考性的问题和输出性的学习任务,以激发学生开展自主学习,提高学生解决问题的能力,提升学生的综合素养。关键点之一是目标任务前置,清晰表达目标任务,以目标任务激发学生的学习行为。

在四类不同课型的目标任务设定中,教师可以以四要素法(ABCD)叙写目标任务。"A"指的是行为主体(audience),谁学——学生立场,可省略主语。"B"指的是行为表现(behavior),学什么——描述学生形成的可以观察或测量的具体行为,如"读出……句型""回答……问句""对……分类""辨析……和……"等。"C"指的是行为条件(condition),怎么学——"通过……来达成……目标""正确使用……句型""5分钟内进行……展示""小组内进行……对话"等。"D"指的是行为程度(degree),学到什么程度——检测学生学习达标的最低标准,如"能够……列举3个""至少要写出……""写出……的分析报告"等。总之,目标任务的设定需符合学情,操作性强,学生通过学习达成目标任务,教学活动可测评、可管控,教学有产出、有成果。

以人教版英语教材五年级上册"In a nature park"综合实践课为例,教师结合学生休闲时间会去各个公园,对各类公园的设施、景观、位置有一定了解的生活经验,创设真实情境任务:接受学校派发的小小推介师的挑战,即How to promote the design of the nature park(如何促进自然公园的设计)。在这一环节中,教师提前让学生明确输出的目标任务,引导学生带着输出目标自主进行知识输入,以输出倒逼输入,在一定程度上调动学生学习的主观能动性和学习兴趣,起到事半功倍的效果。

3. 参与式学习

输入转化为输出不可能是自发的,只有经过学生理解吸收,同时伴以实践和输出,才能被内化和掌握。明确了大任务之后,教师把教学内容融入需要输出的任务,大任务卷小任务,环环相扣,层层递进。

以人教版英语教材三年级上册"We love animals"综合实践课为例,教师设计了大任务"Make a zoo miniature landscape(制作动物园微型景观)",以及设计了以下输出小任务:①任务一——"Sing a song: Animals song, look and say",以此连接以前学过的知识,让学生复习有关动物的词汇,为后续制作动物园微型景观作铺垫。②任务二——"Let's play"。通过游戏活动,学生输出与本节课主题相关的词汇,激发学生的学习兴趣。③任务三——"Let's make an animal"。通过小组合作制作黏土小动物,并用简单的句式"Let's make..."描述制作步骤,培养学生的合作意识、动手操作能力、语言运用能力等。④任务四——"Let's discuss"。学生讨论,生成输出任务评价标准,用表现性评价来促使学生学习任务的有效完成。⑤任务五——"Do and talk"。通过有效的合作探究,学生完成动物黏土作品并运用相关句型及词汇进行表达;小组上台展示,最后全班同学进行投票,选出最佳作品。输出任务为学生提供了运用知识解决真实情境性问题的体验,既让学生体会到知识的生活价值,也让学生在解决问题的过程中得到高阶培养。

4. 后测

以多元化的输出形式,培养学生的语言能力、学习能力、思维品质和文化品格。以输出能够解决现实世界问题的能力为目标,来倒逼学生进行有意义的知识输入,从而形成深层次的自我建构,凸显了"输出为本"教学范式的基本过程。多元化的输出活动设计有梯度、有任务、有展示、有评价,以促进学生思维能力和学习能力的提升。

以二年级英语绘本阅读攀登英语系列绘本 *It's fun to jump* 为例:在阅读过程中,应首先通过"图片环游"的形式,输入结合输出,引导学生观图学习新单词,感知"Jump over the..."核心句型,培养学生观察、预测的能力。继续观图,鼓励学生尝试运用核心句型来描绘图片,进行图文匹配,习得语言。其次,学生观看绘本视频,整体感知绘本,开展跟读、模仿、表演等活动,在情境中体会语言"Jump over the...It's fun to jump."的意义,深层理解,显现内涵。再次,经过选择、排序等活动,加深学生对绘本的理解。最后,设计小组合作学习任务,提供不同选择以照顾不同层次的学生——朗读或表演绘本,鼓励学生敢于开口、大胆演绎,内化语言,体会角色情感,为之后的拓展运用作铺垫。读后,学生通过谈论、评价绘本人物,运用语言表达自己的观点,培养发散思维。

5. 总结

在这一环节,教师需要回顾整堂课的教学要点,重复关键性内容以加深学生的记忆。教师用多媒体的形式呈现本节课所学知识点,鼓励学生进行总结,以此体现并发挥学生的学习主体性。与此同时,教师总结本节课的课堂评价,包括学生互评、师生评价、自我评价、课堂评价表、学生成长档案袋等,进一步帮助学生进行自我反思,激发学生参与的积极性。

新课标提出,加强"教—学—评"一体化设计需要坚持形成性评价与终结性评价结合，课堂评价活动应贯穿教学的全过程。为此，教师要善于总结，一节课结束后，回顾整个教学过程，注重体会学生学习的成功之处，从总结中进行反思，得出新法，提升自我，记成功之举，记"败笔"之处。总结与反思应当着重从五个方面进行：思效，进行自我评价；思得，注重经验总结；思失，善于及时补救；思改，不断得出新法；思疑，坚持提升自我。

在BOPPS教学模式中，教师在进行"输出为本"的教学设计时，情境的设置不仅真实，而且关注了学生的学习兴趣和真实生活体验，在学习任务和情境创设上注重了知识学习从虚拟世界向真实世界的迁移应用，提升了学生的学科素养。

第二节　英语学科开展"输出式"教学的案例[①]

下面以人教版英语教材四年级下册"What time is it?"的第四课时"Read and write"的完整教学实录为例，说明英语学科是如何开展"输出式"教学的。四年级的学生对英语课堂充满兴趣，能够用简单的英语句型描述与作息时间相关的多个话题，其在三年级"How many?"中学过数字的表达，同时在四年级"Dinner's ready"中学过三餐和食物的表述，能描述简单的时间和食物，对合理规划时间

扫一扫，观看案例
"What time is it?"
教学视频

也有一定的了解。虽然四年级的学生有养成遵守学习作息时间表的习惯，但缺乏自制力和毅力，做事容易气馁。通过本单元的学习，在大任务的引导下学会描述自己的作息，并根据评价标准判断别人的生活作息是否健康、合理，进而进行自我反思与修正。

本课输出型目标是：第一，通过游戏复习日常活动短语和描述时间的句型，学生能说出自己的时间安排；第二，通过读、说、观察、思考和讨论，学生形成时间表意识，学会获取信息，形成观点；第三，通过读、说、写、观察和讨论，学生能口头介绍自己的时间安排，尝试进行简单的仿写，并对他人的时间安排进行评价。

一、教学流程

"Unit 2 What time is it?"的第四课时"Read and write"教学流程设计如表5-1所示。

---

① 本案例来自东莞市松山湖横沥实验学校谢威老师。

表5-1 "Read and write"教学流程设计

输出任务	内容	任务意图
前置大任务：Make a reasonable timetable of my day and keep up the routines.	Summarize the unit and present the big task: Make a reasonable timetable of my day and keep up the routines.	在导入中总结本单元学过的知识，创设情境、创设前置大任务能够统领学习内容，激发学生的学习兴趣。本环节紧紧围绕"设计合理的作息时间表并坚持执行"这一主题，结合学生的生活经验，构建实践型课堂
分解小任务一：Let's play "Choose and say".	1. Review the words and phrases. 2. Choose a moment and talk about your activities.	复习核心词汇——时间和活动的表达，为下面输出大任务的语言支架进行知识铺垫，帮助学生进行语言输出
分解小任务二：What is Amy's timetable?	1. View and predict. Who are they? Where are they? What time is it? What do they do? 2. Read, underline and number. 3. Read and fill. Read the text, finish Amy's timetable.	通过看图预测和图文匹配活动，学生整体感知Amy的一天，启迪思维，发现文本话语呈现的原理和逻辑，内化语言。接着引导学生观察并总结Amy的作息时间表，让学生逐渐建立作息时间表意识
分解小任务三：What can we learn from Amy?	1. Think and say. What do you think of Amy's timetable? Can Amy have music class on time? Can Amy have dinner on time? Can Amy go to bed on time? How do you know that? 2. Read and circle the evidence. Is Amy punctual? 3. Look, think and say. What can we learn from Amy?	此项任务通过问题链的设置引导学生思考Amy的作息时间表，充分挖掘育人价值，从而引导学生结合生活经验进行自我反思和修正，培养学生的分析和批判性高阶思维能力

续表

输出任务	内容	任务意图
分解小任务四：What is the standard of a reasonable timetable?	1. Think, discuss in pairs. Read the text and know about the teacher's timetable. What do you think of Miss Xie's timetable? 2. Think, discuss and say. 3. Summarize the standard together.	学生评价教师的时间表，并讨论教师的作息时间表是否有相比于Amy做得更好的地方，接着师生共建评价标准，为大任务的语篇输出评价提供标准。教师指导学生如何输出大任务，使学生的任务目标更为明确、更有方向
输出大任务：How to make a reasonable timetable and keep up the routines?	1. Finish timetables. 2. Try to write. 3. Talk about timetables. 4. Evaluate timetables. Homework: Need to do: Make a weekend plan and share it with your parents.（制订一个周末计划，并和家人分享） Choose to do：一周后检验自己的作息时间表是否都达成，达成的打钩，未达成的画圈并反思原因，在组内听取成员建议，最终形成改进方案	这一环节中学生完成自己作息时间表的制作并进行分享。在展示的过程中感受合理、健康的作息时间表对于生活的重要性，实现知识内化和核心知识的运用，从而培养学生的英语学科核心素养，提高语言综合应用能力。同时，设计分层的实践性作业，检测学生是否严格执行作息时间表，满足不同水平学生的学习能力和需求，体现个性化分层教学理念，促进学生多元发展

二、教学实录

1. 前置大任务：Make a reasonable timetable of my day and keep up the routines.

在导入中总结本单元学过的知识，创设情境、创设前置大任务能够统领学习内容，激发学生的学习兴趣。本环节紧紧围绕"设计合理的作息时间表并坚持执行"这一主题，结合学生

2. 分解小任务一：Let's play "Choose and say".

(1) Review the words and phrases.

T: Good morning students. Today we're going to learn "Unit 2 What time is it?", the fourth part "Read and write". First, stand up please. Run and say the time and the activities. Let's go!

S: OK.

(2) Choose a moment and talk about your activities.

T: OK. Everyone, sit down please. So boys and girls, you all did a great job. So let's see the time and who can tell me what do you do at any time you want to choose. For example, I have breakfast at 7:00 a.m. What about you?

S1: I have English class at 9:30 a.m.

T: Wonderful, sit down, please. Who else can try?

S2: I eat lunch at 12 o'clock.

T: Wonderful. How about S3?

S3: I have dinner at 5 p.m.

T: For this time, I think girls did a very good job. In this unit, we have learned about the time and activities. That's right. Follow me, activities.

T: So today we are going to make a reasonable timetable and pick up the routines. Let's see how can we do it?

3. 分解小任务二：What is Amy's timetable?

(1) View and predict.

T: Firstly, look who is coming to our classroom today? Who are we talking about?

S1: Amy.

T: Sit down please. Very good. We are talking about Amy's day, right? Now look, this is a picture of Amy. Who can talk about the picture? You please. Take the picture and use the microphone.

S2: I can see Sarah and Amy.

T: Good job. Anymore? No more? That's OK. If you

的生活经验，构建实践型课堂。

复习核心词汇——时间和活动的表达，为下面输出大任务的语言支架进行知识铺垫，帮助学生进行语言输出。

通过看图预测和图文匹配活动，学生整体感知Amy的一天，启迪思维，发现文本话语呈现的原理和逻辑，内化语言。接着引导学生观察并总结Amy的作息时间表，让学生逐渐建立作息时间表意识。

123

don't know how to talk about this picture, don't worry, let me give you some clues. We can talk about who are in the picture. And we can talk about where they are. And we can talk about what time it is. We can also talk about what they are doing. What are they doing? Are they eating breakfast? Are they going to school? So who can talk about this picture?

S3: I can see Amy and Sarah are talking about time. They are in the school.

T: What time is it? Can you guess?

S3: It's 9 o'clock. They are going to the art room.

T: Maybe it's 9 o'clock and they are going to the art room. We will check out later. This picture is for you, good job. I like that. Hey wonderful! Great! And S3 has talked about who are in the picture and where they are. And she guesses what time it is. We can talk about what they are going to do. Try it.

S4: I can see Amy, Amy's father and mother. She's at home. It's 9 o'clock. It's time to go to bed.

T: It's time to go to bed? OK. Good job. Girls, you can talk about this picture. This one. Who can try it? S5, come here.

S5: I can see Amy, her father and mother. Her mother says it's time to get up.

T: Very good. Can you guess what time it is now?

S5: I guess it's 7 o'clock.

T: Wonderful. Please go back to your seat. So this is the last picture. S6, try it.

S6: It's 12 o'clock. Amy and her parents are going to the restaurant. They go to the restaurant to eat lunch.

T: Yes, very good. Now, S6 says it's 12 o'clock and Amy and her family are going to eat lunch. OK. Later we will check out. Now go back to your seat. You all did a very great job.

(2) Read, underline and number.

T: Now everyone, I need you to listen, underline the key words. And then number the picture. Open your English book to page 19. Finished? Hands up. Put your hands down. Let's go.

T: Finished? Hands up. Do you need one more time? OK, let's listen one more time. If you finish, you can just check. If you don't, you just write it down. Pay attention to underlining the key words. Now listen.

T: For this time, finished? Now, let's see the number one. Who can try it? Mom says "Amy, it's time to get up." Which three picture is it?

S1: Picture three.

T: Good job. What's the key word?

S1: It's time to get up.

T: This is a sentence. What's the key word?

S1: Get up.

T: Very good. So "get up" is the key word. And the number three is for the first picture. Who has got this picture? Put your picture here. Yes, wonderful. So what does mom say?

Ss: Amy, it's time to get up. Number two, who can tell me? S3, stand up. What's the key word?

S3: Picture one.

T: That is picture one. Very good. So what's the key word?

S3: It's 10 o'clock.

T: 10 o'clock. Good job. Anymore?

S3: Music class.

T: Wonderful. So this is number one. Number one is for the second picture. Now who's got this one? Put it on the blackboard. Wonderful. Number three. S4, stand up. What's the key word?

S4: Dinner. 6 o'clock.

T: Very good. So which picture?

S4: Picture two.

T: Yes. So it's picture two. Who has got this one? OK. Put it here. Look at number four. Who can try it? S5, what's the key word?

S5: 9 o'clock.

T: Anymore?

S5: Time for bed.

T: Wonderful. So which one? Yes, number four. That's right. Who's got this one? Yes, it's you. Now come on. Put it on the blackboard.

（3）Read and fill.

T: OK. Look, everyone, I need you to read again about the dialogue and fill in Amy's day. Take out your worksheet. Finish task number one. Now pay attention when you're finishing this timetable, you should pay attention to the time and the activities. So fill in the blank on your worksheet. Go.

T: OK. Who has finished? S1, can you write it down here? Use your paper. Good job. Go back to your seat. Is he right? Who can correct it? Can you? Use the red pen. Yes, very good. Now it is right now. Pay attention to the writing. When you write down 7 o'clock, you can write down seven o'clock just like this—7:00. When you are talking about Amy's day, you can use these sentences "It's..." "It's time for..." Can you give a time?

S1: It's 7 o'clock. It's time to get up.

4. 分解小任务三：What can we learn from Amy?

（1）Think and say.

T: Please look at Amy's timetable. What do you think of Amy's timetable?

S1: It's very good.

T: Why?

S1: It's reasonable.

T: And S2, what do you think?

此项任务通过问题链的设置引导学生思考Amy的作息时间表，充分挖掘育人价值，从而引导学生结合生活经验进行自我反思和修正，培养学

S2: She lists the important things on the timetable.

T: Good. Please look at this question. Can Amy have music class on time?

Ss: No, she can't.

T: Can Amy eat dinner at 6 p.m.?

Ss: No.

T: Can Amy go to bed on time?

Ss: No.

(2) Read and circle the evidence.

T: How do you know that? I will give you some time to think and discuss. Please read the dialogue again and circle the evidence. Why do you think Amy can't eat dinner on time? Go.

T: Can Amy go to the music class on time?

S3: No. Sarah says "Hurry, let's go". Amy is not in the classroom at 10 o'clock.

T: Good. Amy is almost late for the music class.

(3) Look, think and say.

T: So what can we learn from Amy?

Ss: We should do things on time.

T: Any more?

S1: We should keep up the routines.

T: From Amy, we know we should make a reasonable timetable and keep up the routines. So Miss Xie has also learned from Amy. And I made my timetable. Do you want to have a look?

5. 分解小任务四: What is the standard of a reasonable timetable?

(1) Think, discuss in pairs.

T: This is my timetable. Who is she?

Ss: Miss Xie.

T: Very good. So this is my timetable. Listen.

(Play back of recordings)

T: What do you think of my timetable? You can

生的分析和批判性高阶思维能力。

学生评价教师的作息时间表，并讨论教师的作息时间表是否有相比于Amy做得更好的地方，接着师生共建评价标准，为大任务的语篇输出评

discuss with your partner. 1 minute, go.

(Discussion)

T: Now who want to share your ideas? What do you think of my timetable?

S1: I think Miss Xie's timetable is good, because it has exercise and reading. And it's good for health.

T: Yes. I also do sports and I have exercise and reading and that's good for my health.

(2) Think, discuss and say.

T: Let's see this one. Everyone. I need you to discuss in groups for this time and you will give me the assessment of a reasonable timetable. Pay attention to the words again, reasonable.

Ss: Reasonable.

T: That's right. I need you to discuss and find out the assessment of a reasonable timetable. Now you can speak it in these aspects. For example, the activities and what sentence structure do I use to say. And why I arrange reasonably and then what else do I have. Now discuss in your groups. I will give you 2 minutes.

(Discussion)

T: What's the assessment? The number of the activities. Just one? Not just one. You're right. How many activities do you think are good?

Ss: Three.

T: Three or more? Look at my timetable. This timetable has: ①get up. ②breakfast. ③have class. ④have lunch. ⑤do sports. ⑥reading. ⑦go to bed. I have more than three activities. How about the sentences? What do I use?

S1: You use "It's time for..." "It's time to..." to talk about activities.

T: That's right. Do I arrange it reasonably? Is it reasonable?

Ss: Yes.

价提供标准，教师指导学生如何输出大任务，使学生的任务目标更为明确、更有方向。

T: Other opinions?

S2: You can go to bed earlier. You can go to bed at 9:00 p.m.

T: I will listen to your advice. I should go to bed early. That's right. Now you should have a content. The content must be rich. Look, " I have a busy but happy day." So this is my feeling. And the last one, I should speak it fluently. So this is the assessment.

(3) Summarize the standard together.

6. 输出大任务: How to make a reasonable timetable and keep up the routines?

(1) Finish timetables.

T: Everyone, I need you to fill in your timetable. Now do it on your worksheet. Take out your worksheet and finish it. Go.

(2) Try to write.

T: Have you finished your timetable now? Who has finished? Hands up? Let me have a look. Well done, it's okay. Now hands down. You just write down the main things. Now I need you to choose level one or level two to put your timetable in the sentence. Now you can choose level A to write. Or you can also write down here for level B, OK? Turn over your worksheet and finish this one. Turn your timetable into sentences.

(Ss finishing the writing task)

(3) Talk about timetables.

T: OK. Have you finished? Well done! Now let's look at this one. Now S1 please share your timetable.

(4) Evaluate timetables.

T: How many stars can S1 get? Pay attention to the assessment carefully.

Ss: Three stars.

T: How can she improve her work?

Ss: She can have more details.

这一环节中学生需要一步步完成自己作息时间表的制作并进行分享。在展示的过程中感受合理、健康的作息时间表对于生活的重要性，同组成员之间互相学习，实现知识内化和核心知识的运用，从而培养学生的英语学科核心素养，提高语言综合应用能力。

T: OK. Let's see. S1 says she has a happy day. She has talked about the feelings. What else can she talk about?

Ss: She can have more activities.

T: Let's see how many activities she has. Get up, have breakfast, have lunch, go home. So maybe I think she can get one, two, three, four stars. She can express fluently. So she can get five stars now. Let's see another one. Look at this one. This one belongs to S2. Come on! Don't be nervous. You can do it.

(S2 sharing)

T: She did a very good job. So how many stars can she get?

Ss: She talks about the feelings. And she has more than three activities. She arranges her time reasonably. She can get five stars. Any boys can share? S3, good job.

(S3 sharing)

T: Very good. So what do you think of S3's timetable? How many stars?

Ss: Three.

T: Any other ideas? Share your opinions. How many stars will he get? Very good. Pay attention to the writing and speaking when we talk about the time. Anymore?

Ss: Five stars.

T: So when we do the assessment, it's also good for our learning. What do you learn from him?

Ss: He has more than three activities. His work is rich in content.

7. 布置作业

T: That's right. So everyone, this is the timetable we have made and we know how to make a reasonable timetable. But we need to keep up the routines and now I'll give you some homework. You need to make a weekend plan and ask your family to supervise. And then let's check it one week later and find out what we can't do and correct

根据"双减"要求，设计分层的实践性作业，检测学生是否严格执行作息时间表，满足不同水平学生的学习能力和需求，体现个性化分层

our timetable to make it more reasonable. So we can be a good time master and make our time, make our life happier and more meaningful.

T: That's all for today. You all did a great job. Class is over.

> 教学理念，促进学生多元发展。

三、教学反思

指向核心素养的英语课堂教学应秉持在体验中学习、在实践中运用、在迁移中创新的学习理念，倡导学生围绕真实情境和真实问题，参与到指向主题意义探究的学习理解、应用实践和迁移创新等一系列相互关联、循环递进的语言学习和运用活动中。"输出式"教学的理念与新课标的理念相契合，这种创新的教学模式对于英语教育教学工作的开展具有很强的指导意义。

"输出式"教学的四个关键要点是：以输出转化为目的；以结构化转化为手段；以输出倒逼输入；以输出表现评价输入质量。本节课在教学设计和实施的过程中遵循了以上四个关键要点，助力学生学习效率的提升、高阶思维能力的培养，以及学生核心素养的达成。

1. 输出是目的——学习目标

输出是目的，这是"输出为本"教学范式理念的首要主张。这一主张与新课标中强调的"凸显学生主体地位，关注学生个性化、多样化的学习和发展需求，增强课程适宜性"具有一致性。本节课在确定学习目标的时候做到了以始为终。教师在备课的时候就预设了学生学习完读写课的知识点后，能够利用所学知识解决的真实问题。例如，本节课的大任务为"Make a reasonable timetable of my day and keep up the routines"，立足于一个真实问题的解决和任务的达成。根据这个大任务制定一系列具体的、可检测、可评估的学习目标。学生在学习的过程中以大任务为风向标，通过一个个小任务的解锁，提高思维能力。

2. 输入是手段——素材

为保证输入的必要性和有效性，本节课的教学设计主要关注了以下两点：一是输入的内容是什么结构；二是用哪些有效的方式进行输入才能达成输出的目的。因此，为了避免知识的碎片化、零散化，促进学生的思维从低阶向高阶发展，本节课的知识与学生先前的知识储备，以及学生的生活经验进行了连接。学生已经在三年级时学习了1到15以内的英文数字表达；在四年级上册接触到了食物类词汇，如rice、milk、chicken等的表达。

基于此，四年级的学生能描述简单的时间和食物，对合理规划时间也有一定的了解。但是他们在生活中相对缺乏自制力和毅力，时间观念较为欠缺。在大任务的引导下，通过学习内容的结构化，教师从制订计划到执行计划，采取不同的教学任务和方式，逐步引导学生形成正确的时间观念，形成良好的生活作息，热爱生活，善于发现生活中美好的事物。读写课紧扣学习目标，以Amy's timetable为主线设置教学任务，以问题链推进教学进程，各个环节环环相扣，每一个环节的设置都是为下一个环节的开展提供有力支撑，且任务的设置符合学生的认知发展规律，由易到难，注重培养学生的思维由低阶走向高阶，有效地提升和培养学生的语言表达能力和问题解决能力。

3. 输出倒逼输入——任务设计

输出任务的目的是改变学生的学习状态，调动学生的学习内驱力，让学习真实地发生。课程中大任务的设置一开始对于学生来说会存在一定的难度，这有利于激发学生的求知欲和挑战欲。为了有效地达成大任务，教学设计通过"大任务包含小任务"的设计思路和任务的分解，将语言知识技能和学习策略等都包含其中。学生通过一步一步解锁小任务，从而促成大任务的达成。此外，教学设计的过程还注重对学生思维能力的培养，思维水平从知识、领会、应用到分析、综合、评价，为学生的思维提供了开放、多维的空间。

4. 以输出评价输入

"输出为本"的教学设计将"学习成效评价"独立出来，通过学生的输出效果来检验上一环节的输入质量。本节课，我们根据输出任务设计了一系列学习成效评价方式和标准（图5-1）。

Assessment（评价标准）			
基础项	活动		★
	句型	It's _____ o'clock. It's time to _____. It's time for _____.	★
	安排数量	符合日常作息	★
加分项	内容丰富	有更多细节（如：情感）	★
	表达流利	语音标准，语言流畅	★
Total（总计）：5			

图5-1 学生输出表现评价标准

本节课学生的输出效果较好，师生配合默契，课堂气氛融洽且灵动。主要体现在以下三个方面：首先，教师给予了学生充分的机会进行输出。如在"View and predict"环节，教师通过"what""where""what time""what"四个维度，利用教具图片让学生上台分享自己对图片的理解。学生在分享的过程中充分发挥了主观能动性,很好地诠释了以学生为主体的"生本"课堂。其次,教师具备良好的教育机制和输出评价意识,能够根据学生的动态生成和动态学情及时调整课程节奏和难易程度。这一点在教师的提问引导上面得到较好体现。例如,当学生对"Is she punctual?"这个句子存在理解上的难度时,教师通过英英释义,必要时运用中文来提示基础相对薄弱的学生,让这部分学生也能保持高度专注力,充分参与到课堂中。最后,输出表现形式多样,注重基础知识的巩固,同时力求培养学生的创造性。从学生敢于、乐于参与课堂,能在课堂上完成重复、复述、构建、创造性的输出任务来看,可以逆推出学生的输入质量较高。例如,学生在"Let's play"环节全身心参与课前小游戏,寓教于乐的方式让学生在快乐中进行了知识复现和练习。此外在"Think and discuss"环节,学生通过小组合作的学习方式讨论评价标准,为共建评级标准和"Show your timetable"环节打下了扎实的基础。

总之,"输出式"教学在英语教学实践中起到了良好的学习效果。从学生观来看,此教学范式突出了学生的主体地位,注重学生的思维能力和输出能力的培养。从教师观来看,教师转变了传统的教学理念,让学生成为课堂的主角,教师成为导演的角色。从教学观来看,该教学模式与新课改所倡导的学习方式相契合,更多地强调要通过自主、合作、探究的学习方式来组织教学活动,根据学生的认知和身心发展规律来设置教学活动和任务。

不登高山,不知天之高。在专家团队的指导下,以"输出式"教学为主题,对英语学科进行课堂诊断、指导、改进,学校英语学科得到了深化改革,无论是对学生学习方式的转变、教师的专业发展,还是对学科教育品质的提升都产生了有益的影响,使各方都获得了成长。

一是提升学科课堂品质。课堂教学的品质决定学校的教育品质。学校英语科组全体教师参与"输出式"教学实践,从教师个人的公开课慢慢渗透到平时的课堂,"输出式"教学逐渐成为课堂教学的常态。以"无痕"育"有为","教—学—评"一体化设计,构建以学生为主体的课堂。以丰富的教学设计,多样的课堂教学活动,丰厚的输出成果,达成教师的"教"转变为学生的"学"。通过交流展示、送课活动,学校英语"输出式"教学课例对外展示,走进横沥镇其他学校,既展示了学校的研究成果,得到了同行们的高度评价,也为其他学校的教学变革起到了示范和引领作用。

二是正向转变教师的观念和行为。以"输出为本"的教学范式为引领,教师作为活动的促进者、平等的合作者、谦虚的倾听者、真诚的赏识者、得体的协调者,联系生活实际,创造良好的学习氛围,创设情境,设置学习任务,千方百计地促进学生的"学",培养学生的高阶思维,促进学生能力的迁移,真正打造会思考、会运用的核心能力。

刘畅老师：在教育教研中，以输出为本，以教研为抓手，以课例研讨为路径，形成具有学科特色的"输出为本"的教学范式。通过专家培训、理论引领，共读分享、自我成长，课例研讨、研修并进，对外展示、交流提升，撰写论文、学思并悟，我逐渐感悟到"输出式"教学的价值和力量。从关注"内容"到更关注"目标"，关注"知识"到更关注"学科素养"，关注"教"到更关注"学"，关注"结果"到更关注"过程"，关注"教学"到更关注"评价"，教师观念的转变使得学生的学习也发生了转变，小组合作、项目式学习、综合实践、任务探究……学生在教师的引领下对英语学习的兴趣和积极性不断增强，学科素养不断提升。

周银香老师："输出为本"的教学范式让我的教学观念和实践都发生了变化。一是以"输出式"教学进行教学设计。"输出为本"教学范式强调输出是目的，输出任务连接学生真实生活，学生的学习是真实发生的，是主动的、积极的、有效的。在备课过程中，我从传统的教师立场，到现在会先分析、建构学习内容，预设学生的输出目标，结合输出目标设定一个大任务，再设计小任务去达成大任务，帮助学生内化核心知识，提升学科核心素养。二是更加注重个人专业成长。以输出为目的不仅可以反映在教学上，更可以作用于自身。学校推行"输出式"教学，让我们不断加强理论学习，深耕课堂，在教学变革的路上不断前行，探索新的教育之路。这不仅提升了自己的教学水平，还丰富了自己的教育实践经验，使得个人专业发展水平不断提升。"输出为本"不仅是一种教学范式，更是一种教育理念和态度，这种理念和态度不仅改变了我的教学方式，还能让自己在教育这条道路上走得更远、更稳、更幸福。

刘嫣老师：以"输出为本"的课堂教学，更关注学生的"学"。教师在学生完成输出任务后，组织反思和讨论活动。学生通过分享和讨论，从同学之间的经验中学习，发现问题，寻找改进方法，深化对知识的理解。组织反思和讨论活动的关键点在于：第一，提供反思机会。教师设置小问题或任务，让学生在完成后再进行反思，如分享学习中的问题和困难，或对如何应对变化的理解。第二，鼓励开放讨论。教师鼓励学生在课堂上提出观点，小组内讨论后分享反思结果，这有助于学生深入理解知识。第三，提供反馈。教师及时给予学生反馈，指出优点和需改进之处，这有助于增强学生反思和改进的动力。第四，创造安全环境。教师要营造尊重和支持的氛围，让学生感到自己的观点受重视，这有助于提高学生参与反思和讨论活动的积极性。第五，利用技术工具。如微信群等，促进学生的反思和讨论。这些工具便于分享想法，让教师了解学生的情况，家长也能了解学生的学习方法和热情，更好地配合学校的教学工作。

翟小慧老师："输出为本"的教学范式颠覆了传统"输入为主"的教学模式。教师变成了学生学习过程中的引导者和助力者，精心设计教学任务，搭建任务链，引导学生通过完成任务，逐步提升自己的输出能力。同时，教师更关注学生的个体差异，根据学生的实际情况，提供个性化的指导和帮助。

三是将学生的学习方式由被动变为主动。"输出为本"的教学范式不只改变了教师的教学方式，也改变了学生的学习方式。学生在积极参与、主动输出的过程中达到对知识的深度理解和运用。学生不再是被动地接受知识，而是主动地参与到课堂活动中，成为主动的知识探索者和实践者，通过完成各种实际任务，将所学知识转化为实际运用的能力。这样的课堂充满了活力和挑战，学生在完成任务的过程中，不仅提升了自己的语言能力，还提高了解决问题的能力。

黄×轩同学：这是一节对我来说很有意义又不同寻常的英语课。老师以"Future Park"为主题设计了"说一说""写一写""绘一绘"的活动，让我们自由想象，通过小组合作，用学过的英语知识来描述我心中的未来公园。在完成活动的过程中，我借助单元知识结构图，运用所学的单词和句型，写出了小组心目中未来公园的模样。在汇报环节，我流利的英语表达也获得了同学们的"点赞"，我很开心！这节课不仅让我学会了如何运用知识，如何更好地和成员分工合作，也提升了我的表达能力，进一步激发了我对英语的热爱。

吴×宇同学：这节课让我觉得很有趣。我了解到在公园里可以欣赏风景、野餐、做运动等。我的英语表达能力也有了很大的提升，学会了使用"我可以在公园里……"的句型，并用频率副词写作文。我还学会了如何和同学一起解决现实生活中的问题。总之，这节课的学习让我觉得学习英语很有趣，也很有用。

四是促进了学生的成长。我们要让学生站在教育的正中央，让他们做自己的主人，做优秀的自己。为了满足学生多元发展的需求，丰富学生校园生活，学校鼓励学生学会用英语表达，尝试参与英语活动展演和各类竞赛。学生将所学知识与技能进行迁移与创新，提高语言运用能力。比如，学生排演的元旦英语音乐剧 Happily Never After，展现出多姿多彩、奇妙缤纷的童话世界，让人流连忘返。又如，在东莞市第14届英语口语大赛中，我校众多学子成功晋级复赛，小学A组更是以全市第八的优异成绩脱颖而出，在复赛中我校学子奋勇前进，各显神通，斩获一等奖34名、二等奖67名、三等奖33名，展现了学校"有为"英语教育的阶段性成果。

成功没有捷径，我们只有持续不断地努力和执着专一地坚持，才能实现理想。"输出式"教学引领英语学科从一门学科到学科集群，从学科融合到超越学科，我们在研读中扎根生长，在实践中形成特色。一路走来，以下几点值得我们深入研讨，进一步进行探索：第一，针对不同年段、不同的教学内容，如何进一步开展不同课型"输出式"教学的研究，问道不同课型的"输出为本"教学模式。第二，如何进一步完善现有课型的"输出式"教学范式，更好地处理输入和输出的关系，进一步推动学生基于输出成果的学习交流与成果分享，促进学科素养的提升。第三，如何实现"输出倒逼输入"的学习流程再造、教学与生活的链接、输出型良好课堂关系的营造等。

道阻且长，行则将至。学校英语科组将继续扎根"输出式"课堂，向更深处漫溯，让"有为·输出式"教学走向实处、走向深处。

请扫二维码观看更多教学案例：

案例"How do you make a banana milk shake: Section A"

案例"How do you make a banana milk shake: Section A"教学视频

第六章

科学之匙——物理课例中的"输出式"教学实践

从当前中学物理实验教学情况来看,物理实验课堂对中学生核心素养的培养成效并不乐观,影响了学生实验学习能力及素养的提升。传统的物理实验课堂往往被一种输入式的教学模式所主宰,将学生视作被动地接受知识的容器。这种模式强调对知识点的死记硬背、机械性练习和单向的知识灌输,却忽视了对知识进行深度加工的重要性,也忽略了通过知识迁移输出而解决问题能力的培养。突破传统课堂的局限,采用"输出式"导向的教学策略,有助于激发学生的探索精神、质疑意识、合作能力和分享意愿。这正契合了当前教育革新的理念,有利于提升学生物理学科核心素养。

"输出式"学习是一种有别于传统课堂的深度融合的主题型教学,在这种模式下学生能融合不同学科的知识,建立知识体系,培养学生解决问题的能力。立足一线教学实践,我们从以下几个方面深入剖析"输出式"教学在物理融合实验教学中的独特价值与操作策略,通过具体案例的呈现来展示物理跨学科实验融合高品质课堂。

第一节 物理学科开展"输出式"教学的实践依据

一、"输出式"教学在初中物理融合实验教学中的作用

结合物理学科的实验性、探究性和逻辑性特点,"输出式"教学鼓励学生将所学的物理概念、原理及实验技能通过讲解、演示、操作等方式进行输出。具体作用如下。

(一)有助于跨学科融合

初中物理是一门以实验为基础的实践性、综合性学科,其核心价值不仅在于传授基本的物理概念和原理,更在于通过实验这一核心环节,培养学生的实践能力、探究精神以及跨学科的综合应用能力。初中物理是多学科融合的

舞台。物理跨学科融合实验课堂正是一种创新的教育模式,它巧妙地将物理学科与其他学科相互融合,旨在全面提升学生的综合素质和核心能力。以构建节能环保的房屋模型为例,学生不仅需要运用物理学原理解决隔热、光照、房屋稳定性等实际问题,还需要涉猎与材料有关的化学生物学、环境科学的深层知识,展现学科间的无缝对话。

依据《义务教育物理课程标准(2022年版)》的指导思想,物理跨学科融合实验课堂的核心素养培育目标聚焦于多维度能力的综合提升,旨在塑造学生成为具备科学探究精神、实践操作能力、敏锐创新思维、良好合作交流素养及健康情感与价值观的未来人才。这一教学模式鼓励学生跨越学科界限,在复杂多变的情境中灵活运用物理知识,以加深他们对物理原理的理解,促进知识的迁移与应用,使学生能够在面对实际问题时展现出更强的解决能力,同时全方位推动学生的个性化成长与全面发展。

"输出式"教学作为初中物理实验跨学科融合教学的一种策略,能够让教师巧妙地将课本实验与学生的日常生活联系起来,将那些抽象且难以捉摸的物理概念以生活化、形象化的方式呈现给学生,从而点燃学生对于物理的热情与兴趣。这种教与学的方式,突破了学科界限的限制,鼓励学生在动态而富有弹性的学习空间中自由探索、勇敢实践,不断成长。

(二)有助于培养科学探究和实践操作能力

在物理跨学科融合实验课堂的探索中,"输出式"教学法鼓励学生以综合的视角运用物理与其他学科的知识,解决现实生活中的具体问题。通过设计有效的实验、绘制直观的工作原理图、考虑周全的安全保护措施,学生在输出的过程中深化了对物理跨学科融合知识的深刻理解与实际应用。以制作风力小型发电机为例,输出活动让学生深入探究电磁感应现象,要求他们运用数学的精准、地理的洞察、劳动的巧手和美术的美感,将多学科的智慧结晶融入设计和制作的每一个环节。在这样的学习过程中,学生不仅学到了知识,更在实践中培养了科学探究和解决实际操作问题的能力。

(三)有助于培养合作交流和创新思维能力

在跨学科学习上,学生被激励着学习如何与不同学科的教师和同组成员展开深入的沟通与紧密的合作,共同完成学习任务。这种跨学科的学习方式倡导学生以创造性的思维去思考问题,更鼓励他们面对跨学科的挑战时认真积极思考,提出新颖独特的解决方案或设计出具有创意的作品。"输出式"教学以小组合作的形式,激发学生的想象力与创造力,鼓励学生用个性化的视角和手法来表达独到的见解,并勇敢地提出富有创新精神的方案。这一模式注重学生的实践能力与创新成果，不仅契合了学生个人成长的内在需求，也响应了社会的发展趋势，特别是凸显物理跨学科融合实验课堂环境中的高效性与必要性。

（四）有助于培养情感态度与价值观

"输出式"教学不仅鼓励学生将物理学理论与日常生活的点滴、工程科技的实践探索以及社会发展的脉动紧密相连，更在无形中培育了学生对科学的浓厚兴趣和积极向上的学习态度。比如，从摩擦力在鞋底设计中的巧妙应用，到光学原理在眼镜制造中的精准运用；从热力学在保温瓶设计中的巧妙利用，到桥梁建设中不可或缺的力学原理，再到汽车制动系统中动力学的关键角色，以及电子设备中电磁学的智慧应用。这些生动实际的案例，都是"输出式"教学有效激发学生的学习热情，培养他们认真的学习态度以及乐于实践、敢于创新的探索精神的体现。

更重要的是，"输出式"教学有助于学生构建正确的价值观，深刻领悟科学对于个人成长和社会进步的价值，从而让学生认识到掌握科学知识和技能的重要性，为学生成为能够以科学精神贡献社会的有用之才打下坚实的基础。

（五）有助于学习顺序的重塑

初中物理实验教学不仅是科学探索之旅的启程号角，更是无数实验探索的坚实基石。通过物理实验，学生认识到知识是如何产生的，学会观察、学会思考，进而形成实事求是的科学态度。"输出式"教学将要学习的知识转化为贴近实际生活的情境任务，教师将大任务分解成若干的小任务，学生分组围绕各自的任务开展协作式学习，进行有目的的输入，并围绕要完成的任务进行学习。这种输出方式改变了传统的先理论后实践的学习顺序，重塑了学生的学习路径。以"输出为本"的教学设计转变了传统教学的逻辑结构，采纳了一种以终为始、以成果反推过程的教育策略，教学的起点始于学生期望达成的终点，赋予学生学习更强烈的目标导向性，使得课堂充满发现的喜悦与对成就的期待。

二、"输出式"教学在初中物理融合实验教学中的落地策略

在初中物理实验融合教学中实施"输出式"教学，要从输出目标、教学课堂输出活动、输出评价三个方面探讨，从而实现课堂"三个转变"。下面以在学校"太空农场"开展的一节物理与劳动、生物学跨学科学习的展示课——物体的稳定性与劳动支撑，生物成长的影响相结合的实验探究为例。

(一) 能力输出为目标，学生主体提兴趣

初中物理的学习重在实验，实验的关键在于抓住学生的兴趣，找到生活情境的切入点。例如，学校八年级学生在"太空农场"观察到，西红柿秧苗由于长势太旺压弯了支架，东倒西歪，最后导致植株倒在地上，果实烂在泥土里。据此提出一些有针对性的问题，如"如何搞好支架支撑？""如何让秧苗茁壮成长而又能稳妥地获得丰收？。"教师结合学生的观察，引导学生从与物体的稳定性有关的知识去思考、猜想并讨论。学生对现象充满好奇，兴趣大增，他们自觉地分成几个学习小组并选出小组长。小组成员进行实地观察，查找资料，寻求多种不同的解决方案。

生活化教学情境的融入吸引了学生的注意力，激发了学生自主学习的意识。学生纷纷投身实验操作中，想通过实验来验证自己的猜想。由此，教学目标就转换成以学生为主体的学习目标，变成了解决问题的高阶思维教学目标。学生提高了主动学习的积极性，提高了对物理实验的兴趣，亲身体会到"物理从生活中来到生活中去"，从而再现"发现"的快乐情景。

(二) 输出倒逼输入，实验操作验猜想

1."协作""分组"实施

各学习小组根据自身的"任务"制订科学合理的计划，实现"课前—课中—课后"系统化操作，增强"有为·输出式"教学的可操作性。其设计优劣的关键在于是否与生活息息相关。考虑诸多因素之后，每个小组经过热烈的讨论，最终确定用小木棍制作模型模拟植物支架。学生自由发挥，发挥个性优势。小组中角色定位准确合理，人人都可感受成功的喜悦。虽然每个小组的实验设计都有所不同，但各小组都掌握了与物体稳定性相关的基本知识和基本应用。由此可见，"输出倒逼输入"的学习流程可以引领学生进行深度探索实验。

2."互动""互享"展评

如何用木棍支架来模拟植物支架，解决在实践过程中出现的问题？教师与学生共同思考。教师引导学生解决农场支架容易倒的问题，学生联想"不倒翁"的实例，进而思考重心问题、底部支撑面问题。各小组成员发挥想象，积极动手，将支架做成各种不同的形状，有三角形、圆形、正方形。再通过承受钩码个数的对比、挂重物的方向对比等不同方式来选择最佳方案。

学生在讨论和操作过程中，得出"降低重心，增大底部支撑面，都可以提升物体的稳定性"的知识点。结合这一知识点，有学生马上提出"适当摘除一部分西红柿叶子，也可能降低重心，防止支架倒下""拉树枝，作适当向上的牵引"等有建设性的意见。结合生物学学科知识，学生从"西红柿生长需要充

足的阳光""改良土壤""优选品种"等相关条件上提出了不同的解决办法。

"输出式"教学课堂扭转了学生被动接受知识的局面，让学生主动探求知识，也使课堂气氛更加轻松活泼。"输出倒逼输入"的学习流程形成了知识体系的对比，密切了学科间的联系，具有很强的教学可操作性。

3. 输出表现评质量，跨学科融合学习

初中生的好奇心尤为强烈，对新鲜事物充满无限探索欲，这就要求教师善于引导学生探索物理世界。引导学生亲手实验，探索物理现象，不仅能够验证并深化学生对课本知识的理解，还能以一种充满趣味性与互动性的"输出式"学习方式，替代传统课堂上单调乏味、单向灌输的教学方式，从而激发学生的学习兴趣与创造力。例如，在开展"物体的稳定性与劳动支撑，生物成长的影响相结合的实验探究"教学中，各小组开展学习时，教师及时关注活动的进展，及时对小组的输出表现作出相应肯定与表扬。教师针对学生的输出学习主题布置具体的任务，学生通过"输出式"学习完成任务——合理分工、相互协作实现共同进步。学生在研究过程中分享自己的经验，展开灵活的团结协作。师生之间、学生之间相互评价的形式有助于他们反思任务的输出情况，能够让他们相互启发，突出"输出式"教学的主体性。

随着素质教育的不断深入，探索精神与创新意识已成为学生通过学习必须获得的重要品质。"输出式"教学借助物理实验的独特性给予学生更多的自由，让学生在具体的实验中进行深层次的探索与挖掘。在学生遇到难以解决的问题时，教师加以引导，在启迪学生物理思维的同时，引导学生寻求更多解决问题的方案，进而培养学生的探索精神，激发学生的创新意识，让学生的物理学科素养得以良好提升。例如，在"物体的稳定性与劳动支撑，生物成长的影响相结合的实验探究"这一实验中，教师设计了开放式的实验让学生自行探究，并通过实验的方法让学生在组装和调试中更深入地认识物体稳定性，更好地把物理、生物学知识与劳动技能结合在一起。这种"以输出表现评价输入质量"的方式，可以让学生深度探索实验，激发学生的创新意识，实现培养学生的发散思维及创新精神的目的。

"物体的稳定性与劳动支撑，生物成长的影响相结合的实验探究"的教学实践证明，通过引入生活化场景，可有效创新学生对知识的"输出式"学习方式。这种教学方法不仅提升了学生解决实际问题的能力，还促进了跨学科知识的深度融合与综合应用能力的提升。它成功革新了传统物理课堂的单一教学模式，以物理实验的生活化教学为桥梁，显著提升了学生的学科核心素养，为他们的全面发展奠定了坚实基础。

第二节　物理学科开展"输出式"教学的案例[①]

以统编版物理教材八年级"声音的传导与人耳结构的融合实验"的完整教学实录为例,说明在"输出式"教学下,物理与生物学学科是如何开展融合实验教学的。在学情方面,八年级学生对声音的基本概念有一定的了解,但对于声音的传导和人耳的具体结构缺乏深入的认识。大多数八年级学生已经形成了自己的学习风格,更倾向于实践与理论结合的学习方式。学生对与生活息息相关的科学实验有较高的兴趣,特别是与人体结构和功能相关的内容。部分学生可能在理解声音传导的物理原理和耳朵结构的复杂性方面有一些困难。

扫一扫,观看案例"声音的传导与人耳结构的融合实验"教学视频

基于学情和教学需要,本课的输出型目标是:第一,学生能够理解声音的传导原理,掌握人耳的基本结构,通过实验观察声音传导的过程。第二,通过实验教学,培养学生的实验操作能力、观察能力和分析能力。第三,培养学生对自然现象的好奇心和探究精神,提高物理学科核心素养。

一、教学流程

"声音的传导与人耳结构的融合实验"教学流程设计如表6-1所示。

表6-1　"声音的传导与人耳结构的融合实验"教学流程设计

输出任务	内容	任务意图
前置大任务:我们怎样听见声音	创设情境,设计实验,解决生活问题,明确大任务:我们怎样听见声音	在导入中创设情境、创设前置大任务,引导学生或学习者全面、深入地了解声音传播和听觉机制的原理,同时培养他们的科学思维和实践能力,为他们在相关领域的学习和发展奠定坚实基础
分解小任务一:声音是怎样产生的	1.引导学生探讨声音是如何产生的。2.启发学生自主思考并设计实验,将看不见的声音变得看得见。3.确保每个学生都能动手实验。随机抽取小组代表进行展示	聚焦于引导学生或学习者深入探索声音产生的原理,帮助他们建立对声音本质的基础理解

[①] 本案例来自东莞市松山湖横沥实验学校蔡稳老师。

续表

输出任务	内容	任务意图
分解小任务二：声音是怎样传播的	1. 问题设置：为什么能够听到老师的声音、音叉的声音、铃声？引导学生思考声音是如何传播的。 2. 创设情景：①垂钓时，为什么不能高声语？②水中发声的手机，为什么能被人耳听到？培养学生的思维能力和观察能力，总结得出液体可以传声。 3. 小实验："纸杯传声——土电话"。经过实验，让学生探索为什么固体可以传声。 4. 教师带领学生总结：声音的传播需要介质	帮助学生深入了解声音传播的原理和机制，从而加深学生对声音现象的整体认识。通过这一任务，揭示声音传播的奥秘，培养实验和观察能力，激发探究欲望和兴趣，构建完整的声音知识体系
分解小任务三：人耳结构	1. 展示人耳结构图，小组总结产生听觉的条件。 2. 视频展示和学科知识融合：声音的传导与人耳结构的融合条件是什么	声音的产生、传播和接收是一个完整的过程。将生物学和物理知识的融合，打破学科的壁垒，促进学生各学科知识之间的相互应用，培养学生各学科之间的联动能力、融合能力，将知识的应用能力提升到一个新的高度
输出大任务：将声音传导的人耳结构融合条件知识应用于生活	1. 小组讨论：助听器的作用，将知识灵活应用。 2. 前沿科技阅读，拓宽眼界。 3. 知识练习生活：①自助KTV原理；②学生自主讨论，在生活中的哪些方面会用到本节课所学的物理知识	培养学生全面科学素养：一是借助生动的教学手段，深化学生对声音产生、传播、感知过程的理解；二是讲授合理用耳与噪音防护策略；三是提升知识解析、实践能力；四是设计跨学科实践项目，如助听设备研发或声环境优化，锻炼创新思维与实践技能；五是启发学生关注声学科技前沿，为未来职业规划提供导向

二、教学实录

1. 前置大任务：我们怎样听见声音

师：今天我们来学习一个有趣且重要的知识内容——声音的传导与人耳结构的融合实验。

教师播放PPT。

师：在一个阳光明媚的早晨，小女孩踏上了通往学校的小路。她的耳朵像两个灵敏的小雷达，捕捉着周围的声音。鸟儿的歌声如同天籁之音，清澈而悠扬；风儿吹过树叶，发出沙沙的低语。你是否想过我们是怎样听到声音的呢？

2. 分解小任务一：声音是怎样产生的

（1）播放袁敬华老师伟大事迹的广播。

师：伟大的袁敬华老师让很多听障人士重新听到声音。这种大爱精神，值得我们多去学习！在文字广播当中有这么一段话，我们一起来聆听一下：袁敬华拉着孩子的手，顶在自己的脖子上，让他们通过触摸感觉声带的振动和气息的流动。那我们能提出一个什么样的问题？

生：声音是怎样产生的？

（2）展示PPT和实验器材。

师：请同学们选择桌面的器材设计一个实验，让我们把这种看不见的声音变成"看得见"，请小组进行讨论并设计实验。

请小组展示。

生1：首先，我们可以把那个音叉敲击接触到这个乒乓球。然后，我们可以观察到乒乓球被弹开。声音是由振动产生的。

生2：我们可以用水和音叉。因为敲击音叉的时候，我们是看不出它的振动的。可以利用一种方法：先大力地敲击音叉，然后把音叉放到水里面就会激起水花。由此证明，声音是由振动产生的。

生3：我们正常敲击鼓的时候，敲一下我们只能听到它的声音，但是用肉眼观察不到鼓面的振动。这时，

对于八年级学生而言，他们已经拥有较强的观察能力和发现问题的能力，加上语言表达能力较好，因此采用创设情景的模式，能够有效地激发学生的探索欲与学习兴趣。

"生活中处处充满声音，我们是怎样听见声音的？"对于这一问题，学生有初步的认知但又不够严谨科学。通过大任务让学生了解这节课学习的重点，明确学习的方向。

学生在小学的科学课中已接触了声音产生的相关知识，通过结合所学知识及广播事例的展示，能够很好地引出第一个小任务。在本环节中，学生通过自行设计各种小实验探究声音是怎样产生的，培养科学探究精神、动手实践能力。让学生在做中学、学中做，进一步提高学生发现问题、解决问题的能力。

我们可以用物理的转换法：在鼓面上撒上一些纸屑并铺开，再敲击鼓，会发现纸屑弹起来了。该现象说明这个鼓面在发声的同时，它也在振动。所以说，声音的产生是由振动引起的。

师：感谢这几组同学的展示。在这些实验中，我们把这种看不见的声音变成"看得见"了，从而得出声音是由物体振动产生的结论。

3. 分解小任务二：声音是怎样传播的

（1）气体可以传声。

师：上课的铃声、学校广播的声音、老师的声音、刚才音叉的声音我们都能听到，这是为什么呢？小组讨论30秒，请某组同学来分享一下。

生1：声音从他们发声的地方传到了我们的耳朵里面，然后引起了我们的鼓膜振动，再由骨传导将这个振动传到耳蜗。在听神经传导的刺激下，到我们的大脑皮层里面就形成了听觉。

生2：我认为是因为我们周围有一种介质可以将物体的振动传导到我们的耳朵中，从而产生听觉。

师：两位同学都说到了声音需要通过物体才能传到耳朵里。我们处在一个大气的环境当中，传播主要靠哪种物质？

生：气体，空气。

（2）液体可以传声。

师：观察一幅图片，同时老师演示一个实验，思考：①水中的鱼为什么会被岸上的说话声吓跑？②为什么能听到水中的铃声？请同学来分享一下。

生：液体可以传声。

师：这个发声体是不是都处在一个液体的环境当中，所以说明液体可以传声。

师：既然液体跟气体都可以传声，那固体呢？我们来做一个神奇的实验——纸杯也能听到声音。我们用纸杯制作一个土电话，来听轻敲音叉的声音，并思考讨论用土电话听和在同样位置直接听有什么不同。注意请在对比时捂住另外一只耳朵，小组讨论并操作

在小任务一中，学生通过多种形式知道了声音的产生。想要小任务推动大任务、小任务之间层层推进，还需要对学生进一步引导，通过创设大情景和实验，引出声音的传播条件。在小任务二的教学环节中，学生通过情景提问、演示实验和学生动手实验有机结合的方式推进任务的开展，使学生的物理学科核心素养得到提升。

展示。

生：固体可以传声。

师：此处传播声音主要的物质是什么呀？

生：棉线。

师：大量实验表明，声音能靠一切固体、液体、气体等物质作为媒介传播出去。这些作为传播媒介的物质常简称为介质，声音是靠介质传播的。

请同学们思考并讨论：如果没有介质，比如月球上没有空气，哪怕离得再近，宇航员们面对面大喊也听不见声音，为什么？你如何用实验来验证你的猜想呢？

生：在月球上面没有空气，也没有介质，所以就不能传声！实验时可以把一个发声的物体，放到一个密闭的空间里面，再把那个密闭空间里面的气体给抽走，看看还能不能听到发声物体的声音。

师：由于这个实验在现在的条件下还不能完成，老师通过一个视频再现一下刚刚这位同学的实验。

教师播放实验视频。

师：将一个正在发声的铃放在玻璃罩内，用抽气筒把玻璃罩内的空气抽出，声音会由强变弱，这说明了什么问题？

生：真空不能传声。

师：正如刚刚那位同学所说，真空不能传声。请同学们进一步猜想：当宇航员到达月球后，他们是怎样相互交流的。与同学交流并讨论你们所想到的各种方法的可行性，并谈谈为什么要这样做。

生1：我们可以通过手势交流。

生2：经过讨论我们发现，写出来或用手语都不太方便，而且不太可能实施，所以说我们组想到的最好的方法是通过无线电交流！

师：因为真空不能传播声音，而无线电可以在真空中传播。

4.分解小任务三：人耳结构

小耳朵大作用。

师：我们学习了声音的产生是由于物体的振动，

此项小任务目的是培养学生的学科融

传播需要介质。我们的耳朵里有一个神奇的器官——耳蜗，它像一座精致的音乐厅，将外界的声音转化为神经信号，传送给大脑。结合前面的物理知识和你所学的生物学知识，思考一下人们听到声音需要哪些条件呢？请一小组的同学分享一下。

生：我认为人耳要听到声音，首先需要有一个振动的物体发出声音，然后通过介质传入人耳，同时人耳的鼓膜、听小骨还有神经系统、耳蜗等结构需要完好无损，通过振动传入大脑皮层产生听觉。

师：这位同学概括得非常准确！由发声体经过介质传到人耳。我们来进一步学习听觉到底是如何形成的。老师介绍一下人耳的结构（PPT展示人耳结构图），大家结合前面所学的知识及看到的人耳结构，总结一下人耳听到声音的过程是怎样的。

生1：我认为人耳听到声音的过程，首先是物体振动发出声音，通过介质进入外耳道引起鼓膜振动，听小骨再将鼓膜振动传输给耳蜗，耳蜗再将震动转化为神经冲动传给听觉神经，听觉神经再传给大脑皮层的听觉中枢形成听觉。这就是人耳听到声音的过程。

生2：首先是外界的声波通过介质传导，引起鼓膜振动，接下来其他组织将振动传给听觉神经，最终到达大脑皮层形成听觉。

师：我们通过视频来形象地把这个过程展示出来（PPT播放视频）。

教师总结声音传导与人耳结构融合的条件。

5. *输出大任务：将声音传导的人耳结构融合条件知识应用于生活*

（1）学以致用。

师：音乐家贝多芬耳聋后，用牙咬住木棒的一端，另一端顶在钢琴上来听自己演奏的琴声，从而继续进行创作。感受贝多芬艰辛的创作过程：取两个棉花球塞住耳朵，用橡皮锤敲击音叉，将振动的音叉尾部抵在前额、耳后的骨头和牙齿上。小组讨论并说说你有什么感受和感悟。

合能力，打破学科的壁垒，实现学以致用。学生在初中生物学中对人耳结构有所了解，但对怎样听见声音并不一定能准确描述。通过将所学的物理与生物学知识融合，学生学习本课后知道声音是由于物体振动产生的，再通过介质传播，进入人耳引起鼓膜振动，刺激听觉神经，从而产生听觉。

前面三项小任务都是为输出大任务作准备，让学生将所学知识应用于生活情景中。通过音乐家贝多芬利用骨传导听见声音这一事例，教师引导学生思考助听器的原理，并进一步了生1演示：将音叉放在额头上，敲击音叉，感受到声音通过额头传到人耳。

生2演示：用牙齿咬住，声音会放大。

师：生活中一些失去听觉的人，可以利用骨传导来听到声音。

师：为了帮助听障人士更好地听到声音，人们发明了助听器。根据前面所学的知识，请同学们讨论助听器在传导声音时起到了什么作用。

生：放大声源振动。

师：助听器在整个传导过程中，放大了声源振动。

（2）前沿科技。

师：随着科技的发展，我们来看一下目前最前沿的助听器——智能活性耳膜。

（3）生活场景中的应用。

师：小组讨论思考，在同学们的生活、学习环境中，哪些地方用到了有关声音的知识？比如，在嘈杂的商业广场，为什么自助KTV内的人们听不到外面的声音呢？

生1：看电影时，影院外面的人听不见声音，这是由于墙壁使用了吸声材料。

生2：地铁站采用双层玻璃隔音，真空不能传声。

生3：高速公路有隔音墙。

生4：在跳广场舞的场所可以种树吸声。

6. 布置作业

（1）制作助听器。

（2）如何将知识应用于生活中的其他场景？

解高新科技产品——智能活性耳膜。学生通过学习怎样听见声音，来了解如何在生活中减少噪声干扰。生活与科技融合创新，学以致用，提升学生知识应用能力、思维能力。

三、教学反思

"声音的传导与人耳结构的融合实验"作为结合初中物理与生物学知识的教学实践活动，旨在让学生通过亲手操作、观察和分析，理解声音的传导机制及其与人耳结构的密切关系。

1. 教学设计与目标达成

第一，跨学科融合。本实验成功地将物理的声学原理与生物学中的人体解剖知识有机融合，实现了跨学科教学。学生在探究声音如何通过介质传播的同时，能深入了解人耳的构造及各部分功能，理解声音转化为神经信号的过程。这种融合有助于培养学生从整体视角审视科学问题的意识，提升其跨学科思维能力。

第二，实践性与趣味性。实验以动手操作为主，让学生亲自制作简易模型模拟声音传导过程并观察人耳模型，甚至可以模拟不同环境下声音的变化，极大地提升了学生的参与度和学习兴趣。实践操作使抽象的理论知识变得直观、生动，有助于加深学生对知识的理解和记忆。

第三，目标达成。通过实验，学生能够清晰地认识到声音的产生、传播以及接收过程，理解人耳的听觉生理机制，达到预定的知识技能目标。同时，培养了学生的观察、分析、推理等科学探究能力，以及团队协作、问题解决等综合素质，实现了情感态度价值观目标。

2.教学实施与效果

第一，教师引导与学生主体。在实验过程中，教师起到了良好的引导作用，讲解清晰，示范到位，适时提问引发学生思考。同时，充分尊重了学生的主体地位，鼓励他们自主探索、合作交流，形成良好的师生互动氛围。

第二，深度学习与高阶思维。实验过程中，学生不仅掌握了基础知识，还进行了深度学习，如探究不同介质对声音传播的影响、模拟耳聋患者听觉感受等。这些活动要求学生运用分析、综合、评价等高阶思维，提升了他们的认知层次。

第三，知识迁移与生活应用。实验内容紧密联系生活实际，如解释为何在水中听到的声音与空气中的不同、如何保护听力等，使学生意识到科学知识的实际价值，增强了学生的知识应用意识和能力。

3.存在问题与改进方向

第一，学生参与度。尽管大部分学生积极参与课堂，但仍有少数学生在实验过程中比较被动，这可能是因为个体兴趣差异或理解难度较大。未来可尝试进行分层教学，提供不同难度的学习任务供学生选择，或者设立小组内的分工角色，确保每个学生都能找到适合自己的参与方式。

第二，实验时间管理。部分实验环节耗时较长，影响了教学进度。在后续教学中，应更精确地预估各环节所需时间，优化实验步骤，或提前准备相关视频、动画等辅助教学资源，提高教学效率。

第三，评价反馈机制。虽然实验过程中有即时的口头反馈和指导，但对于学生的学习成果缺乏系统、客观的评价与记录。可以引入实验报告、小组互评、自我反思等多元评价方式，以便帮助学生明确学习成效；教师也能据此调整教学策略。

从总体上看，本教学活动基本实现了预期目标，有效融合了物理与生物学知识，提升了学生的实践能力和科学素养。

"输出式"教学并非仅仅将课堂责任单方面转嫁给学生，它实质上是教师指导与学生自主学习能力深度融合的高级展现，对教师引导的艺术性与学生自我驱动的探索精神均提出了更高的标准。"输出为本"的课堂教学模式有五大核心特征：第一，强调目标的可视化，须落实到学生的具体行为上；第二，将目标分解成需要运用跨学科知识解决的任务，实现"输出倒逼输入"的学习过程再造；第三，给学生思维发展提供开放空间，鼓励他们自由探索；第四，通过真实情景的任务设计，引导学生运用学科知识解决现实生活中的问题；第五，将学生的输出表现作为衡量输入质量的重要指标。这些特征共同构成了"输出为本"课堂教学模式的精髓，旨在培养学生的实践能力和创新精神。

基于这五大核心特征，我们用"输出式"教学这把钥匙为学生打开了物理世界的大门。学生不仅仅是被动接受知识，更重要的是通过讨论、演示、实验、讲解等多种输出方式，将所学内容内化于心、外化于行。

首先，从明确的输出目标出发，提高了学生运用学科知识解决现实问题的能力。我们鼓励物理科组教师深入钻研新课标，细化学科核心素养的具体内容，找到适合学生的教学输出目标。同时，组织教师多了解跨学科知识，拓展跨学科的知识视野；鼓励学生多阅读科技文献、科幻作品等，以求从初中生的心理和生理发展特点上去寻求可行的"输出式"教学目标。在这样的目标导向下，学生们在口头讨论、书面报告中灵活运用物理知识，有效提升了解决现实问题的能力。

其次，合理的输出活动训练了学生的思维能力和动手能力。"输出式"教学活动可以直接锻炼学生实际应用知识的能力。为充分发挥这种教学模式的优势，我们根据授课对象的不同设计合理且具有针对性的教学活动。由于"输出式"教学是以学生为主体，因此教学活动应该尽量让学生更多地参与进来，充分发挥学生的主动性。在学校范围内，具体的平台有"物理走廊实验""太空农场实验室""物理生物实验室"等。此外，课堂教学活动形式也尽量以学生口头表达、书面表达、动手操作实验为主，其形式有分组讨论、科技小论文写作、引导学生自制学具和教具、开展小发明和小制作活动等。在此过程中，学生不仅学会了物理知识，训练了思维能力和动手能力，更构建了跨学科的综合能力，为未来的科学探索奠定了坚实基础。

最后，多元的评价机制增强了学生的学习积极性和自信心。设立公平多元化的评价机制在"输出式"教学中是非常重要的。合适的评价机制可以调动学生参与教学活动的积极性，只有通过评价总结才能发现学生在任务输出过程中存在的问题并及时解决。由此，我们将评价聚焦在师生之间、生生之间，使其互相评价，评价方式有"点评鼓励""内容扩展补充""构建知识系统化""融合实验制作"等输出表现方式。通过评价的及时反馈，学生们的学习积极性显著增强，自信心也得到了极大提升。

在"输出式"教学的推动下，初中物理课堂焕发出前所未有的活力与魅力，教学质量与效果均实现了质的飞跃，学生的核心素养得到了全面提升。

第七章

人文之思——地理课例中的"输出式"教学实践

《义务教育地理课程标准（2022年版）》指出，地理学科要"引领学生认识人类的地球家园"。地理学科课程目标要围绕核心素养，培养学生正确价值观、必备品格和关键能力，其中地理学科核心素养主要包括人地协调观、综合思维、区域认知和地理实践力。

地理学科新课标明确提出，引导学生学习对生活有用的地理知识，强调学生在学习过程中的主体地位及教师的主导作用。"输出式"教学则是一种以实践操作为基础，通过输出来促进学习，从而培养学生关键能力的教学模式。它强调学生在学习过程中不仅要获取知识，还要能够将其应用到实际场景中，通过输出来检验和巩固学习成果，进而培养学生的输出转化能力、高阶思维，以达到解决实际问题的目的。地理学科课标与"输出为本"教学中重视教师通过输入知识，布置输出任务，引导学生自主建构知识、解决现实问题的观念相契合。因此，基于"输出式"的教学有利于学生地理学科核心素养的培养。

第一节 地理学科开展"输出式"教学的实践依据

一、初中地理学科开展"输出式"教学的作用

地理学科以其独特的空间性、综合性和实践性著称，而"输出式"教学正是通过引导学生将所学知识以讲解、绘制地图、模拟实验、调研报告等多种形式进行输出，从而实现对地理知识的深入理解和灵活运用。初中地理学科开展"输出式"教学的作用有以下几方面。

（一）支撑正确的价值观培养

人地关系是客观存在的，人地协调观是最核心的地理学科核心素养。"输出式"教学强调学习是一个内在构建和生成的过程，重视学生自身的领悟、理解和推理在学习中的作用。通过实施"输出式"教学法，引导学生对地理学科

知识进行深入的意义建构，培育学生的思维模式，提升其思维能力，帮助学生树立正确的发展观。

（二）培养学生的地理思维方式和能力

综合思维和区域认知是地理学科重要的思维方式和能力。"输出式"教学以培养学生的输出转化能力、发展学生的高阶思维为指向。在输出的过程中，既可以培养学生系统、动态、辩证地看待问题的能力，也有助于学生正确认识、解释和评价区域。

（三）提升学生的地理实践力

地理实践力是学生在地理实践活动中表现出来的行动力和意志品质。学生的地理实践力的培养不仅是指完成某项任务或者制作某个模型，还是指在实践的过程中培养情怀和增强责任感。"输出式"教学将现实生活情境和学习内容相联系，一方面，学生认识和理解真实世界中的地理事物和地理现象，增强处理实践问题的能力，也学会从实践中学习；另一方面，激发学生的想象力和好奇心，让学生理解和认识现实世界，促进学生全面发展。

地理学科核心素养的培育需借助学生的"输出"来体现，旨在培养学生核心素养的"输出式"教学，不仅是落实立德树人根本任务、推进素质教育、深化课程改革的必然选择，也是实现学科核心素养具体化的关键途径。

二、"输出式"教学在初中地理课堂中的落地策略

"输出式"教学在初中地理课堂中的落地策略需要综合考虑教学目标、学生兴趣、教学方法、教学手段等多个方面，通过综合运用各种策略，实现学生地理知识的有效输出和转化。以下将以八年级"中国农业"复习课程为例，详细说明"输出式"教学法在初中地理教学中的具体应用策略。

本次复习课程旨在将八年级中关于"农业"的内容进行系统整合，构建一个以实现输出导向型教学目标为核心、培养学生学科核心素养的学习链条。沿此链条，学生通过分析农业生产分布与区域农业特征的成因，利用地理要素相互联系的方法，理解并解答地理学科的相关问题，从而在不断输出的过程中逐步培养自身的地理学科核心素养。

（一）明确输出目标

"输出式"教学的目标是针对学生输出而设立，所以教师应将学生的学习认知基础和发展要求作为出发点，充分预判学生学习过程中可能遇到的困惑，合理预设学生在单元学习后的学习成果和应达到的水平。

新课标中关于八年级"中国农业"的教学要求包括借助地图和相关资料，

举例描述中国农业生产活动的分布，并用实例说明科学技术在产业发展中的重要作用；运用地图和相关资料，说出某区域的地理位置和自然地理特征，说明自然条件对该区域经济社会发展的影响，认识因地制宜进行农业生产的重要性。"输出式"教学所涉及的新课标为"农业地域差异""认识区域差异"部分，考虑到复习课的实际情况，即学生对农业的内容已形成一定的认知，因此设置了具体的教学目标（表7-1），并设计了教学层次（图7-1）。

表7-1 具体的教学目标

"输出式"教学复习课教学目标	对应核心素养
能判别代表性农产品对应的农业部门，分析其农业生产的特点	区域认知
借助地图和相关资料，归纳分析中国农业分布特点；分析比较区域间农业生产的差异	
结合地形图、降水量分布图等图文资料，分析归纳农业生产、分布与地理环境要素之间的关系	综合思维
结合实例说明地理环境与农业生产的相互影响	
通过分析区域农业与某些地理要素的相互联系，运用地理要素的相互联系解释地理现象，形成"因地制宜发展农业"的理念	人地协调观
运用单元教学复习课建立的思维模型，设计某区域农业生产特点及其影响因素的实践任务	地理实践力

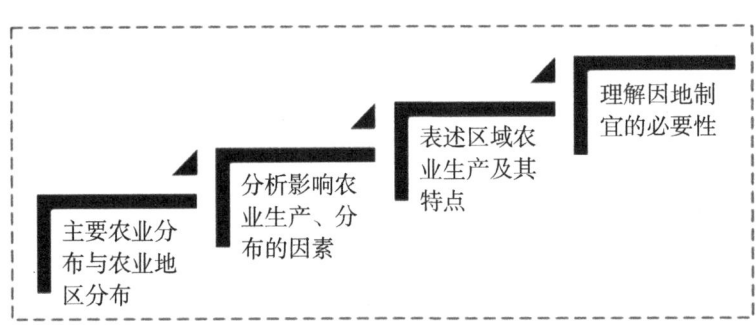

图7-1 教学层次设计

（二）建立教学框架

明确教学目标后，根据输出目标建立复习课的复习框架，制订详细的教学计划，确保教学过程的有序进行，提高教学效果。"中国农业"复习课的教学内容主要有分析理解关于农业区域学习的一般思路、区域内部地理要素之间的联系、区域差异与区域发展。在核心素养要求与"输出式"教学目标要求下，我们对复习课内容进行了教学框架重构，思路如图7-2所示。

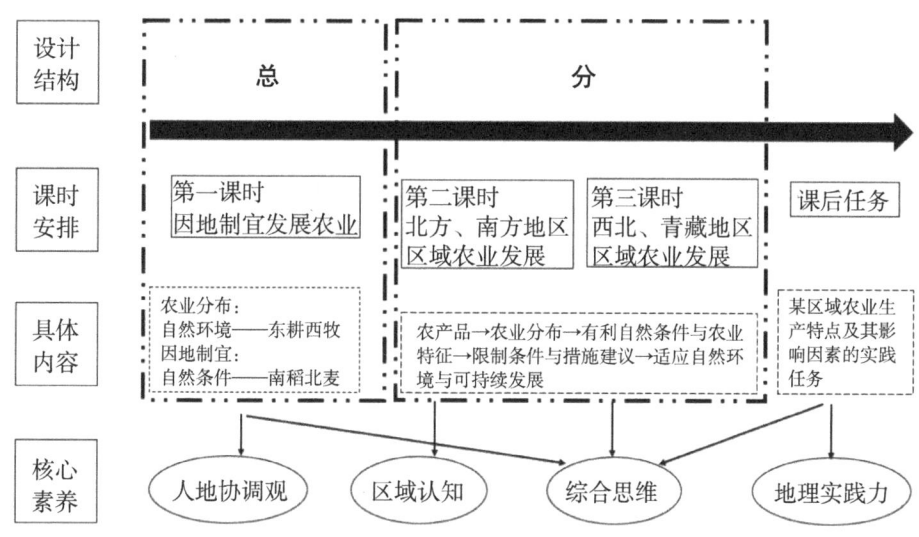

图7-2 "中国农业"复习课教学框架

在四个核心素养的要求下，我们设计了"总—分"的复习课结构。在此结构下，将"输出式"教学复习课划分为3个课时。3个课时结束后，学生通过课后任务强化区域农业学习的一般思路，将农业的学习思路与逻辑输出迁移到不同区域中，并深化对农业生产因地制宜关系的认知，从而培养综合思维和地理实践力，培养分析和应用的能力。

(三)设置有效的活动与支持

在"输出式"教学过程中，以学生为主体的教学活动的实施，是落实教学目标与核心素养的重要环节。一方面，教学活动设计需要教师梳理知识点之间的内在关联，并在实际教学中达成以教师为主导、学生为主体的师生互动的教学活动效果。另一方面，活动设计过程中教师还需考虑学生的认知基础和成长规律，从整体的角度针对性地设计学习活动任务；学生则需将自己所学知识及经历形成的概念与思维方式，在活动中予以运用与呈现。

在"输出式"教学过程中，教师应为学生提供有效的支持，如可以通过示范讲解、小组合作、个别辅导等方式，帮助学生掌握必要的地理知识和技能。教师还可以利用多媒体教学资源、网络教学资源等辅助手段，为学生提供丰富的学习材料和拓展资源，以降低学生的学习难度，提升学生的自信心和探究精神。

例如,"中国农业"复习课的活动过程按照"学生讨论—小组展示与分析—其他学生补充—教师评价与小结"方式开展,赋予学生更多的自主探究机会。

课时一教学活动:①主题一为农业布局与自然环境的关系,内容如图7-3所示。通过课中知识连线练习,巩固学生在影响农业的地理要素方面的知识。学生在结合地图并分析"东耕西牧"的过程中,能分析表达某地理要素如何影响另一地理要素,在输出的过程中用综合的思维理解地理环境对农业分布的影响。②农业发展的自然条件,内容如图7-4所示。学生通过课中知识填表练习,巩固对南北方地区农业生产的具体差异("南稻北麦")的认识;结合地图,分析并总结自然条件中气候对农业生产的具体影响。在持续输出的过程中逐渐学会用综合的思维方式理解农业生产受到多个地理要素的影响。

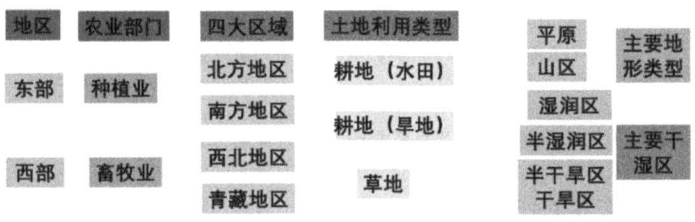

图7-3 主题一教学内容

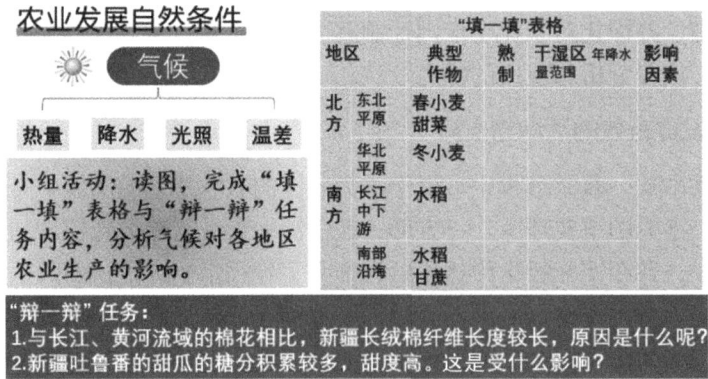

图7-4 主题二教学内容

课时二教学活动:①南方地区农业特征与有利自然条件。教师在讲述北方地区农业生产有利自然条件以及农业特征后,学生学会分析、评价的方法及理解两者关系后,对南方地区农业生产进行分析探讨。在评价分析的输出过程中,进一步培养学生的综合思维能力,形成区域认知。②南北方地区农业发展的限制条件与措施建议,内容如图7-5所示。学生通过分析图文资料,讨论区域农业发展可能存在的限制条件,并由此提出自己的建议。此环节的输出中,一方面让学生运用知识解决问题,并赋予"输出式"教学以实践意义;另一方面让学生理解农业发展与自然环境的相互关系。

1. 读图,分别分析北方、南方地区农业生产的限制条件;2. 根据该问题,小组讨论提出措施建议;3. 梳理总结,完成下列表格。

地区	主要气候	自然特征	农业类型	限制条件	措施建议
北方地区	温带季风气候	冬冷夏热 东北 华北	旱作农业		
南方地区	亚热带、热带季风气候	湿热	水田农业		

图7-5 教学内容

(四)及时评价并优化评价机制

为了更好地实施"输出式"教学,教师应优化评价机制。可以采用过程性评价和结果性评价相结合的方式,关注学生在输出过程中的表现和进步,以及最终输出的质量和创新性。比如,"中国农业"复习课中教师对学生活动成果进行评价与总结。在讲授学习完北方地区农业生产有利条件及农业特征后,进行课堂活动——学生用相同方法分析南方地区农业生产的有利条件与农业特征。活动展示中,不同小组学生的讨论结果各有特点,教师对各个小组的成果进行展示及分析补充。教师在向学生展示分析后及时进行评价,学生及时完善。图7-6分别为学生最初展示成果以及教师评价修改后的成果。通过此活

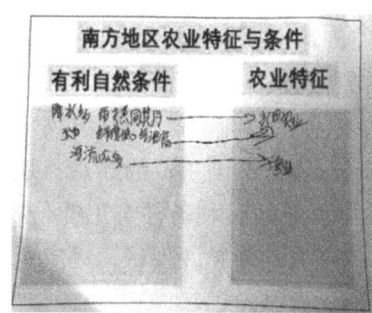
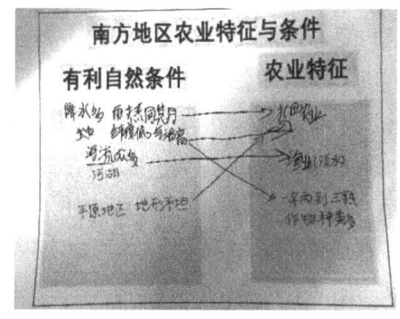

图7-6 学生成果(左)、教师评价修改后的成果(右)

动，学生能从多个地理要素相互联系的角度，学习南方地区农业特征方面的知识，并能够从区域的视角，认识、分析南方地区农业生产状况。

此外，教师还可以设置奖励机制，对表现优秀的学生进行表彰和奖励，激励学生持续输出和积极参与活动，激发学生的学习兴趣和积极性。

（五）布置课后任务

地理学科具有较强的实践性，初中阶段要求学生具备一定的地理实践力，教师应适当增加课堂教学活动并让学生积极参与活动。因此，在"输出式"课堂教学的最后阶段，学生在教师的指导下，根据课堂中构建的知识体系，完成围绕教学主题设计的表现性学习任务。课后任务不仅是学生在"输出式"教学过程中的学习表现结果之一，也是学生参与"输出式"教学学习进行总结性评价的重要依据。

基于此，"中国农业"复习课课后任务设置为：结合所学知识和材料，制作某区域农业生产特点与自然环境关系的手抄报，展现本农业"输出式"教学复习课应有的实践意义。

第二节 地理学科开展"输出式"教学的案例[①]

下面以人教版地理教材八年级第六章第二节"'白山黑水'——东北三省"的第三课时"我国最大的重工业基地"的完整教学实录为例来说明初中地理学科是如何开展"输出式"教学的。该课型为新授课。

在学情方面，八年级学生对于如何描述一个区域的地理特征，要学习哪些地理要素，有一定的了解；他们具备阅读地图提取信息的能力，但对于详细分析区域内地理要素之间的相互作用和相互影响还有一定的难度，总结归纳知识点的能力也有待加强；他们具备一定的创新意识，能根据所学知识结合生活实际，对一些地理事物和现象提出自己的见解。此外，八年级学生比较适应课堂小组合作讨论模式和同桌对学模式。

扫一扫，观看案例"我国最大的重工业基地"教学视频

本课的输出型目标是：第一，知道东北三省是中国工业的摇篮，是中国重要的重工业基地。第二，分析东北三省发展工业的有利条件与工业分布特点，认识因地制宜的必要性。第三，根据东北老工业基地发展现状，提出合理的发展建议，树立可持续发展的观念。

---

① 本案例来自东莞市松山湖横沥实验学校钟满老师。

一、教学流程

"我国最大的重工业基地"教学流程设计如表7-2所示。

表7-2 "我国最大的重工业基地"教学流程设计

输出任务	内容	任务意图
前置大任务：工业的振兴与发展	播放视频，创设情境——"红旗"发展兴衰的"前世今生"，明确大任务	本环节以"长春，与一汽红旗共长春"为情境，以"工业的振兴与发展"为课堂大任务，统领学习内容，激发学生学习的兴趣
分解小任务一：迎来初春的条件	1. 学生阅读"1950年产3万辆的汽车厂的条件材料"、东北三省主要矿产资源分布图和东北三省铁路与城市分布图，小组合作探究：分析长春具备什么条件成为最终选址？ 2. 学生结合地图和相关资料，说出长春的优势，并分析长春成为最终选址的原因	学生利用已有知识和图文材料分析问题，明确地理要素之间的关系及影响，提高地理综合思维能力
分解小任务二：分析东北三省发展重工业的重要条件	1. 引导学生分析东北三省发展重工业的重要条件——矿产资源种类多、资源储量大；展示大庆和鞍山的工业结构图，学生回答两个城市发展相关工业部门的原因并以此类推伊春市的发展条件。 2. 展示东北三省铁路与城市分布图，引导学生分析东北三省发展重工业的另一个条件。 3. 通过具体例子分析总结东北三省的工业分布的特点	学生通过具体例子认识理解工业结构和布局与资源和交通的关系，即资源型工业一般分布在资源产地和铁路沿线
分解小任务三：如何度过隆冬	1. 思考：一汽红旗为何没落了？ 2. 教师给出材料——一汽红旗汽车发展过程中出现的问题。学生同桌对学：分析红旗汽车现状，思考讨论为其提出合理的发展建议。 3. 认识工业发展中科学转型的必要性	学生从相应的材料中获得所需要的信息，对其进行处理、分析，为振兴东北老工业基地提出合理的发展建议，培养学生的创新意识、解决问题的能力

续表

输出任务	内容	任务意图
输出大任务：如何振兴东北老工业基地？——工业的振兴与发展	1. 教师指出一汽红旗只是东北重工业发展的一个缩影，并介绍东北老工业基地出现经济发展滞后的现象。 2. 学生分析总结工业出现的问题，并提出振兴东北老工业基地的措施。以小见大，映射东北三省，认识可持续发展的意义	学生正确认识人类发展与自然环境的关系，帮助学生树立正确的人地协调观及可持续发展的意识

二、教学实录

1. 前置大任务：工业的振兴与发展

师：同学们，上一节课我们学习了"白山黑水"东北三省的自然环境与农业发展，这节课我们来学习第二课时"我国最大的重工业基地"。接下来请同学们一起朗读学习目标。

学生朗读学习目标。

师：首先请同学们看看以下众多汽车品牌，你们有认识的吗？

生：劳斯莱斯、玛莎拉蒂……

师：看来同学们的认识面很广。那你们知道这是哪一种汽车品牌吗？老师告诉你们，这是一汽红旗汽车。一汽红旗是国产汽车，曾经十分流行。接下来，我们来通过视频领略它的风采。

播放视频。

师：视频中邓小平爷爷乘坐的汽车就是红旗汽车。一汽的前身是由毛主席亲笔题写厂名的第一汽车制造厂，位于吉林省长春市。一汽红旗曾经一度非常盛行，但是后来却渐渐没落了。一汽红旗曾经历辉煌时期，然而进入21世纪后，它遭遇了严峻挑战，仿佛进入了发展的寒冬。在国家科技高速发展的背景下，红旗品牌如今已重整旗鼓，再次成为中国汽车工业的标志性品牌。这节课我们通过了解一汽红旗的"前世今生"，一起来探究东北重工业的发展历程，了解如何实现工

本节课的核心在于让学生立足振兴东北的大背景，通过分析长春一汽红旗的"前世今生"，探究东北工业的振兴和发展，从而培养学生的综合思维和人地协调观。课堂最初以学生生活中常见的汽车品牌切入，依托真实情境一汽红旗汽车创设大任务，贴近学生生活实际，学生学习热情高涨。

课堂一开始介绍红旗的"前世今生"，提出问题"为什么没落？如何振兴？"再引出本节课的核心话题"工业的振兴与发展"，使后续的情境合理化。

业的振兴与发展。

2. 分解小任务一：迎来初春的条件

（1）提出问题。

师：说到一汽红旗跟长春的缘起。在新中国成立之初，我国并不具有生产汽车的能力，这对国内的经济发展造成了极大的阻碍。1949年毛泽东主席出访苏联，参观了斯大林汽车厂，当看到一辆接一辆的汽车驶下装配线时，他说："我们也要有这样的大工厂。"1950年确定了一批苏联援助中国建设的重点工业项目，而第一汽车制造厂就是其中之一。资料显示，首先列入备选城市的有太原、西安、湘潭、长春等城市，后来北京也被列入考虑范围。第一汽车制造厂的选址为什么最终定在长春？同学们认为与什么因素有关呢？

生：资源、交通、环境、政策。

（2）课堂活动。

师：接下来请同学们进行活动——迎来初春的条件：阅读材料，查看东北三省主要矿产资源分布图和东北三省铁路与城市分布图，分析长春具备什么条件才成为最终选址。五分钟时间，首先独自思考两分钟，开始！

生：独自思考、小组交流、总结。（5分钟）

小组代表1上台发言：这里有铁矿资源，可以解决钢铁的需求；对于木材，这里有我国最大的林区——东北林区，这里是大兴安岭，拥有很多的森林资源，可以满足木材的需求；还有铁路，这里铁路网非常密集，运输很方便，可以满足运输的需要。

师：那还有没有其他同学进行补充呢？

小组代表2：这个煤炭的图例，说明这里煤资源分布比较广，储量比较丰富。这里有煤炭工业，都分布在长春的附近。燃烧煤炭用来发电，可获得丰富的电力资源。

师：同学们结合图文阐述了长春成为最终选址的原因。那其他城市为什么没有成为最终的选址呢？因为当时年产3万辆的汽车厂全年需要电力2.4万千瓦小

八年级学生具备一定的查阅地图提取信息的能力，此环节通过阅读图文材料，分析长春的优势，总结长春成为最终选址的原因。这一问题要求学生理解图文材料，进而根据图文材料分析并评价，这符合学生的知识基础的认知逻辑，有利于提升学生理解、分析和评价的思维水平。

学生利用已有知识和图文材料分析问题，明确地理要素之间的相互关系及影响，提高地理综合思维能力。

学生在进行独自思考后，再进行小组合作讨论，总结后由小组代表发言，集思广益，发挥小组合作的作用，协助完成对知识的深度学习。

通过直观的资料数据，感受其他城市建设汽车厂的不足

时，西安只有0.9万千瓦小时，修建一个新电站需要几年时间。汽车厂一年需要二十几万吨钢铁，而北京石景山钢铁厂五六年以后才可能达到这个产量。每年还需要2万立方米木材，在西北地区可能要把山林都砍光。此外，每年的运输量大约100万吨，这些城市的铁路运输量大都远远不够。就这样，一汽最终选择了资源丰富、交通便利、重工业基础好和有国家政策支持的东北地区的吉林省长春市。

师：（图文资料展示）1953年，一汽红旗迎来了它的初春，第一汽车制造厂隆重举行奠基典礼。新中国第一座汽车厂拔地而起。

3. 分解小任务二：分析东北三省发展重工业的重要条件

（1）资源条件探究。

师：接下来我们一起放眼整个东北地区，探究一下东北地区发展重工业的有利条件。请大家阅读东北三省主要矿产资源分布图，它体现出的有利条件是什么？

生：资源很丰富。

师：我们发现东北三省发展重工业的重要条件——矿产资源种类多、资源储量大，特别是煤、铁、石油等矿产资源在全国占有重要的地位。这成为东北三省发展重工业的一个有利条件。

师：那接下来一起来看下面的这两座城市。首先第一幅图是大庆的工业结构图，大庆的工业有什么特点？

生：石油和天然气开采业很突出。

师：这个与什么有关？

生：（观察地图）大庆周围有丰富的石油和天然气资源。

师：那接下来我们看看另一座城市——鞍山。鞍山的主要工业是什么？与什么有关？

生：钢铁工业。因为鞍山拥有丰富的铁矿资源。

师：所以我们可以得出，东北三省工业城市都是依托什么发展起来的？

生：依托丰富的资源发展起来的。

之处，综合分析得出汽车厂选址于长春的优势。

在任务一中，学生已经掌握了长春作为一汽红旗选址地的优势条件，认识理解了资源、交通等条件对发展工业的影响。基于此，学生继续分析东北三省发展重工业的重要条件，这符合层层递进、由易到难的问题设计规律。

学生通过对东北工业基地工业分布特点的分析，认识理解工业结构和布局与资源和交通的关系，即资源型工业一般分布在资源产地和铁路沿线地区。

师：那接下来我们再看看另一座城市——伊春。大家观察一下除了钢铁工业之外，它还有哪一种工业也是特别突出的？

生：木材和林产品加工业。

师：那你们觉得跟什么资源有关呢？

生：森林资源。

师：我们在地图中，找出伊春这个城市。那伊春的森林资源是从哪里来的呢？

生：小兴安岭。

师：我们可以总结出，东北三省的工业中心，其分布主要靠近什么？

生：资源产地。

师：是的，我们发现东北三省的工业中心分布主要靠近资源产地。

（2）交通条件探究。

师：我们再来探究一下东北三省发展重工业的另一个条件。请大家继续阅读东北三省铁路与城市分布图，我们发现东北三省发展重工业的另一个条件——交通。请大家分析东北三省四个城市的交通条件。

生：哈尔滨有铁路和内河航运优势，长春和沈阳有铁路运输优势，大连有海上运输和铁路运输优势。

师：我们发现东北三省主要的工业城市都分布在什么样的地方？

生：交通便利的地方。

师：交通也是发展工业的一个很重要的条件。那这些城市都沿着什么分布？

生：沿着铁路分布。

师：东北三省工业中心多分布在交通便利的地区，工业中心集中分布在铁路沿线地带。

（3）课堂小结。

师：东北三省依托丰富的资源和便利的交通，迅速发展为我国最大的重工业基地，形成了一个比较完整的重工业体系。请同学们完成课堂小结。

生：完成课堂小结表格。

学生通过阅读地图分析四个城市的交通条件，分析东北三省的交通优势与工业分布特点的关系。

师：这里诞生了很多新中国的工业之最，被称为"新中国工业的摇篮"。新中国的第一辆卡车就是在吉林省长春市生产下线的。

（图文资料展示）在1958年，一汽红旗迎来它的仲春，第一辆命名为CA72的红旗轿车下线。CA72的问世，极大地增强了我们的民族自尊心和自豪感，也从此开启了中国汽车制造的历史征程。

20世纪60年代开始，红旗不断对车身、发动机等进行全面重新设计，在结合中国传统风格的同时，又遵循工业设计原则进行生产，所产车辆长期被用作我国重大庆典活动的检阅车。我们在上课一开始看到的1984年国庆大阅兵仪式上邓小平爷爷乘坐的车即为一汽红旗汽车。

一汽红旗大放异彩的同时，也给长春增添了极大的活力。汽车产业产值占长春市工业的70%以上，全市每5个产业工人中就有3个是"汽车人"。汽车产业俨然成为长春市的第一支柱产业，受到党和政府的高度重视。长春也一度成为亚洲著名大都市之一。

4. 分解小任务三：如何度过隆冬

（1）问题引入。

师：历史的车轮滚滚向前。如课前我们所说的那样，从21世纪开始，红旗轿车在市场上的表现十分惨淡，我们经常在媒体上看到这样的评语：红旗轿车传奇的没落。一汽红旗在21世纪开始之后，也面临了自己的隆冬。那一汽红旗为什么会没落呢？同学们觉得与什么有关呢？

生：技术创新、市场……

师：这个时候，必须实施科学的转型战略！接下来请同学们一起来探究。

（2）课堂活动。

师：接下来请同学们独自阅读材料并思考两分钟，分析一汽红旗汽车生产出现的问题，并为其提出合理的发展建议。同桌再分享两分钟，总结一分钟，开始！

生：独自思考、同桌交流、总结。（5分钟）

> 学生根据材料分析红旗汽车落寞状况，从相应的材料中获得所需要的信息，并对信息进行处理、分析，为振兴东北老工业基地提出合理的发展建议，培养创新意识和解决问题的能力。培养学生用发展的眼光去看待一个区域，认识工业发展中科学转型的必要性。在这一过程中学生在分析、评价的基础上进行创造性的想象，有利于培养高阶思维。

第七章　人文之思——地理课例中的"输出式"教学实践

生：首先红旗汽车的创新能力不足、技术研发能力不强，所以他们应该加强汽车的研发能力。

师：同学找出了最关键的问题，就是创新能力和研发能力不强。应该怎么加强研发能力？

生：培养高新技术人才和吸引招揽相关技术人才。

师：这是一个很好的办法。那老师想问一下，通过具体的什么方式去培养人才或者是吸引人才？

生1：一方面，可以通过在高校设立汽车研究所，培养高新技术人才；另一方面，通过政策吸引招揽人才。以加强科技研发的方式，解决创新能力和研发能力不强的问题。

生2：全球原油价格上涨，针对这个问题要节约石油资源，从国外进口石油，比如俄罗斯、中东地区。由于国家新能源汽车政策出台，因此要响应这个政策，积极研发新能源汽车。

师：这里讲到的是关于资源的问题，有两个方向，一个是开源，一个是节流。节流就是节约石油资源，研发新能源汽车；开源就是扩宽石油资源的进口渠道，如中东或俄罗斯。那对于一汽红旗，你还有什么建议帮它度过隆冬吗？

生2：材料中说一汽红旗远离普通消费者，所以针对这个要研发适合市场、迎合消费者需求的汽车；而材料中还讲到汽车和品牌建设宣传工作欠佳，所以就要加强品牌建设与宣传工作。

师：同学们提出的建议既合理又有新意，非常棒！那我们接下来看看一汽红旗是通过哪些措施迎来新春的！

师：（图文资料展示）在技术创新方面，有以下举措，长春市拥有众多大学，它们设有相关的汽车专业、汽车职业学院，每年培养出的可塑性极强的高级汽车工人达到7000余名；建有汽车仿真与控制等11个国家重点实验室和6个国家企业技术中心等创新"国家队"；"长春国际汽车城人才生态小镇"计划启用。2020年还启动了红旗繁荣工厂的项目。

> 学生针对具体的情境，创造性地解决实际问题，发挥主观能动性，带着问题去寻找答案。学生独自思考后，采用同桌对学的模式进行交流总结。

> 教学过程中的输入质量至关重要。教师引导学生进行有效的学习和思考，才能期望学生产生高质量的输出。教师在学生展示建议成果时不断提供一定的思维引导。

> 通过一汽发展过程中的实际案例，验证学生提出方案的可行性。

在产品研发方面，有以下举措：积极研发新能源汽车；红旗牌高级轿车不断面向普通大众，走向市场，走进千家万户，成为家用汽车；积极研发推出更关怀女性的汽车产品，赢得女性用户的青睐。

在品牌建设、营销方面，有以下举措：与李宁、梁祝等企业合作，成立女性车主俱乐部，还在各大社交网络平台开通账号，与年轻消费者积极互动。

（数据资料展示）在红旗"60岁"的2018年，红旗发布新战略，确立当年为品牌重塑年；红旗发展速度堪称奇迹；不仅销量上升，口碑也在提高。其实销量这么高也就说明了大众对红旗的认可，特别是年轻市场的认可。在红旗品牌成立66周年之际，2024年上半年，红旗新能源车又一次交出了亮眼的答卷，以自身的高光表现展示品牌势能，助力一汽发展。

（数据资料展示）如今，一汽汽车产业在长春越发展现出蓬勃生机与活力。汽车工业的发展也带动很多行业的发展，从而进一步推动长春市的经济发展。

（新闻展示）前不久，法国总统马克龙在访华期间乘坐的红旗专车，被现场的法国记者"围观"了，记者们纷纷称赞汽车"非常不错！庄重得体，很漂亮"。

（视频展示）不仅如此，红旗还出现在白俄罗斯的阅兵仪式上。一汽红旗实属长春骄傲、东北骄傲、中国骄傲！

5. 输出大任务：如何振兴东北老工业基地？——工业的振兴与发展

师：刚刚讲到了一汽红旗，其实长春的一汽红旗只是东北重工业发展的一个缩影，从20世纪90年代开始，东北重工业也面临一系列的问题。

生：（朗读）从20世纪90年代开始，由于资源枯竭、设备老化、产业结构单一、品牌建设较为落后、环境污染等问题，东北重工业基地出现经济发展滞后的现象。

师：面对这样的现象，我国提出要振兴东北老工业基地。工业如何振兴？如何发展？通过红旗汽车的

通过实际数据和新闻，展示一汽红旗的"新春"，体现汽车工业的可持续发展和进行学科转型的重要性。

通过任务三，学生认识到当工业发展存在问题时进行科学转型的必要性，并基于存在的问题，为一汽红旗的发展提出合理建议。以小见大，映射东北三省，解决本节课的输出大任务，使学生正确认识人类发展与自然环境的关系，帮助学生树

例子，大家觉得要如何振兴东北老工业基地？

学生回顾思考、发言。

生1：针对资源枯竭的问题，我们可以像红旗一样开源节流。首先可以扩宽资源进口渠道，并开发新能源新材料；也可以实行节约资源政策，增加资源的利用效率。

生2：针对设备老化问题，我们可以更换设备；针对产业结构单一问题，可以调整产业结构，发展旅游业、服务业等第三产业或者高新技术产业；针对品牌建设落后问题，可以加强品牌建设和宣传，例如线上宣传或线下宣传，与其他各个品牌商进行合作宣传；对于环境污染问题，可以关停一些重工业企业，减少一些污染物的排放。

师：回答得很全面！刚刚同学所说的设备老化、产业结构单一其实都是由于科技创新能力较弱。对于创新能力较弱问题，我们应当怎么解决呢？

生：培养招纳人才，提高科技创新能力。

师：同学们的发言都比较实用，通过这些方式可实现东北重工业基地的振兴。近几年，东北三省经济发展势头良好，前景广阔。

6.课堂拓展

师：（新闻展示）去年，海关发布这样的一条公告，"增加俄罗斯符拉迪沃斯托克港（海参崴）为我国内贸跨境运输中转口岸"。这给东北的发展的带来了巨大的影响，为什么呢？

生：增加东北的出海口。

师：东北的黑龙江和吉林两省由于地理位置和历史原因导致缺少出海口，经济发展受到严重影响。基于此，增加符拉迪沃斯托克港（海参崴）为内贸货物跨境运输中转口岸，方便将东北的产品带到长三角，加强吉林省和长三角之间的经济联系。

（视频展示）相信在增加符拉迪沃斯托克港（海参崴）为中转口岸的政策下，东北的发展会越来越好！

立正确的人地协调观以及可持续发展的意识。

学生通过概括一汽红旗发展过程中出现的问题，提出发展建议。学生只有在具体情境中应用和迁移习得知识，才能更好地形成自己的知识网络，去解决实际核心问题，即东北工业的振兴与发展。

补充时事热点知识，为学生提供更广阔的视野。学生学习对生活有用的地理知识，并在学习中不断迁移，学以致用，培养学生的理解能力和应用能力。

7. 课堂小结

师：（以思维导图形式展示，师生一起总结）这节课我们通过一汽红旗的例子认识了东北三省的汽车工业。通过红旗的"春天"，认识到东北三省因地制宜进行生产建设，利用丰富的资源和便利的交通，成为我国最大的重工业基地。又通过红旗的"冬天"和"新春"，了解到了东北重工业基地发展的滞后与振兴，认识可持续的必要性。长春这座城市与一汽红旗命运与共，一起共长春。

8. 课堂作业

师：这节课我们通过东北地区认识了一个区域传统工业的振兴与发展，而一个区域的发展除了依托工业创新，还有很多产业可以发展壮大，从而实现区域的全面发展。

生：（朗读材料）2024开年，东北又"火"了一把。东北旅游业火遍全网。各旅游局为了吸引更多的游客，可谓使出了看家本领。与此同时，资料显示，东北人口渐渐回流，常住人口增多。这些都引起了大家对东北的关注。

师：东北还有哪些产业可以迎来自己的春天？怎样迎来春天？查找资料及进行小调查，从市场实际、品牌建设、创新技术等方面进行思考，期待下周同学们的作业。

三、教学反思

《义务教育地理课程标准（2022年版）》提出，地理课程要"贴近生活，关注自然与社会，体现地理学特点并具有很强的实践性"。这要求地理课堂从学生立场出发，以真实的社会生活为场景，使学生在真实场景中经历地理知识的建构过程，体悟核心素养的养成。东北三省是八年级下册区域地理学习的第一个区域，在北方地区中是一个典型的综合区域，其工业在全国有重要的地位。本节课通过培养学生的思维能力，为后续其他区域相关知识的学习作好铺垫、打下基础。

1. 核心知识与情境融合

本节课比较系统地讲述了东北三省工业的内容。"重工业的发展与振兴"

内容对于初中生的生活比较遥远且较为枯燥，教材也以图文为主，学生的学习兴趣较小，这导致核心知识的突破与学生输出都比较被动。因此，针对本节课的核心知识——工业的振兴与发展，以"长春，与一汽红旗共长春"为情境贯穿教学，通过分析一汽红旗发展的有利条件、没落的原因与未来发展这一主线，从一汽红旗映射长春再到映射东北三省，学生沿着此思路，学会利用地理要素之间相互联系的方法来解答相关问题和形成相关意识，构建自己的理解和输出新的经验。

在情境设计过程中，"红旗春天"与"红旗冬天"这两个过渡中存在脱节的现象，而情境不连贯会影响核心知识的突破与学生的输出。针对这个问题，教师将情境重新创设再抛出课堂大任务——课堂一开始介绍红旗的"前世今生"，提出问题"为什么没落？如何振兴？"再引出本节课的核心问题"工业的振兴与发展"，后续的情境才显得合理与连贯。在此情境下，学生在主动接受刺激后产生对知识的兴趣，用"输出"倒逼"输入"。学生发挥主观能动性，带着任务和目标去学习，对外部信息进行主动选择和加工构成输入信息，再进行编码转化构建自己的知识体系。

2. 输出导向任务设计与实施

一方面，本节课在红旗"前世今生"的情境下确定"工业的振兴与发展"为课堂输出大任务与设计输出内容，再根据学生的认知水平分解为若干小任务，促成大任务中学生的输出。对于每个小任务，学生的输出内容与能力展示体现了层次性，如表7-3所示。从"理解"到"创造"，学生的输出内容水平逐渐上升。

表7-3 "输出式"课堂大任务与小任务及输出内容

任务	学生输出内容	学生思维水平
迎来初春的条件	阅读图文材料，说出长春的优势，并分析长春成为最终选址的原因	理解、分析
东北三省发展重工业的重要条件	通过具体例子，分析总结东北三省工业分布的特点	应用、分析
如何度过隆冬	分析红旗汽车现状，思考讨论并为其提出合理的发展建议	分析、评价、创造
如何振兴东北老工业基地？——工业的振兴与发展	提出振兴东北老工业基地的措施	应用、分析、评价、创造

另一方面，在完成小任务的过程中，学生不仅发挥主观能动性带着问题去完成知识的学习，寻找问题的答案；还运用小组合作等方法来协助完成对知识的深度学习。

"基于输出大任务与分解小任务"，学生在每个小任务的具体情境中，针对具体的情境创造性地解决实际问题，最后完成大任务，从而实现从低度输出到中度输出再到高度输出的目标。

3. 输出能力转化与高阶思维培育

输出与思维相互促进——学生输出转化能力的培养是核心知识学习的途径，而学生输出能力的提高有利于促进思维的发展，形成高阶思维。

以分解小任务三"如何度过隆冬"与大任务"工业的振兴与发展"为例。第一版教学设计的课堂活动"如何度过隆冬"中，教师让学生自主阅读材料，根据一汽红旗汽车生产出现的问题，为其提出合理的发展建议。这样的活动形式，让学生从相应的材料中获得所需要的信息，并对信息进行处理与分析，此时学生产生了一些观点和答案，但这并不足以培养学生的输出能力。此时学生的发散性思维由于缺少教师的引导达不到要求，进而影响到学生的聚合思维，学生的输出操作受到影响，学生的输出结果浮于表面或不成体系，比如学生提出"环境污染所以要保护环境等"建议。在第二版教学设计中，除了提供材料外，教师在学生展示建议成果时协助提供一定的思维引导（表7-4）。

表7-4 "输出式"课堂中教师进行思维引导例子

环节	输入（内容）	操作	输出（产品）
具体内容	学生提取发现的工业问题并提出相应对策	教师引导，学生再次加工	学生提出针对性的工业发展建议
答案一	问题：全球原油价格上涨及国家新能源汽车政策出台。对策：节约石油资源，开发新能源汽车	教师引导：节约石油资源以及顺应国家政策研发新能源汽车。对于资源问题，我们不仅要节流，还要开源。还有其他做法吗？学生重新梳理	一方面，响应国家政策研发新能源汽车，做到节约资源，缓解资源紧张局面；另一方面，国家扩宽石油资源的进口渠道，如中东、俄罗斯等

续表

环节	输入（内容）	操作	输出（产品）
答案二	问题：创新能力不足，技术研发能力不强。 对策：不断增强汽车研发创新能力	教师引导：如何加强研发和科技创新？通过什么样的方式？ 学生回答：吸引和培养人才。 教师引导：如何吸引和培养人才？ 学生进行深层次探究	一方面，在高校培养相关技术人才和投入经费设立汽车研究所，增强红旗汽车的创新能力；另一方面，通过政策支持吸引人才就业，助力红旗汽车研发

学生的输出转化能力是发散性思维和聚合思维的统一。仅靠学生的提取、分析能力远远达不到发散性思维的要求，只有教师及时引导才能让学生的发散性思维达到要求并及时转换，即对信息重新排列，形成聚合性思维，实现输出。

通过这节课，我们认为，"输出式"教学对于初中地理的教学是非常有益的。它能激发学生的主观能动性，提高他们的表达能力、解决问题的能力和思维能力。但同时，教师也需要在实施过程中不断总结经验教训，不断完善自己的教学方法和策略，更好地促进学生的全面发展。

在初中地理教学领域，"输出式"教学的引入不仅革新了传统教学模式，还显著提升了教学效果，具体体现在以下几个方面。

一是对教学内容的适当取舍，实现了学生输出的最大化。我们并没有在教学中贯穿教材中涉及的所有内容，而是在实际的教学设计中，考虑到学生的输出展示时间和空间，对内容进行适当筛选，选择最具有代表性、最能培养学生核心素养、最能让学生输出最大化的内容。内容的选择注重方法而非知识，因此学生在此单元教学中获得了更多的学习方法，并提高了对地理学习方法的迁移运用能力，实现输出最大化。

二是对教学启发的注重，促进了学生知识体系的构成。课堂中，由于学生不断地输出，我们在教学中根据本阶段学生的身心发展特点进行有针对性的引导，在做到循循善诱的同时也保证学生的主体地位。学生在不断被启发和引导的过程中，逐渐形成了一个相对系统的知识体系，提升了自身的学科能力。

三是以问题和活动驱动学生的核心素养提高。"输出式"教学需要通过围绕关键能力设置问题或活动来驱动。一方面，"输出式"教学中的问题与活动的设置需要考虑到此阶段学生身心发展特点及其掌握的地理认知；另一方面，地理学科核心素养的培养不是一蹴而就的，需要注意教学内容的"阶梯性"，逐步培养核心素养。在教学设计过程中，我们对地理学科核心素养进行适当的等级分层，并根据不同的层次要求进行相应的教学问题与活动等设置。在此指导下，学生在学习过程中具有"阶梯性"特点，即从简单知识点到较为复杂的方法，从单一的地理要素到多方位综合思考地理现象，从知识的学习到实际迁移运用，从而不断提高核心素养。

四是利用思维导图强化了学生对地理要素联系的认知。一方面，"输出式"课堂强调学生的有效输出；另一方面，"中国农业"复习课的知识承载量较大，为了避免知识点繁冗化和复杂化，在"输出式"教学过程中应强调方法的梳理与知识的巩固。例如，在实际教学中，除了文字呈现外，我们在课堂中使用表格的形式进行总结（图7-7），用思维导图的形式引导学生理解地理要素间的相互联系（图7-8），或者引导学生自主探究并呈现思维导图。

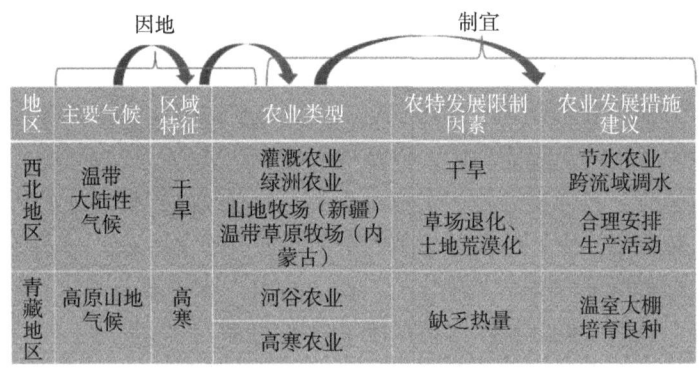

图7-7 西北地区和青藏地区农业对比图

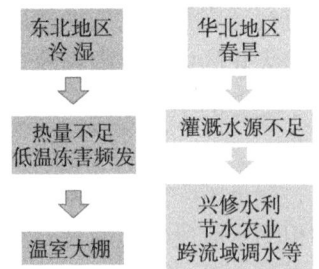

图7-8 东北地区和华北地区对比

当然，目前"输出式"教学在初中地理课堂仍存在一些问题和挑战，如教师素质的要求、教学资源的配置等需要进一步完善和解决。因此，在未来的研究中，需要进一步探索和完善"输出式"教学的理论和实践体系，提高教师的专业素养和教学能力，优化教学资源的配置和利用。同时，还需要加强与其他学科的融合和渗透，形成跨学科的教学模式和课程体系。这样就可以更好地发挥"输出式"教学在初中地理课堂中的优势和作用，为培养具有创新精神和实践能力的新型人才作出更大的贡献。

第八章

实践之行——信息科技课例中的"输出式"教学实践

2023年5月,教育部等十八部门联合发布的《关于加强新时代中小学科学教育工作的意见》指出,着力在教育"双减"中做好科学教育加法,一体化推进教育、科技、人才高质量发展;同年12月,广东省教育厅等十七部门印发的《关于加强新时代中小学科学教育工作的实施措施》指出,要加强科学课程建设,开齐开足开好中小学科学课及相关学科(物理、化学、生物、地理、信息科技/信息技术、通用技术等)课程。信息科技作为科学教育的重要组成部分,是学生开展学科探究的关键领域。

在科技日新月异的今天,信息科技课程成为学生提升计算思维与信息素养的关键路径。通过系统的学习,学生不仅能够扎实掌握前沿的数字技能,还能在跨学科融合中以信息科技为坚实基石,追求知识探索的无限可能。而"有为·输出式"教学在信息科技课堂的深入实践,让学生在实践中学习、在学习中创造,从而实现知识的内化与外化,为他们的全面发展与未来创新奠定坚实基础。

第一节 "输出式"教学下信息科技课堂教学的实践依据

一、"输出式"教学下信息科技课堂的输出新样式

在信息科技课堂中,学生的输出成果样式丰富。例如,用文档完成的调研报告、用表格完成的数据分析、用幻灯片完成的成果汇报、用编程完成的自动化控制、用网络完成的资料搜索与查询、用3D打印完成的作品模型制作。信息科技教学以其多样化的输出成果和具象化的表现形式,在课堂上巧妙创设贴近生活的真实情境,引导学生将所学技能与现实生活实践紧密联结,从而有效解决真实世界中的问题。例如,与劳动学科结合的"为学校植物设计植物侦探卡",与体育学科结合的"通过表格分析课间十分钟最受欢迎的游戏",与德

育学科结合的"使用编程控制水阀以实现节约用水的目的""独立进行网络搜索以获取资料并促进自我学习"等等。将"以输出为导向"的教学理念与创设真实情境的教学方法相融合,可推动学生信息科技输出成果的产出,提升输出成果的实践意义。

二、"输出式"教学下信息科技课堂的输入新模式

"输出式"教学强调学生的主动性和实践性,鼓励他们通过实际操作和问题解决来深化对知识的理解。这种教学理念在信息科技课堂上的充分体现,不仅提升了学生的技术能力,也促进了信息科技与其他学科的深度融合。

信息科技课堂不再仅仅关注技术的传授,而是更加注重培养学生的创新思维和实践能力。通过与语文、数学、物理等各个学科的融合,甚至是与劳动教育的融合,信息科技课堂得以将抽象的知识具体化,将复杂的概念简单化。这种跨学科的融合既有助于学生更好地理解和掌握信息科技知识,也能够帮助学生建立起更加全面和深入的知识体系。例如,在讲授编程知识时,教师可以结合数学中的逻辑思维和算法设计,让学生在实际操作中感受到编程与数学的紧密联系。在讲授网络安全知识时,教师可以引入语文中的案例分析,让学生通过阅读和了解实际案例来认识到网络安全的重要性。这种跨学科的融合方式丰富了教学内容,提高了学生的学习兴趣和参与度。

在"输出式"教学下,教学设计将重点放在如何让学生对所学知识进行建构和加工,推动学生主动建构新输入的知识与已有的相关知识的联系。在学科融合的模式下,学生能够对其他学科知识进行迁移应用,从而实现学生输入途径的多元化。

以融合劳动教育的初中人工智能教学为例,横沥实验学校以新建的"太空农场"为抓手展开初中人工智能教学,基于"输出式"教学,实现劳动教育与人工智能学习的有效融合,培育初中学生的跨学科技能及解决问题的能力。"太空农场"作为学校的一体化教育平台,不仅是将科普教育、观赏、休闲以及经济价值汇聚在一起,更重要的是为学生提供了参与服务性、生产性及创造性劳动的实践机会,并生动展示了人工智能技术在现实中的应用场景。类似跨学科的实践活动,既深化了学生对劳动的价值和科技的理解,又有效培养了他们的问题解决能力和创新思维。通过一系列持续的探索和实践活动,学校构建了一套以"太空农场"为核心的"劳动+科创"教学模型(图8-1)。该模型不仅强调劳动教育的重要性,还体现了科技创新教学在现代教育中的关键角色。

图8-1 "劳动+科创"教学模型

下面以"番茄成熟度识别"一课为例,阐述如何将"有为·输出式"教学与"劳动+科创"教学模型进行融合。"番茄成熟度识别"课例包含农场采摘、品尝分类、数据集创建及人工智能算法应用等多个阶段的课程设计,旨在结合实际的劳动经验和人工智能技术的运用,向学生展示劳动的价值,也激发学生对科学探索和创新的热情。教学流程如图8-2。

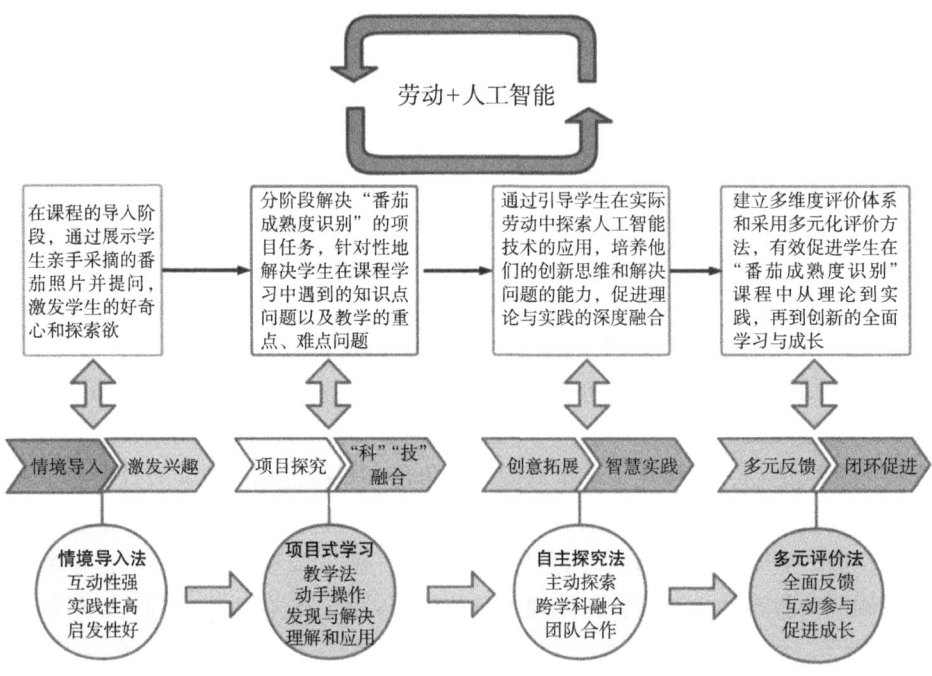

图8-2 "番茄成熟度识别"课例教学流程

(一)情境导入,激发兴趣

在"劳动+人工智能"课程的导入阶段,教师需巧妙地将课程内容与学生的实际劳动经验相联结,使学习的过程与解决劳动实际问题的过程紧密融合。在"番茄成熟度识别"课例的导入阶段,教师先展示上一节劳动课学生在"太空农场"亲手采摘的各阶段番茄的照片,这些照片涵盖了从未成熟到成熟再到开始变质的番茄情况。教师借机询问学生:"观察这些番茄,你们发现有什么不同?"然后进一步提问:"这些不同代表什么?"引导学生回忆上次采摘的体验。通过这样的互动,学生的好奇心被激发,他们开始将日常生活中的简单观察转化为探索问题的起点。教师在学生讨论后总结发现,引入今天的课程主题:"基于你们上次农场采摘的经历,今天我们将学习如何利用人工智能技术识别番茄的成熟度。"这样的情境导入使学习内容与学生的亲身经历紧密联系,自然而然地引出了课程的学习目标,奠定了知识探索、实践操作和创新思维融合教育的基础。

(二)项目探究,"科""技"融合

在"番茄成熟度识别"一课中,采用项目式学习方法以突出学生的主体性,促进知识与实践的深度融合。首先,教师介绍人工智能在农业中识别番茄成熟度的相关科学原理和技术背景。随后,学生被引导深入探讨这项技术的应用优势与潜在挑战。理解了人工智能技术的工作原理后,学生将参与到分阶段的项目实践中,具体包括数据收集、模型训练及成果验证三个子任务。通过这一过程,学生不仅能够将理论知识应用于解决实际问题中,还能通过实践操作加深对人工智能技术应用领域的理解。

任务1:数据收集。首先,教师将指导学生理解在人工智能中数据收集的重要性,并解释如何从采摘的番茄中收集有效数据(如颜色、大小、形状等特征)。接着,学生将被引导讨论哪些特征对于识别番茄成熟度最为关键,以及如何利用简单的工具(如相机)来捕捉数据。在厘清数据收集的思路后,学生进行小组合作,实地对"太空农场"内的番茄进行分类并收集相关图片数据。此过程不仅涉及实际操作,还要求学生共同绘制用于数据记录的表格或简易数据库,为下一步的数据处理和分析打下基础。

任务2:模型训练。在完成数据收集后,教师引导学生理解如何使用数据来训练一个人工智能模型以识别番茄的成熟度。首先,教师介绍基本的机器学习概念和模型训练的流程,然后学生讨论如何从收集的数据中提取有效特征,并选择合适的算法进行训练。学生被分组指导如何使用特定的软件工具(如Python编程环境中的TensorFlow或PyTorch库)进行模型的训练。此阶段重点在于让学生理解模型训练的基本原理，并实际操作模型训练的过程，同时学习如何根据模型的反馈优化算法和参数，以提高模型的准确率。

任务3：成果验证。经过模型训练阶段后，教师引导学生掌握如何验证模型的准确性和实用性。首先，设置实际应用场景——如何使用训练好的模型判断采摘的番茄是否成熟？接下来，学生思考如何从实践中收集新的数据（即未用于训练的番茄图片），并使用这些数据测试模型的识别效果。通过师生互动，学生学习如何根据模型测试结果进行调整和优化，以提高模型的泛化能力和实用性。最终，学生分组合作，展示模型在实际应用中的表现，并对模型性能进行评估和总结。

（三）创意拓展，智慧实践

在中学阶段的人工智能课程中，我们引导学生在劳动实践中思考如何利用人工智能技术提升劳动效率，激发他们的创新创造动力。学生创新的灵感主要源于：第一，教师提供的实际劳动场景和人工智能应用示例，激发学生的好奇心和探索欲。第二，学生将自身的学习、实践经验与生活经历相结合，思考如何用人工智能解决实际问题。第三，学生主动进行调查研究，探索如何通过人工智能技术突破传统劳动方法的限制。

在"番茄成熟度识别"这一课的拓展任务中，教师引导学生进一步探索"太空农场"中其他可能利用人工智能技术优化的劳动场景。例如，提出挑战性问题：如何设计一个人工智能系统，以预测番茄的最佳采摘时间？在不同生长阶段，番茄需要的水分和光照条件有何不同，如何利用人工智能帮助调整？如何利用人工智能技术自动识别并分类农场内的害虫？学生基于这些问题或自己的观察，进行集体思考和创意激发，然后通过团队合作填写创意设计表格，一起探究和实现创新方案。

在课程结束后，学生根据自己的创意分成不同的小组，各自负责完成项目的某一部分，这种分工合作的方式充分调动了学生的主观能动性。每个小组根据自己的构思，设计并实现了各具特色的智能农业解决方案，如智能灌溉系统、病虫害早期识别系统等。这些个别项目的集合，共同构成了一个综合的"智慧农场"模型。这不仅展示了学生在人工智能应用方面的创新思维，也体现了他们在团队协作和技术应用实践中的成长。通过这样的教学活动，学生能够更加深刻地理解人工智能技术在现实生活中的应用价值，同时他们解决实际问题的能力也得到了培养。

（四）多元反馈，闭环促进

在人工智能课程中实施多元评价，首先应确立包含知识掌握、技能应用、创新能力及团队合作等多维度的评价指标体系。采用形成性评价与总结性评价相结合的方式,通过课堂表现、项目作业、小组讨论等多种形式收集评价数据。同时,实行教师评价、同伴互评及自我评价相结合,鼓励学生参与评价过程,增加互动与反思机会。评价过程中应提供及时、具体的反馈,帮助学生明确成长路径,形成从创新到知识应用、实践操作的学习闭环,从而有效提升学习效果。例如,在"番茄成熟度识别"的教学过程中,根据表8-1制定了细致的评价标准,旨在通过明确的学习目标导向,实现以评价促进学习的目的。

表8-1 "番茄成熟度识别"学习评价表

评价指标	优秀(★★★)	良好(★★)	需要提高(★)	自我评价	同伴评价	教师评价
功能理解度	深刻理解番茄成熟度识别的AI应用原理及作用	理解番茄成熟度识别的基本应用原理,知晓其在农业中的作用	对番茄成熟度识别的应用原理理解尚浅,对其作用认识有限			
技术应用能力	自如运用技术完成数据收集与处理,熟练操作相关软件	能够正确使用技术进行数据收集,掌握相关软件基本操作	在技术应用和数据收集过程中需要指导,相关软件操作不够熟练			
数据分析与处理	能够独立完成数据的统计分析和特征提取,提出合理的数据解释	理解数据的基本分析方法,能够完成简单的数据处理	在数据分析和处理上需要较多指导,完成基本任务有困难			
创新能力	在项目实施过程中主动提出创新方案,有突破性思维	能够在已有思路基础上提出改进意见,有一定的创新思维	创新能力有待提高,很少提出新的想法和方法			
团队合作	积极参与团队讨论,能够协调团队内外资源,展现出色的领导力	在团队合作中能够完成分配的任务,有一定的团队协作精神	在团队合作中表现一般,沟通能力和协作精神有待加强			

"番茄成熟度识别"课例的实践探索,证实了在"输出式"教学下,跨学科教学策略在培养学生的创新思维、实践技能及团队协作能力方面的有效性。通过构建具体的教学活动和评价体系,我们不仅提高了学生对人工智能技术的认知和应用能力,还促进了学生对劳动价值的理解。

第二节 "输出式"教学下信息科技课堂教学的案例[①]

下面以信息科技校本课程七年级"农场里的'火眼金睛'"第一课时的完整教学实录为例,说明初中信息科技学科是如何开展"输出式"教学的。该课型为探索实践型。

在学情方面,本节课教学内容的对象是七年级学生。学生性格开朗活泼,表达欲强,具备较好的小组合作能力和计算思维能力。他们经过信息科技课程的学习,习得计算机的基本操作技能,对程序编辑有一定的认识,具备良好的数字化学习与创新能力。除了具备对应年龄段的一般

扫一扫,观看案例"农场里的'火眼金睛'"教学视频

思维特点外,学生对人工智能,以及农作物、人工智能在农作物种植方面的应用等知识有着极大的学习兴趣和意愿。

本课通过设计农场自动化管理,组织学生开展学习、探究、协作、实验等活动,引导学生认识现代农业科学技术,通过分析真实的农场自动化管理案例和动手实践模拟,了解土壤湿度传感器和水泵的控制机制,完成智能浇灌的程序设计;了解不同植物对生长环境的需求,根据土壤检测仪的数据反馈,结合智能浇灌的程序设计,完成农场水肥一体化智能施肥功能的设计;知道目标检测应用的原理和实现流程,能够根据实际需求,完成目标检测在农业种植中的应用。依托真实环境情境,将知识建构、技能培养与思维发展融入运用数字化工具解决真实问题和完成任务的过程中,让学生的学习真实发生,促进本章对应课标的学科核心素养水平的达成,完成项目学习目标。本节课的核心驱动问题为使用目标检测技术识别农作物。在核心问题的驱动下,授课老师设计了三个探究活动,逐层递进,建构学科知识。

本课的输出型目标是:第一,学生能够根据农业生产的问题,主动运用信息技术工具解决问题(信息意识)。第二,学生能够主动关注信息技术发展中的新动向和新趋势,有意识地使用新技术处理信息(信息意识)。第三,学生能提取问题的基本特征,进行抽象处理,并用流程图表述问题(计算思维)。

---

① 本案例来自东莞市松山湖横沥实验学校袁瀚超老师。

第四，学生能够对本项目所学的知识进行总结、归纳、迁移，解决生活中其他真实的问题（计算思维）。第五，学生能够正确使用视频、说明手册、文档等学习资源完成学习任务（数字化学习与创新）。第六，学生能正确认识人工智能技术的利弊，主动保护采集到的数据，避免泄露（信息社会责任）。

一、教学流程

输出任务	内容	任务意图
前置大任务：如何实现农场自动化管理？	教师提出真实情境问题：同学们，秋天是丰收的季节，我们的农场也迎来了大丰收。可是，农场管理老师却一直很苦恼，我们一起来问问他……同学们有什么好的方法可以解决吗？ 学生动手实践，自主观看照片，举手回答问题，分享学习经验	通过真实的问题驱动和技术应用，激发学生的学习兴趣，让学生感受到学习的知识是能够运用在真实的环境中解决现实的问题，让学习真实发生
分解小任务一：探究目标检测的实现过程	①教师通过展示罕见的动物和花草的图片，让学生回答物种名称。类比人工智能学习和人类学习的过程。 ②学生动手实践，自主观看照片，举手回答问题，分享学习经验	创设目标检测实现过程的情境，将人工智能类比人类的学习过程，使学生更能够体会到目标检测中的数据采集和标记数据的意义
分解小任务二：了解目标检测的数据结构、标记数据	学生动手实践，需要分别为数据集和验证集打标签，打开网址（网址略），根据微课视频，小组合作，完成数据标签并上传到对应的文件夹，由此完成标记数据的任务	通过实践学习，使学生清楚目标检测的数据结构，能够按照正确的数据结构标记和分类数据；通过检查数据，了解学生的掌握情况，查漏补缺
分解小任务三：使用标记数据训练模型	①学生打开base camera，观看微课，完成模型训练。（预计训练时间10分钟） ②学生使用教室电脑演示目标检测	通过使用教师搭建好的目标检测平台检测农作物，让学生真实地感受将所学知识运用于真实情境中
输出大任务：现实中如何运用信息技术工具改善生活？	①创设问题情境（糟糕！农场管理老师发现，我们的早稻和小麦被小鸟入侵了，尝试用目标检测的方法，制作一款驱鸟机器吧！），逐步推理出流程图。 ②让学生完成在线平台的测试题和小组评价	引导学生理清目标检测的实现流程，将抽象的理论知识和真实的模型结合起来，加深对核心知识点的理解；调动学生继续深入探究学习的积极性

二、教学实录

1. 前置大任务：如何实现农场自动化管理？

（1）情境导入，引出问题。

（2）回顾知识。

①提出真实情境问题。

师：同学们，秋天是丰收的季节，我们的农场也迎来了大丰收，我们的旱稻、上海青都收割下来了，当然，我们的孩子们也在农场中收获了许多蔬菜。丰收本来是一件喜悦的事情，可是，农场管理老师却给我们发来了一封求助信，我们一起看看信里面的内容。

②尝试思考解决方法。

生：自动收割器。

③提出目标检测的方法。

师：我们给自动收割器加上一双眼睛，就可以做出一个自动识别的收割器。老师今天给它取了一个响亮的名字，叫作"农场里的'火眼金睛'"。

2. 分解小任务一：探究目标检测的实现过程

（1）理解数据采集和标记数据的意义。

①认识罕见的动物、花草等。

师：孙悟空的火眼金睛是吃了仙丹后，又在炼丹炉里受了七七四十九天的烟熏才炼成，而我们炼就"火眼金睛"又需要哪些过程呢？要花多久的时间呢？

师：首先，我们需要吃下"仙丹"，我们也要让计算机吃下这颗"仙丹"。

师：何为"仙丹"？首先，我们打开学习资源，01文件夹。

②教师展示图片，学生回答物种名称。

师：简单的几张图片，学习起来应该很快。来，告诉老师，这张照片上是什么植物。没回答出来没关系，我们再来，这一次我们打开02文件夹，自主学习里面的照片。

③类比人工智能学习和人类学习的过程。

师：也是简单的几张照片，我们再来一次。第一

通过真实的问题驱动和技术应用，激发学生的学习兴趣，让学生感受到学习的知识能够运用在真实的环境中解决现实中的问题，让学习真实发生。

使用目标检测识别农作物。在核心问题的驱动下，我们设计了三个探究活动，逐层递进，建构学科知识。

通过创设目标检测实现过程的情境，将人工智能的学习过程类比人类的学习过程，学生更能够体会到目标检测中的数据

张,这是什么花,请你说一下。

生:月季花。

师:这个呢?

生:牡丹花。

师:为什么这一次能够这么坚定地告诉老师?

生:因为有名称。

师:对了,因为你们会发现在02文件夹当中,老师把这些文件都打上了标签。为什么叫人工智能?因为,你们学习的过程,同时,也是机器学习的过程。

师:我们再回看刚才的月季花,我们作为人,会挑重点去学习,主动学习图片中的主体,同时,加上已打的标签,那么我们就认识了月季花。同样,我们把这种方法用到农场里面,农场里面有茄子,那么我们怎么告诉计算机这是茄子呢?很简单,我们把重点挑出来并打上一个标签,再整理大量的相关数据,把这颗"仙丹"给计算机吃下去。

3. 分解小任务二:了解目标检测的数据结构,标记数据

(1)标记数据。

师:现在,我们来一起动手给数据打标签。

(操作步骤,指导略)

师:如果你们的操作有问题的话,可以查看微课视频,回顾一下操作方法。

(学生操作,指导略)

师:大部分同学已经完成了,我们可以继续往后看。做好"仙丹"之后,我们的数据就准备好了。但是,孙悟空的火眼金睛可不是那么容易炼出来的,他在火炉中找到了"巽宫位"。巽,风也,有风则无火,风一吹,眼睛就熏红了。所以,我们的"仙丹"也要在合适的位置才能够发挥作用。

(2)整理数据集。

师:在人工智能的目标检测应用中,数据结构有特殊的存放格式,训练数据的文件夹中,包括图片和

采集和标记数据的意义。

通过实践学习,清楚目标检测的数据

标签，图片文件夹中又分为数据集和验证集，标签文件夹中也分为数据集标签和验证集标签。

师：所以，我们知道，我们所有的图片和标签都得放到对应的文件夹里。我先来考考你们，如果是一张图片，我要放在上面还是下面。

生：上面。

师：我们继续。那文件夹里面又有什么样的要求呢？我们来看看这两张图片的对比，请你们在这里面找到共同点。

生：后缀不一样。

师：还有吗？看一下序号。

生：序号一样。

师：所以，我们会发现，训练集的图片和标签集的图片，数量和名称是一一对应的。

师：这里就是我们的第二个要求，图片和标签必须一一对应。

师：我们来比较一下这两个文件夹有什么地方是一样的。

生：数量一样。

师：这一次为了方便大家学习，老师把比例设定为一比一，但其实在很多的项目中，训练集和验证集是可以调整的。

（3）检查数据。

师：在昨天晚上给大家整理数据的时候，不小心把部分小组的数据集搞错了，有的小组拿到的数据少了一个标签或多了一张图片，请根据我们的导学案知识点二"数据结构的规则"，把自己的文件夹补充完成。

（师生操作演示略）

师：老师在后台看到了同学们提交的数据结果，部分小组的成员没有按照目标检测的规则放入照片，我们一起帮一帮他们。

（任务讲解略）

4. 分解小任务三：使用标记数据训练模型

（1）模型训练。

结构，能够按照正确的数据结构进行数据分类和标签标记。

通过检查数据，教师了解学生的掌握情况，查漏补缺。

学生通过使用老师搭建好的目标检测

师："仙丹"吃完了，找到了正确的位置，就需要放进我们的"炼丹炉"里面，炼制七七四十九天。那么，我们的"炼丹炉"又是什么呢？说到人工智能，那肯定是我们的机器。

师：我已经整理好了一些数据给到了你们，现在，我们一起检查一下数据结构对不对。

生：对，图片数量10张。

师：那么，我们打开目标检测软件。

（操作演示略，学生操作略）

（2）使用教室电脑演示目标检测。

师：在目标检测的过程中，老师在这里提醒一下你们。本节课你们使用的是老师的预训练模型，所以，你们只需要使用少量的照片就能够训练出识别茄子的"火眼金睛"，但是，在一般的目标检测的应用项目中，通常需要使用几千张、上万张的带标签的照片。只有通过大量的数据，我们才能够完成炼就"火眼金睛"的项目。你想一下，你为什么认得茄子？这是因为你从小到大都看得到茄子，所以，你见得多，你也认得了。机器也需要这个过程。

4. 输出大任务：现实中如何运用信息技术工具改善生活？

师：解决了采摘问题，老师也发现了，在旱稻没有收割之前，有很多小鸟偷吃。那么，我们如何用本节课的知识解决这个问题呢？

生：拍小鸟的照片。

师：对了，我们不仅需要采集大量的小鸟照片，还要把它们标记出来。最后，也就是把数据整理好后，给到我们的机器进行训练。

师：农场的问题，我们解决了。那么，如果放在我们的生活中，目标检测又能够帮助我们解决生活中的什么问题呢？

生：识别小偷。

师：识别小偷的功能很高级，只是小偷也是一般人，你怎么知道他就是小偷呢？我们学校就有这样的

平台检测农作物，真实地感受将所学知识运用于真实情境中。

引导学生理清目标检测的实现流程，将抽象的理论知识和真实的模型结合起来，加深学生对核心知识点的理解。

通过自主测试，了解全班学生对知识点的掌握情况。

通过小组自评和互评，了解小组学习情况。

设备，我们校门口的摄像头在固定的时间，可以识别到路人，给予我们提示。在我们的生活中，不管是茄子还是小鸟，我们都称之为数据。茄子、小鸟可以识别，那菜叶上的青虫能不能识别到？

生：可以。

师：屏幕上的这个就是我们目标检测的实现过程。我们逐个环节看一下，刚刚在采集数据的时候，老师也提到，这不是几张照片就能够解决的，而是需要大量的数据。

师：在标记数据之后，我们需要根据我们的算法结构，将它们放到正确的位置，最后，交由计算机"自动"学习。

师：那么，现在老师帮你们打开一个链接，我们统一做一个测试。

（学生完成在线测试题）

师：我们一起看看大家的测试结果。

（题目讲解略）

师：在过去的农业生产中，我们大部分的作物种植都是仅凭经验。科技的进步为我们的农业生产带来了质的飞跃。例如，我们可以通过各种传感器监测土壤情况，实现水肥自动灌溉；农业的自动化，可以实现农作物大规模的收割。技术的发展让我们的粮食更有保障，希望未来同学们能够投身于技术研发事业中，为国家的繁荣富强贡献自己的力量。

师：时间也差不多了，相信同学们也迫不及待地想看到自己的训练结果了。

（操作演示略）

师：请同学们根据微课，调用模型，开启摄像头检测，看看是否炼就了"火眼金睛"。

（学生体验模型略）

师：下课。

> 调动学生继续深入探究学习的积极性。

三、教学反思

本课程实现了"输出为本"教学理念与新课程标准下实验教学理念的深度融合，不仅丰富了教学手段，也为学生提供了更加多元、实践导向的学习体验，有力促进了学生科学素养与综合能力的全面提升。

1. 教学设计

（1）学习目标的设定。本课程的学习目标紧密结合"输出为本"的教学理念，旨在培养学生的信息意识、计算思维、数字化学习与创新能力以及信息社会责任。以具体可测量的行为变化为落脚点，确保学习目标的明确性和可达成性。例如，任务一的设计意图为理解标记数据对于模型训练的意义，为此，教师采用子任务驱动法，并通过师生间的一问一答互动模式，将人与人工智能的学习过程进行类比，使学生能够通过亲身参与和体验，更加直观地领悟标记数据的意义。

（2）学习内容的结构化。课程内容围绕目标检测技术在农业自动化管理中的应用展开，并在课程中采用结构化的知识学习，引导学生逐步构建起对目标检测流程的全面理解，从而实现知识的有效输入。人工智能应用中的目标检测本身需要大量的程序代码知识。但是，本节课的设计主要基于中学生学情和新课标的要求，将学习内容结构简化为采集数据、标记数据、模型训练和模型测试，以这四个步骤为逻辑主线，围绕着农作物识别主题，合理设计学习内容。

（3）学习活动的设计与实施。课程设计了三个活动探究环节，包括数据标记、模型训练和目标检测实践，让学生在动手操作中对所学知识深化理解。通过模拟农场管理问题，激发学生的内在学习动力，以"输出"为导向，促进学生的深度学习。首先，数据标记活动要求学生对数据进行分类和标记，这是构建高效模型的基础。其次，模型训练环节让学生利用已标记的数据进行模型训练，从而让学生了解和掌握机器学习算法的训练过程。最后，在目标检测实践环节则让学生将所学知识应用于实际问题中，如模拟农场管理问题，让学生在解决实际问题的过程中，进一步巩固和拓展所学知识。此外，课程还注重激发学生的内在学习动力，通过模拟农场管理问题，让学生感受到所学知识在实际生活中的应用价值，从而提高学生的学习兴趣和积极性。同时，以"输出"为导向的教学方法，要求学生在课程中不断进行实践操作和思考，进而促进学生的深度学习，使其在理解知识的基础上，能够将知识运用到实际问题中，提高解决问题的能力。

2. 教学实施

（1）学生参与度与主体性发挥。学生在本课程中表现出了较高的参与度和兴趣。通过实践活动，学生能够积极运用信息技术工具，解决设定的问题，体现了良好的信息意识和计算思维能力。然而，在涉及数据结构认知的小组活动中，教师虽采用了在线合作模式，但部分学生因迅速完成任务而影响了同组其他成员的参与机会。为纠正此现象，教师计划调整小组合作机制及资源分配策略，意在确保每位学生都能有效参与任务实践，从而深化对知识点的理解，并为后续的实践应用奠定坚实基础。

（2）教学方法的适宜性与优化。采用任务驱动法和合作学习的方式，不仅有效地激发了学生的主动学习热情，还培养了他们在团队中的协作精神。在任务一中，教师以学生体验和师生互动的方式，引导学生解决问题；在任务二中，学生通过小组合作和查漏补缺的学习方式解决问题；在任务三中，学生在实践活动中应用所学知识解决问题。

然而，在实际操作过程中，我们发现部分学生在数据标记和模型训练这两个关键环节上存在一定的困惑，这提示我们在教学指导上需要作出相应的调整，使之更加具体化、精细化，以便帮助学生更好地理解和掌握相关知识。

3. *教学评价*

本节课的总结性评价分为实践操作评价和知识点测试评价。在知识点测试评价环节中，教师使用在线测试的方式，实时了解学生知识点的掌握情况并根据测试结果巩固知识点。但是在实践操作的评价中，教师未能对部分学生无法完成模型的训练和应用的情况进行即时反馈和总结，此方面有待改进。同时，各个任务也应该加入分层评价环节，关注每一个学生的知识掌握情况。在信息科技的课堂中，教师应善用信息手段，做到教学评一体化，以提高教学效果和学生的学习兴趣。

在信息科技课例中，"输出式"教学实践以其独树一帜的教学模式，为学生的学习旅程铺设了坚实的基石，带来了深远的正面效应。

一是强化理论与实践的结合，促进学生的知识内化。在信息科技的浩瀚海洋中，理论知识与实践操作如同双翼，缺一不可。"输出式"教学实践巧妙地架起了二者之间的桥梁，让学生将编程逻辑、软件操作等抽象概念转化为实实在在的项目制作与问题解决能力。这一过程，不仅是"知"向"行"的飞跃，更是知识深度理解与内化的过程。以Python编程为例，学生亲手编写的小程序，如计算器、小游戏等，不仅点亮了编程的火花，更让编程语言的语法与逻辑在指尖跳跃中变得生动而具体，由此学生实现了从"知道"到"做到"的跨越。例如，在学习Python编程时，学生需通过编写小程序来解决实际问题，如计算器的实现、简单的游戏开发等，这些实践活动让学生深刻体会到编程的魅力，同时也巩固了对编程语言的基础语法和逻辑结构的认识，实现了知识内化。

二是激发了学生的学习兴趣,培养其自主学习能力。"输出式"教学摒弃了传统课堂的沉闷教学,以丰富多样的项目与挑战性任务为舞台,有效激发了学生的学习兴趣,让学生成为舞台上的主角,主动探索、勇于尝试,并在实践过程中不断遇到新问题、解决新问题。这种不断挑战自我的过程,极大地提升了学生的自主学习能力。同时,通过展示自己的作品和分享学习心得,学生还能获得成就感和自信心,进一步激发了学习动力。

三是培养了学生的创新思维与问题解决能力。在信息科技领域,创新思维和问题解决能力是至关重要的。"输出式"教学实践鼓励学生跳出传统框架,运用所学知识进行创造性思考和实践。例如,在进行网页设计时,学生不仅需要考虑页面的美观性,还需要考虑用户体验、网站性能等多个方面,这种综合性的要求促使学生不断尝试新的设计理念和技术手段。此外,面对项目中的困难和挑战,学生需要学会分析问题、制订解决方案并付诸实施,这一过程有效锻炼了学生的问题解决能力。

四是促进了跨学科融合,增强了学生的综合素养。信息科技作为一门交叉学科,与数学、物理、艺术等多个领域有着紧密的联系。"输出式"教学实践通过设计跨学科的项目任务,促进了学生综合素养的提升。例如,在设计一款教育小游戏时,学生不仅需要掌握编程技能,还需要了解教育心理学、游戏设计原理等相关知识;在制作多媒体作品时,学生则需要结合视觉设计、音频处理等多个领域的技能。这种跨学科的学习经历不仅拓宽了学生的知识面,还培养了他们的综合思维能力和团队协作能力,为他们未来的学习和工作打下了坚实的基础。

当然,在享受"输出式"教学实践带来的诸多优势与积极成果的同时,我们也必须正视并深入探讨伴随而来的其他潜在问题与挑战。这些问题不仅关乎教学实践的可持续发展,也直接影响到学生的学习体验和成长路径。

首先,是"输出式"项目执行的难度提升。随着项目的复杂性和自主性的增加,学生需要在时间管理、任务分配、团队协作等方面承担更多责任。然而,对于部分学生而言,这可能是一项全新的挑战,他们可能缺乏必要的自主学习和合作学习的技能和经验,导致小组"输出式"项目进展受阻。因此,教师需要加强对学生在"输出式"项目执行过程中的技能培训和经验指导。

其次,是知识深度与广度的平衡问题。"输出式"教学实践鼓励学生通过实践来探索和学习新知识,但这也可能导致学生对某些知识点的理解停留在表面,缺乏深入的思考和探究。为了解决这个问题,教师需要精心设计项目任务,确保它们既能激发学生的探索兴趣,又能引导他们深入理解和应用所学知识。同时，教师还应提供丰富的资源和指导，帮助学生拓展知识视野，增强综合素养。

再次，是技术工具与时间限制的挑战。"输出式"教学实践的理想实施依赖于丰富的资源与时间投入，包括高质量的教学设备、必要的软件工具以及丰富的项目材料。然而，在实际教学环境中，这些资源往往有限，可能会限制项目落地实施的广度和深度。学生可能因资源不足而无法充分探索或深入实践，影响学习体验的完整性和效果。因此，教师需要寻求校内外合作机会，以丰富技术工具库；鼓励学生提出创意方案，积极拓宽项目来源。

最后，是评价体系的完善问题。"输出式"教学实践的评价体系需要更加全面、客观和公正地反映学生的学习成果和成长过程。然而，由于项目的多样性和复杂性，传统的评价方式可能难以适应这种新型教学模式的要求。因此，教师需要不断探索和创新评价方式，如采用同伴评价、自我评价、项目展示等多种评价方式相结合的方法，从而更全面地评价学生的学习成果和综合素质。同时，教师还应注重评价的反馈作用，及时给予学生有针对性的指导和建议，帮助他们不断改进和提高。

第九章

音乐之旅——音乐课例中的"输出式"教学实践

为了进一步提升音乐课的教学质量,我们致力于为学生打造一个璀璨夺目的才艺展示平台,这不仅是美育的重要实践阵地,更是激发学生潜能、培养审美情操的重要环节。当前,尽管音乐教育正逐步前行,但传统的讲授式教学模式仍占主导地位,其背后所隐含的陈旧教学理念在一定程度上限制了教学创新与学生潜能的激发。音乐教育工作者要勇于突破陈规,积极探索并采纳新颖、高效的教学模式,确保学生在学习过程中始终处于主体地位,积极参与,主动探索。

"输出式"教学模式的引入,正是对传统灌输式教学的一次有力革新,它与深度学习理念紧密相连,为实现深度音乐学习铺设了一条更为明确且富有成效的道路。"输出式"教学表现为从被动接受到主动输出的转变,鼓励学生将所学知识通过演唱、演奏、创作等多种形式展现出来,从而在实践中深化理解,体验音乐的魅力。

将"输出式"教学理念巧妙融入音乐课堂,不仅能够让音乐真正触动学生的心灵,激发他们的学习热情,还能引导他们在探索音乐之美的过程中,学会感受美、勇于表现美、敢于创造美。学生在这样的课堂氛围中,能在潜移默化中构建起对音乐美的深刻认知与鉴赏能力,与教师共同塑造出充满艺术气息与生命活力的高品质音乐课堂。

第一节 音乐学科开展"输出式"教学的实践依据

一、音乐学科开展"输出式"教学的必要性

"输出式"教学通过鼓励学生将所学的音乐知识、技能及情感体验以多种形式进行输出,不仅能够有效提升学生的音乐素养和实践能力,还能够促进他们对音乐艺术的深入理解和感悟。下面,我们进行对比和分析,探寻音乐学科

开展"输出式"教学的必要性。

（一）讲授型课堂与"输出式"课堂教学方式对比

讲授型教学模式下的音乐课堂以"听"和"练"为基本内容——教师讲，学生听；教师唱，学生练。教师通常依靠简单的机械训练来主导课堂，从而达成教学目标。这种传统的教学模式，严重制约了学生的能力发展。这种传统的教学模式，严重制约着学生的能力发展。

"输出式"教学模式下的音乐课堂以学习音乐输出成果为导向，设置循序渐进的任务，强调学生主动参与音乐实践，在课堂学习过程中产出学习输出成果，以达到知识显性化、成果个性化，最后以多元评价手段培养学生的音乐素养能力。

可见，讲授型音乐课堂中教师"一言堂"、学生"满堂灌"，而我们更需要关注学生是否在主动学习、是否有理解与表达。如果在音乐课堂中，学生没有经过思考就去"听"别人唱歌、表演，或是进行简单的模仿，这就违背了音乐课堂应有的品质。音乐课应用"输出式"教学范式，是在反思传统音乐课堂的基础上，对"以知识为中心"的音乐课堂的一种反思和革新。它主张在教学中不仅要重视学生的认知体验，更要重视学生对音乐知识的输出过程。

（二）讲授型课堂与"输出式"课堂评价对比

相比传统的讲授型课堂，"输出式"音乐课堂更关注学生的音乐核心素养的发展，并注重过程性评价，将过程性评价与终结性评价相结合，通过过程性评价及指导性建议，指导教师关注学生的音乐学习状态，关注学生音乐能力的和谐发展，帮助教师实施从结果出发对教学行为的诊断、反思及改进行为，助推音乐教育改革的健康发展。

讲授型音乐课堂与"输出式"音乐课堂的评价体系在学生参与度、师生角色及评价方式等方面存在显著差异。学生参与度方面，讲授型课堂中学生的参与度相对较低，主要以听讲和记笔记为主；"输出式"课堂则强调学生的主动参与和合作学习，学生通过小组讨论、报告展示等形式参与到教学过程中。师生角色方面，讲授型课堂中的教师是知识的传递者和权威解释者；在"输出式"课堂中，教师转变为学习的引导者、促进者和协助者，更多地激发学生的思考，培养学生的创造性。评价方式方面，讲授型课堂的评价往往侧重于对学生知识掌握程度的检测，如考试、测验等；"输出式"课堂的评价则更加多元化，不仅评价学生的知识掌握，还评价学生的思考过程、创新能力、合作精神等方面。此外，"输出式"课堂强调过程性评价和自我评价，鼓励学生在学习过程中不断反思和改进。

讲授型课堂和"输出式"课堂在评价上的差异体现了两种教学模式的核心理念和价值取向的不同。随着教育改革的深入，越来越多的教育者和学者认识到"输出式"课堂在培养学生综合素质方面的优势，并在实践中不断探索和完善相关的评价体系。

（三）艺术课程标准的变化分析

2022年发布的《义务教育艺术课程标准》发生了显著变化，这些变化体现在以下几个方面。

第一，课程内容的扩展。新版艺术课程不再局限于传统的音乐和美术，而是将舞蹈、戏剧（含戏曲）、影视（含数字媒体艺术）等内容纳入课程体系。这样的扩展使得艺术教育更加全面和多元化，有助于学生接触到更广泛的艺术形式和文化内容。

第二，综合性的加强。新课标强调艺术教育的综合性，将不同艺术形式融合在一起，鼓励进行跨学科教学。这种综合性的课程设计旨在提升学生的综合美育素养，让学生在艺术学习中获得更加丰富和立体的体验。

第三，学段衔接的优化。新课标注重幼小衔接和小初衔接，合理设计了一至二年级的课程，强调活动化、游戏化、生活化的学习设计。这样的调整有助于学生在不同学习阶段平稳过渡，更好地适应学习要求的变化。

第四，核心素养的突出。新课标明确提出以培养学生的审美感知、艺术表现、创意实践、文化理解等核心素养为目标。这一变化体现了教育从知识传授向能力培养转变的趋势，更加注重学生的全面发展和终身学习能力的培养。

第五，教学方法的创新。新课标鼓励采用大观念引领下的教学、单元整体教学、任务式学习、项目化学习等多样化的教学方法。这些方法的引入旨在激发学生的学习兴趣，提高他们的主动参与率和探究能力。

这些变化共同指向了新时代对人才培养的要求，旨在培养具有创新精神和实践能力的全面发展的人才。通过这些改革，艺术教育被赋予了新的使命和价值，为学生的终身发展以及社会主义建设者和接班人的培养提供了更加坚实的基础。应用"输出式"教学范式是适应教育改革的趋势。

二、音乐学科开展"输出式"教学的有效路径

经过学习与探索，学校音乐学科组设计出围绕音乐本体的"五有+五学""输出式"音乐课堂模式，并以"五有+五学"作为音乐学科开展"输出式"教学的主要路径。

（一）设计原则

"输出式"音乐课堂设计在把握好输入与输出关系的同时，贯穿"有人""有景""有行""有图""有评"的"五有"课堂（图9-1）。其中，"有人"指目标设定指向发展中的人，"有景"指创设情境能联系生活，"有行"指行动实践能将知识用起来，"有图"指知识内容能内化成结构，"有评"指多元评价能有理有据。

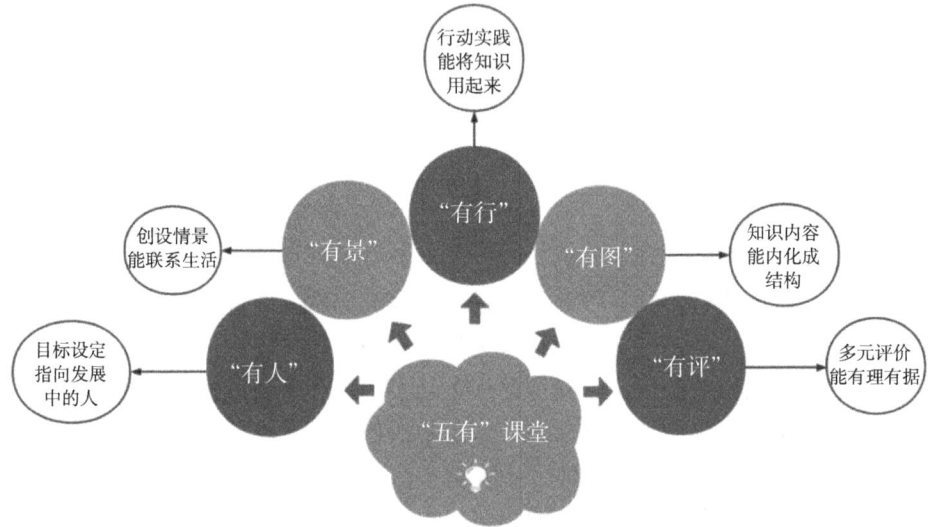

图9-1 "五有"输出式音乐课堂

实施"五有"课堂的具体策略：

第一，"有人"：在音乐教学中，要注重学生的主体地位和个性化发展。通过了解学生的兴趣爱好、音乐背景和学习需求，将目标设定、内容设计指向发展中的人以及符合其特点的教学内容和活动。同时，鼓励学生参与音乐创作、表演和交流，让他们成为课堂的积极参与者和创造者。

第二，"有景"：创造具有感染力的教学情境，可以帮助学生更好地理解和感受音乐。这可以通过讲故事、播放相关视频、使用多媒体展示或者现场模拟等方式来实现。情境的创设除了应与教学内容紧密相关之外，还需要联系实际生活，创造一个真实的情景，引发学生的情感共鸣和思考。

第三，"有行"：音乐教学不仅是理论知识的传授，更重要的是实践操作和技能训练。教师可以设计各种音乐实践活动，如演唱、演奏、即兴创作、音乐欣赏、肢体表达等，让学生通过实践来加深对音乐知识的理解和技能的掌握。

第四，"有图"：在音乐教学中，运用知识结构图可以帮助学生更好地组织和理解音乐知识，提高学习效率。知识结构图是一种视觉工具，它通过图形化的方式展示信息之间的关联和层次结构。教师要善用音乐理论结构图、音乐历史时间线、乐器家族分类图、音乐创作流程图、音乐表演分析图、音乐课程概念图、跨学科音乐关系图等。运用知识结构图，可以更有效地传递音乐知识，也可以激发学生的学习兴趣和创造力。学生通过图形化的工具，容易记忆和理解音乐概念，提高音乐分析和批判性思维能力。

第五，"有评"：建立一个积极的评价体系，鼓励学生进行自我评价和同伴评价，同时也提供教师的专业反馈。评价不仅要关注学生的最终成果，更要注重学习过程中的努力和进步。通过评价，学生可以了解自己的长处和不足，从而有针对性地改进和提高。

总之，"五有"课堂理念强调音乐教学的全面性和互动性，通过多维度的教学设计，激发学生的学习兴趣和创造力，提高他们的音乐素养和审美能力。

（二）模式设计

在"五有"课堂的前提下，增加音乐思维的深度、拓展想象世界的广度，最终落实审美感知、艺术表现、创意实践、文化理解四大音乐学科核心素养的"输出式"音乐课堂，学校音乐教师经过课堂实践，探索出一套"教—学—评"一体化的"五学输出式"课堂模式（图9-2），包括激学导入、探学真思、合作展学、凝练拓学、评学优化。

经过激学导入、探学真思、合作展学、凝练拓学、评学优化的"五学"过程，教师能扎实传递"美"，学生能发出自己的"光"，始终立于课堂中央。

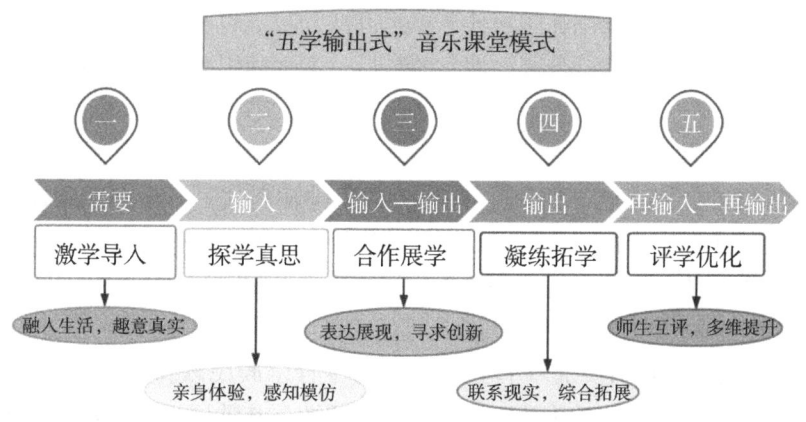

图9-2 "五学输出式"音乐课堂模式

中小学音乐课常见的两个课型为歌唱课与欣赏课，下面以"人音"版六年级上册欣赏课"魔法师的弟子"和二年级下册歌唱课"新疆是个好地方"为例，对"五学输出式"音乐课堂模式进行说明。

1. "五有+五学"下乐学真思的音乐欣赏课

《魔法师的弟子》全曲分为序奏、谐谑曲和结尾三部分,是法国作曲家迪卡斯在1897年所写的一首交响诗。歌曲讲述了一个魔法师的弟子趁师傅外出时偷偷地摆弄师傅的魔法扫帚,结果却搞得水漫金山、十分狼狈的故事。鉴于六年级学生已掌握一定的音乐知识,因此运用学习任务单贯穿整个"五学"过程,让学生通过独立思考、合作探索、交流思辨获取音乐知识。学生以文字输出、表演输出的方式,理解音乐特征,领悟西洋管弦乐之美。

激学导入部分:学生通过聆听音频完成学习任务单第一部分,复习西洋乐器的音色。教师再引导学生自主阅读学习任务单第二部分,了解乐曲故事背景;创设情境,引导学生学习控制小扫把主题的魔法旋律。

探学真思部分:学生分别聆听序奏、谐谑曲、结尾,边听边思考乐曲的速度、力度、情绪、所使用的乐器,完成学习任务单第三部分。在教师的引导下聆听、分辨乐曲三个部分的区别与主题旋律的变化。

合作展学部分:学生先自主阅读学习任务单第四部分,了解交响诗这一音乐体裁,再分组讨论,发挥想象述说音乐的每个部分描述了哪些故事情节,写在学习单上。学生充分发挥想象后,再次完整聆听音乐,教师在学生听的过程中揭开完整故事的答案。

凝练拓学部分:在这个部分教师准备了小弟子与魔法师的服装、扫把等表演道具,学生以小组为单位,选择《魔法师的弟子》中的音乐片段,将故事情节用戏剧表演的方式演绎出来。

评学优化部分:学生在学习任务单第五部分写下对本节课的自我评价与亲身感受,并和同学们进行分享。课堂的最后,学生利用交响诗结构,共同归纳整理板书。

对于欣赏课,教师不能用固定思维来进行欣赏课教学,要作为引导者,发展学生思维的扩展功能。在实际课堂中,"五学输出式"音乐课堂模式能更好地让学生关注音乐旋律、情绪、速度、力度等各个要素的变化,循序渐进地引导学生对乐曲从陌生到了解再到熟悉,最后到喜爱和牢记。

2. "五有+五学"下乐学乐唱的音乐歌唱课

《新疆是个好地方》是一首热情洋溢的维吾尔族民歌,2/4拍、五声宫调式、复三乐段结构。此歌旋律、节奏充满舞蹈性,其歌词诉说了新疆美丽的风光和富饶的物产与宝藏,抒发了新疆人民热爱家乡的真挚情感。教师经过教材分析与学情分析,借助"五学输出式"课堂模式,设计了以下教学过程。

激学导入部分:将教学重点和难点前置,以节奏舞蹈律动,调动学生的"动"。学生先通过教师穿着的民族服装认识民族特色,然后教师用新疆特色乐器——铃鼓，带领学生学习拍打新疆音乐的经典节奏型切分音。在学生稳定的打击节奏下，教师跳起新疆舞，学生观察与模仿学习新疆舞蹈动作，并在教师的带领下用《新疆是个好地方》伴奏音乐进行舞蹈。学生通过真实地看到民族服饰与体会新疆舞蹈，用自我显示的形体之美、神韵之美诠释新疆人民对歌舞的热情。

探学真思部分：交流风土人情，感受音乐旋律，调动学生的"听"与"唱"。对于这部分，教师主要运用示范法、听唱法进行引导教学。歌曲的第一段分句教学，解决难点切分音的唱法和小附点的唱法，从而达到教学目标。待学生熟悉第一乐段旋律后，第二乐段以师生问答唱的方式进行教学，激发学生学习热情。学习了歌曲第一、二段，学生对歌曲旋律已相当熟悉，因此第三乐段教师采用小组自学的方式进行教学，学生掌握学习主动权，小组根据课件提示与聆听伴奏旋律进行自学。讨论与自学完毕后，教师进行检查并及时纠错。最后全体学生齐唱第三乐段。完成三个乐段的教学后，教师再次让学生进行任务式巩固练习，完整演唱歌曲《新疆是个好地方》，并且每一段配以不一样的小任务。

合作展学部分：教师创设"新疆小小音乐会"情境，让学生以小组为单位，根据课件上的要求选择表演方式，自由创编（可以唱，可以跳，可以演，可以奏），使学生获得自主发展的空间。

凝练拓学部分：学生回答自己家乡的美与特色，唱出改编后的歌词，夸夸家乡，从爱新疆升华到爱家乡。

评学优化部分：教师先用课件引导学生用音乐术语对表演与创作的歌词进行自评与互评，再对各小组进行点评。有理有据地进行点评，让学生清楚需要改进之处，提高学生的自我认知能力。最后，师生以课堂学习结构图的方式进行归纳与总结，勾勒清晰的课堂学习脉络。

在歌唱课中运用"五学""输出式"音乐课堂模式，以语言表达、肢体表现、歌唱表演的输出方式，让学生多听多练、自省自悟，并且多方面引导学生自己去学习、去研究、去探索，从而更好地达到预定的教学目标，深入感受新疆音乐的美。

（三）输出形式

基于"五有+五学""输出式"音乐课堂模式的课堂输出形式有以下几点：

第一，整合跨学科内容。将音乐学科与其他学科知识相融合，通过跨学科的方式增加音乐教学的深度和广度。例如，结合历史、语文等学科内容，让学生在音乐创作和表演中融入更多文化元素，提升音乐表达的丰富性。

第二，情境创设与角色扮演。在音乐教学中创设生动的情境，让学生通过角色扮演等形式参与到音乐活动中。例如，学生可通过音乐情景剧的形式在表演中体验和理解音乐作品的情感和故事背景。

第三，项目式学习。设计具体的音乐项目，让学生围绕项目目标进行合作学习和创作。这种方式可以让学生在实践中学习音乐知识，通过完成具体的音乐作品来输出他们的理解和创造力。

第四，互动式教学。鼓励师生之间、生生之间的互动，通过讨论、合作、反馈等方式促进学生对音乐的理解和表达。例如，通过小组合作完成音乐作品，或者在课堂上进行即兴创作和表演。

第五，技术与媒体的运用。利用新媒体技术和互动教材，丰富音乐课堂的教学手段和形式。例如，让学生使用音乐制作软件创作音乐，或者通过在线平台进行远程音乐合作和表演。

第六，实践活动的开发。组织各种音乐实践活动，如音乐会、音乐歌唱比赛、音乐工作坊等，让学生有机会在真实的社会环境中应用所学的音乐知识和技能。

第七，反馈与评价机制。建立有效的教学反馈和评价机制，让学生通过自我评价和同伴评价了解自己的学习进展和不足，从而不断改进和提高。

通过上述输出形式，音乐学科的"输出式"教学能够更好地激发学生的学习兴趣，培养他们的创造力和实践能力，提升他们的音乐素养和审美能力。

第二节　音乐学科开展"输出式"教学的案例①

下面以"人音"版音乐二年级《共产儿童团歌》第1课时的完整教学实录为例进行说明：小学音乐学科是如何开展"输出式"教学的。该课型为歌唱课。

在学情方面，二年级学生的认知能力基本形成，对事物充满好奇心，具备一定的接受能力和记忆能力。学生在唱歌的姿势上习惯较好，表情较丰富，模仿能力、想象能力较强，能根据歌曲情绪进行表达，能识读简单的乐谱，

扫一扫，观看案例《共产儿童团歌》教学视频

初步形成小组合作的能力，能够与同学共同合作完成小组任务。此外，在东莞市"每周一歌"的活动熏陶下及学校德育教育浸染下，学生对少先队怀揣着无限敬意，对《中国少年先锋队队歌》相当熟悉。

---

① 本案例来自东莞市松山湖横沥实验学校胡月明老师。

本课输出型目标定为：第一，学生能感知旋律特点，感受歌曲坚定的情绪和进行曲风格。第二，学生准确掌握附点八分节奏、4/4拍强弱规律和同头换尾的旋律特征，感受进行曲风格，用富有弹性的声音演唱歌曲。第三，学生能发挥想象力，以小组合作的方式编创动作对歌曲进行表演，这可以加强团队精神，培养集体荣誉感。第四，学生通过歌曲了解革命背景，感悟作为少先队员的光荣感与使命感。

一、教学流程

《共产儿童团歌》第1课时教学流程设计如表9-1所示。

表9-1 《共产儿童团歌》第1课时教学流程

输出任务	内容	任务意图
前置大任务：横沥镇红色基地宣传片招募小演员	将横沥镇红色教育基地的图片和视频导入课堂，创设横沥镇红色基地宣传片招募小演员的情境	创设情境，创设前置大任务，激发学生学习歌曲的兴趣
分解小任务一：集结出动	1. 播放歌曲背景视频，引导学生了解共产儿童团的背景； 2. 再次聆听歌曲，向学生提问歌曲的速度与情绪； 3. 感知歌曲节拍，引导学生设计出有力量的4/4拍声势律动，为歌曲进行伴奏	引导学生初步了解在当时历史背景下共产儿童团员的精神面貌，理解在当时艰苦的条件下共产儿童团员的使命感、责任感和不惧艰险的革命精神。通过设计有力量的4/4拍声势律动，学生可初步感受进行曲的节拍
分解小任务二：暗号传递	1. 引导学生学习附点八分音符； 2. 在暗号中找到附点八分音符； 3. 引导学生轻声按暗号的节奏朗读歌词	学习"暗号"，不仅能让学生再次熟悉典型的节奏型，更能调动学生积极参与课堂活动的兴趣，为下一步的演唱打下基础
分解小任务三：破译"音"码	1. 教师歌唱简谱，向学生提问歌曲有多少乐句； 2. 引导学生找到相同小节与不同小节； 3. 用正确的发声方式轻声歌唱旋律，运用柯尔文手势再次歌唱第四小节和第八小节； 4. 引导学生总结歌曲的旋律特征是"同头换尾"	学生在教师的引导下一步步分析旋律特征，学唱歌谱，并了解到《共产儿童团歌》的歌曲旋律特征是"同头换尾"

输出任务	内容	任务意图
分解小任务四：唱响胜利之歌	1. 创设唱响胜利之歌的情境，学生跟着钢琴完整演唱； 2. 跟着伴奏，男女生对唱歌曲； 3. 学生绕着圆踏步完整歌唱歌曲，感受进行曲风格	经过前面环节，学生已经熟悉了歌词与旋律，这个环节巧用情景设计四个任务，引导学生逐步深入体会歌曲内容，加深对歌曲内容的理解
输出大任务：小演员面试	1. 将学生分为五个小组，引导学生以小组为单位，用自己喜欢的方式进行表演，编创舞蹈动作进行表演； 2. 指导学生在舞蹈动作、歌唱、表情、精神面貌四个方面对表演进行评价	采用合作方式，组织学生活动，激发学生内部驱动力，启发学生思维
延伸拓展	1. 邀请学生到多媒体前做题，让其回答歌曲的演唱风格是什么，归纳知识； 2. 教师带领学生重温入队誓词，激起学生激昂的心情； 3. 利用东莞市"每周一歌"视频资源，让学生歌唱少先队队歌	本环节唱响《中国少年先锋队队歌》，让学生感悟作为少先队员的光荣感和使命感，对学生进行传统革命教育，增强课程的思想性

二、教学实录

1. 前置大任务：横沥镇红色基地宣传片招募小演员

师：同学们，今天老师要带你们去一个神圣而庄严的地方，请跟着老师准备的音乐一起踏步前进吧！同学们边踏步边聆听，哪首歌曲能令我们的踏步更整齐呢？

（1）播放音乐。

教师分别播放圆舞曲风格的音乐和进行曲风格的《共产儿童团歌》，学生进行踏步。

师：同学们觉得哪首歌曲能让我们的踏步更整齐呢？

生：第二首。

师：为什么第二首歌曲会让我们的步伐整齐呢？

> 创设情境，创设"前置大任务"，激发学生学习歌曲的兴趣。发布大任务"横沥镇红色基地宣传片招募小演员"的情境，让学生面对真实情境性问题。为了完成这一任务，学生需要了解面试要求，根据面试时需要演唱《共产儿童团歌》的要求。教师引导学生在角色扮演中体验儿

今天就来研究研究。刚才我们踏着步来到了一个神奇的地方，你知道图片上是什么地方吗？（出示图片）

生：不知道。

师：请同学们跟着701班的陈×萱姐姐一起去看看吧！

（2）播放横沥镇红色教育基地介绍片。

师：原来这个神奇的地方就是横沥镇的红色教育基地，它记录着我们横沥人民的革命战争史。现在，横沥镇红色教育基地需要拍摄一个宣传片，邀请横沥镇的广大青少年儿童参加演员招募，请问你们想不想参加？

生：想！

师：我们来看看有什么要求。第一，我们的精神面貌要好，看看大家现在的小腰杆有没有挺直？眼睛有没有亮亮的？真棒，老师看到大家的精神面貌都非常好，不愧是光荣的少先队员。第二个要求，要演唱革命历史歌曲《共产儿童团歌》。噢，原来这个宣传片要拍摄的主题和共产儿童团有关。我们既然要做一个小演员，就要看看当时的儿童团每天都做些什么，他们的精神面貌是怎样的。下面我们一起来看一个短片。

（3）播放微课。

师：当时的儿童团员们不但要学习，还要帮助解放军叔叔站岗、放哨、带路、送信等。同学们，为了成功面试小演员，接下来让我们一起来体验一下儿童团员这一角色。首先，作为一个儿童团员，我们要先学会唱我们的团歌——《共产儿童团歌》，我们先来聆听一遍歌曲，告诉老师你们感觉歌曲的速度和情绪是怎样的？

生：速度是中速，情绪是坚定的、自信的……

师：是的，这首歌曲是中速的，说明儿童团员们做事有条不紊；情绪是坚定的，鼓舞着无数的儿童团员们。接下来让我们带着坚定的情绪，"吹起冲锋号"，集结儿童团员们，一起出动完成任务吧！

2.分解小任务一：集结出动

师：同学们，身为儿童团员，我们要边听着团歌，

童团员的生活。通过观看相关历史背景的资料，帮助学生理解歌曲中蕴含的坚定情绪。学生能够在情感上与歌曲产生共鸣，这种情感的共鸣是演唱歌曲时传达坚定情绪的关键。

学生初步了解在当时历史背景下共

边用整齐的节拍来集结，请同学们再次聆听歌曲，听听看，我们要用什么样的节拍来集结呢？

生：这首歌曲是4/4拍，强弱规律是强、弱、次强、弱。

师：同学们能设计出有力量感的4/4拍声势律动吗？儿童团员能用什么坚定的动作演出来呢？

学生设计声势律动。

师：请同学们根据设计好的4/4拍声势律动，跟着音乐表演出来吧。

3. 分解小任务二：暗号传递

解放军叔叔需要我们的帮助！我们要不要帮助他们？

生：要！

师：原来解放军叔叔需要我们传递一个暗号，这个暗号就是附点八分音符。我们需要准确读对这个暗号，才能传递成功。怎样读准这个暗号呢？老师有个小诀窍。我想请一位同学上台表演出拉弹弓的动作。

学生上台表演拉弹弓动作。

师：拉弹弓需要时间瞄准，我们可以把瞄准的时间延长一点，最后再迅速地发射出去。接下来请你们为拉弹弓的动作配上声音。

生：咻——啪！

师：最后再用音符唱出来，"da，da"。现在你们能够准确读对附点八分音符这个暗号了吗？那接下来我们就要在团歌歌词中寻找暗号了，请一位同学上台找出来！

学生上台互动。

师：接下来请同学们轻声按节奏朗读，老师读一句，你们读一句。注意，附近有敌人在巡逻，只能轻声朗读才不会被敌人发现。

学生轻声跟老师朗读第一段歌词。

师：我们成功地躲过了敌人的巡逻，接下来我们就要号召兄弟姐妹们了，请大声朗读第二段歌词吧！

学生大声跟老师朗读第二段歌词。

产儿童团员的精神面貌，理解在当时艰苦的条件下共产儿童团员的使命感、责任感和不惧艰险的革命精神。学生通过设计有力量的4/4拍声势律动，初步感受进行曲的节拍。通过节奏练习和身体律动，学生能够感受到节拍的强弱规律，以亲身体验的方式，加深对节拍感知的深度，从而在身体上"内化"这一知识。

"暗号"附点八分节奏是进行曲中常见的节奏型。学习这个有助于学生把握进行曲中附点八分音符带来的力量感，不仅能让学生再次熟悉典型的节奏型，还能激发学生积极参与课堂活动的兴趣，为下一步的演唱打下基础。

师：太棒了！我们成功地帮解放军叔叔传递了暗号！

4. 分解小任务三：破译"音"码

师：接下来我们接到了一个新任务——帮解放军叔叔送信！这就是解放军叔叔准备送的信。咦，这封信上面什么字都没有，只有我们这首《共产儿童团歌》的歌谱。原来，为了防止情报被敌人截取，解放军叔叔把信息偷偷藏在乐谱里，接下来让我们来破译"音"码吧！请同学们认真聆听老师唱一遍歌谱，你们仔细观察，歌谱里有什么秘密？

教师弹唱乐谱。

师：歌谱唱完了，请问这首歌可以分为几个乐句？

生：两句。

师：同学们有没有发现这两句歌谱哪里是相同的？哪里是不同的？请同学上台画出来。

学生上台圈出不同处。

师：原来歌谱里前面的头是完全一样的，只有后面的尾巴是不一样的，第一句的结尾是sol，第二句的结尾是do。请同学们跟着钢琴来一起唱一唱，唱到结尾有不一样的音的时候，我们用手势表示出来。

学生跟着钢琴声唱乐谱。

师：在音乐上，我们把这种开头一样，而结尾不一样的旋律特征叫作"同头换尾"。

5. 分解小任务四：唱响胜利之歌

师：同学们，在我们的帮助下，解放军叔叔顺利地把敌人都歼灭掉了！接下来让我们一起来唱响胜利之歌吧！请同学们一起带着胜利的喜悦来演唱《共产儿童团歌》。

学生跟着钢琴声完整演唱歌曲。

师：同学们喜悦的歌声真是太美妙了，但是如果能带上坚定的情绪来演唱就更好了，接下来我们跟着伴奏再演唱一次。这次我们分为男女生两组来对唱，轮到男生唱的时候男生就站起来，轮到女生唱的时候

学生在教师的引导下一步步分析旋律特征，学唱歌谱，并了解到《共产儿童团歌》的歌曲旋律特征是"同头换尾"，这是进行曲风格中的一种常见的旋律构造手法。学生通过分析和模仿，学习如何通过旋律来表达进行曲风格的动态感。

经过前面环节，学生已经熟悉了歌词与旋律。这个环节巧用情景，设计了4个任务，让学生逐步深入体会歌曲内容，加深对歌曲内容的理解。通过结构化的输入，学生能够逐步建

女生就站起来。

跟着伴奏，男女生对唱歌曲。

师：哇，听了大家的演唱，我感觉你们坐在座位上已经不足以表达坚毅的决心了，现在请同学全体起立，排好队列，用军队的步伐，跟着音乐来行进吧！

学生边歌唱边行进。

6. 输出大任务：小演员面试

师：同学们，我们成功体验了儿童团员们集结出动、传递暗号、破译"音"码，还一起唱响了胜利的歌，体验了这么多的任务。现在，大家一定能够把共产儿童团员这个角色演绎得惟妙惟肖，那么我们马上进行小演员的面试吧！请同学们分小组讨论，为团歌编创动作。同学们可以从歌唱、舞蹈动作、表情、精神面貌四个方面把儿童团员的坚定、勇敢的特质演绎出来。时间限定为5分钟，现在开始。

小组讨论、展示。

师：以上两组的展示都表现了儿童团员的机智、勇敢、顽强、自信的精神，他们都是最优秀的小演员！接下来，我想请同学们从舞蹈动作、歌唱、表情、精神面貌四个方面来评价一下他们的表演。

师生、生生之间进行互评。

7. 拓展延伸

师：请问同学们，你们知道《共产儿童团歌》的演唱风格是什么吗？是圆舞曲、摇篮曲还是进行曲呢？

生：进行曲。

师：是的，这首歌曲蕴含的坚定情绪、整齐的4/4节拍，还有我们的暗号节奏附点八分音符，以及同头换尾的旋律特征，让这首歌的进行曲风格尤为鲜明。同学们，你还知道哪些歌曲是进行曲？

生：国歌、队歌……

师：是的，国歌和队歌都是进行曲风格的歌曲。作为新时代的少先队员，我们要勤奋努力，做和平时代的小英豪。接下来，请同学们和老师一起重温入队

立起对《共产儿童团歌》的全面理解，从而在输出时能够准确地表达出歌曲的风格和情感。

通过一系列的教学活动，学生对《共产儿童团歌》的理解和表现有了显著的提升。在"输出大任务"环节，教师采用合作方式，组织学生活动，激发学生内部驱动力，启发学生思维。

本节课根据了解进行曲风格歌曲的音乐元素设计了4个层次的输出目标。本环节学生唱响《中国少年先锋队队歌》，感悟作为一名少先队员的光荣感和使命感，从而对学生进行传统革命教育，增强课程的思想性。

誓词。起立！立正！请将握拳的右手高举过肩，跟我一起宣誓。

师生重温入队誓词。

师：接下来请我们班的小指挥上台，让我们带着坚定的情绪，演唱《中国少年先锋队队歌》。

学生做小指挥，带领同学演唱队歌。

师：同学们，入队誓词中"准备着，为共产主义事业贡献力量"就来源于《共产儿童团歌》这首歌曲，请大家永远牢记责任使命，坚定自己的理想信念，争做一名优秀的新时代好队员！

三、教学反思

作为一首具有革命历史意义的歌曲，《共产儿童团歌》通过小英雄们的故事对当代学生进行革命传统教育，让学生体验作为一名少先队员的光荣感、使命感。"输出式"教学强调"以输出为目的""以输入为手段""以输出倒逼输入""以输出成效评价输入质量"，下面以这四点对本节课进行反思。

1."以输出为目的"的反思

在《共产儿童团歌》的教学中，教师根据单元目标设计了"感悟作为少先队员的光荣感与使命感"这一情感上的学习目标。根据《共产儿童团歌》这一进行曲风格的革命历史歌曲，在最初版本中，教师设计的学习目标为"能正确演唱附点八分节奏，了解'同头换尾'的旋律特征，感受进行曲风格"，此学习目标只给学生输入了歌曲的音乐知识本身，没有让学生掌握迁移应用、终身受益的知识。因此，教师重新设计了"能以坚定的情绪演唱歌曲《共产儿童团歌》，了解歌曲是进行曲风格"的学习目标。要完成这一任务，学生必须了解歌曲的历史背景，理解歌曲背后的历史意义和精神价值；通过学习进行曲风格的音乐元素（如节拍、节奏、情绪等），了解进行曲风格。

学校二年级学生在东莞市"每周一歌"活动的熏陶下及学校德育教育浸染下，对少先队怀揣着无限敬意，对《共产儿童团歌》和《中国少年先锋队队歌》比较熟悉，在升旗仪式、大课间时学生经常会听到进行曲风格的歌曲，因此本课的学习目标聚焦于了解歌曲的进行曲风格。本节课根据了解进行曲风格歌曲的音乐元素设计了4个层次的输出目标：第一层次的输出目标是了解歌曲革命背景，用自己的话来讲述共产儿童团的任务；第二层次的输出目标是感知歌曲进行曲风格的旋律特点，感受歌曲坚定的情绪，准确掌握附点八分节奏、4/4拍强弱规律和"同头换尾"的旋律特征，用富有弹性的声音演唱歌曲；第三层次的输出目标是以小组合作的方式编创动作对歌曲进行表演；第四层次的输出目标是用坚定的情绪演唱进行曲风格歌曲，感悟作为少先队员的光荣感与使命感。

2."以输入为手段"的反思

在设计教学过程前，教师将学习内容结构化，旨在为学生提供清晰的学习路径，帮助他们逐步建构起对进行曲风格音乐元素的理解。首先，组织学生观看相关历史背景的资料，帮助学生理解歌曲中坚定的情绪。学生能够在情感上与歌曲产生共鸣，这种情感的共鸣是演唱歌曲时传达坚定情绪的关键。其次，通过节奏练习和身体律动，学生感受到节拍的强弱规律，这种亲身体验的方式，可加深学生对节拍感知的深度，从而在身体上"内化"这一知识。再次，引导学生学习附点八分节奏，它是进行曲中常见的节奏型，有助于学生把握进行曲中附点八分音符带来的力量感。最后，向学生介绍"同头换尾"的旋律特点，这是进行曲风格中的一种常见旋律构造手法。学生通过分析和模仿，学习如何通过旋律来表达进行曲风格的动态感。通过这些结构化的输入，学生能够逐步建立起对《共产儿童团歌》的全面理解，从而在输出时能够准确地表达出歌曲的风格和情感。

3."以输出倒逼输入"的反思

课堂教学应激发学生的学习兴趣和参与热情，帮助他们达成学习目标。首先，发布"输出大任务"横沥镇红色基地宣传片招募小演员的情境，让学生面对真实情境性问题。为了完成这一任务，学生需了解面试要求，根据面试时需要演唱《共产儿童团歌》的要求，在角色扮演中体验儿童团员的生活。其次，将大任务细化为一系列小任务，形成了一个逐步引导学生深入学习的过程。通过多种艺术实践来学唱《共产儿童团歌》，再鼓励学生发挥想象力，通过小组合作编创动作来表演歌曲。最后，通过一系列的教学活动，学生对《共产儿童团歌》的理解和表现有了显著的提升。

4."以输出成效评价输入质量"的反思

《共产儿童团歌》的教学过程深入贯彻了新课标中提出的学业质量评价理念，特别强调了"教—学—评"一体化的重要性。将评价活动融入教学的每一个环节，确保评价不仅仅是对学习结果的检验，更是对学习过程的深入理解和促进（表9-2）。

表9-2 教学评价

前置大任务	横沥镇红色基地宣传片招募小演员	
输出成效评价	输出方式评价	输出评价标准
分解小任务一	设计出有力量的4/4拍声势律动，为歌曲进行伴奏	设计出符合4/4拍强弱规律的声势律动，要求有力量感
分解小任务二	在歌曲中找出附点八分音符，用暗号的节奏朗读歌词	找出并读准附点八分音符
分解小任务三	轻声歌唱旋律，了解歌曲的旋律特征是"同头换尾"	用正确的发声方式轻声歌唱旋律
分解小任务四	绕着圆踏步完整歌唱歌曲，感受进行曲风格	用坚定的情绪、饱满的精神状态绕着圆踏步完整歌唱歌曲
输出大任务	以小组为单位，用自己喜欢的方式进行表演，编创舞蹈动作进行表演	从舞蹈动作、歌唱、表情、精神面貌四个方面对表演进行评价

总而言之，"输出式"教学在音乐教学中的运用，能够促进学生对音乐知识和技能的全面理解，加强对学生应用能力的培养。在教学过程中需采用注重创设情境与实际应用、鼓励合作与分享以及提供评价与反馈等策略方法，以有效地培养学生的音乐素养和创造能力。

"输出式"教学在音乐教学中的应用效果显著且影响深远。它打破了传统单向传授的局限，鼓励学生从被动接受转为主动探索与创造，通过演奏、演唱、创作等多种形式的输出实践，用个人的情感和创意去诠释音乐，实现从知识吸收到艺术表达的飞跃，不仅加深了对音乐理论知识的理解，更在实践中培养了音乐感知力、表现力和创造力。

一是促使学生实现了深度学习。"输出式"教学下，我们注重引导学生通过对音乐核心知识点的迁移、内化，实现主动建构认知系统。一方面，学生积极主动、独立地思索音乐认知过程和音乐活动，从而发掘音乐的美，用创造性思想输出音乐知识；另一方面，学生综合运用音乐理论及更多学科知识，紧密联系现实生活，开展艺术创造活动与音乐实践应用活动，产生创作思想并转化为艺术结果，从而进行更高效的音乐认知与传递，创作深度也由此增加。

二是锤炼了教师的教学能力。探索的过程也是教学研究的过程。"五有+五学""输出式"音乐课堂要求音乐教师有扎实的教学基本功，以及博学、多艺之才。因此，我们源源不断地汲取知识，借助"输出式"教学创造高品质音乐课程。首先，培养创新思维，设计以学生为中心的教学活动，根据学生的兴趣和需求，设计出既有趣又有教育意义的输出任务。其次，在探究阶段，不断更新教育观念，与新的教学理念接轨，改变教学方法。这种持续学习和自我提升的过程有助于教师保持教学活力、提高教学质量。在反复打磨中，教师的教学行为变得更加合理，教学设计更加科学，让学生的发展越来越有章可循。再次，将音乐与其他学科相结合，协同开展"输出式"教学，如语文、历史、信息技术等。掌握跨学科的知识，并灵活运用到教学中。这提高了教师的综合教学能力和学科整合能力。最后，"输出式"教学往往涉及小组合作、讨论和表演等活动，这对课堂管理提出了更高的要求，即有效地管理课堂，确保每个学生都能参与活动，同时能够控制好课堂秩序，由此教师教学能力得到了有效锤炼。

第十章

艺术之境——美术课例中的"输出式"教学实践

美术课程是基础教育的重要组成部分,它不仅为学生铺设了通往掌握基础美术知识与技能的桥梁,更为他们未来的职业生涯与社会生活奠定了坚实的美术基础。美术教育的核心聚焦于审美教育,这一核心深刻影响着学生美术素养的塑造、审美能力的提升以及创造力的激发。精心设计的美术课程,让学生得以沉浸于丰富多样的美术活动中,从欣赏到分析再到亲手创作,每一步都深刻触及他们对美的感知、理解与评价的维度。这一过程不仅让学生跨越国界,领略到不同文化背景与艺术风格下作品的独特魅力,更在潜移默化中提升了学生的审美素养,拓宽了学生的视野。美术课程的多重性质——审美性、实践性、人文性、综合性、创造性、情感性、基础性相互交织,共同促进学生美术素养、审美能力和创造力的发展。

第一节 美术学科开展"输出式"教学的实践依据

一、美术学科开展"输出式"教学的作用

由于深度契合美术的创造性、表现性和实践性特点,"输出式"教学能够为学生的学习带来显著的提升。其具体作用主要有以下几方面。

(一)有助于培养学生美术学科核心素养

美术学科核心素养中的"美术表现"强调学生运用媒材、技术和美术语言创作出具有思想和文化内涵的美术作品,或用来表达自己的各种想法与情感。而"输出式"教学正是基于学生的实践和表现,通过写作、口语交际、综合实践活动等形式,让学生能够自主地将自己的思考和理解融入输出的过程。这种契合点使得学生在实践美术表现的同时,也锻炼和增强了他们的输出能力。

(二) 有助于培养学生创意实践素养

在美术学科核心素养中,"创意实践"要求学生运用联想、想象和变通的方式进行构想与生成有创意的创作意图,并利用传统和现代的材料、工具与方法进行创造和实践。"输出式"教学鼓励学生发挥想象力和创造力,通过写作、演绎等方式表达自己的思想和情感。这种契合点有助于培养学生的创意思维和想象力,使他们在美术创作和输出过程中更加自如并富有创意。

(三) 有助于培养学生的文化理解素养

美术学科核心素养中的"文化理解"要求学生从文化角度来分析、诠释和理解不同国家、民族的文化艺术特点,学会尊重并理解不同国家和民族的文化内涵。在"输出式"教学中,学生通过写作、口语交际等方式表达自己的思考和理解,有助于他们更深入地理解和尊重不同文化背景下的艺术作品和创作思想。这种契合点有助于培养学生的文化自觉和文化自信,促进他们对多元文化的理解和尊重。

(四) 有助于学生情感的表达

美术学科核心素养培养和"输出式"教学都关注学生的情感表达和交流。在美术表现中,学生通过创作表达自己的情感和思想;在"输出式"教学中,学生通过写作、口语交际等方式表达自己的思考和理解。这种契合点有助于培养学生的情感表达能力和交流能力,使他们在学习和生活中更加自信地表达自己的情感和思想。

美术学科核心素养与"输出式"教学在多个方面存在契合点,这些契合点有助于培养学生的实践能力、创意能力、文化理解能力和情感表达能力。在实际教学中,教师可以结合学生的实际情况和需求,灵活运用这两种教学方式,促进学生的全面发展。

二、美术学科开展"输出式"教学的有效路径

不同的学情、不同的教学生成是教学艺术最神奇的地方。学校美术科组在开展"输出式"教学的过程中,摸索出了一套美术单元课程"输出式"课堂教学模式——"六美"课堂。"六美"课堂遵循追求"美"的原则,达到情境美、环节美、问题美、表现美、评价美、理解美。"六美"课堂从"情境美"入手,注重对课堂情境的设计,让情境生活化、真实化;在教学环节的设计上,强调结构化,以多样的教学形式丰富学生的输出形式;紧扣单课"大问题",形成问题链,问题的提出旨在促使学生进行深层思考,进行二次输出;多元的评价

形式和可靠的评价凭证让学生的输出质量有保证；基于美术单元课程内容，以真实的实践和具体的表现为中心，强调"做中学"，使知识内化，让学生能够理解事物的本质，最终达到"输出式"美育课堂的最终目的——知识的迁移应用，将所学知识转化为生活中的思考，让美育在生活中落地。

（一）情境美

美术是一门需要直观感受和体验的学科。通过创设情境，学生可以更加直观地感受到美术作品的魅力和艺术表现力，增强学习体验感。同时，情境的设置也可以为学生提供更多的实践机会，让他们在实践中学习和掌握美术技能。"输出式"美术课堂的情境美体现在创意与想象的空间、艺术与生活的融合、多元文化的交流、情感与表达的和谐以及美的环境与氛围等多个方面。这种情境美能够使美术课堂变得更加生动有趣，为学生提供一个良好的学习和创作环境，有助于提高学生的学习效率。在情境式教学中，学生可以通过观察、思考、讨论和创作等多种方式参与到学习中，使学习更加深入和有效。情境的美还体现在真实性方面，摒弃以往"虚假""童话式"的情境设计，从真实的生活出发，让情境可探、可想。

（二）环节美

基于核心素养的美术大单元教学的关键，是通过"基本问题"探索"大概念"。利用逆向设计的理论和方法，首先确定学生输出时的预期结果，然后确定合适的评估依据，再结合生活设计学习体验和教学方式。学生经历主题、欣赏、技法、构思、创作、展评这六个环节后，完成"像艺术家一样创作"的全过程。"输出式"的单元课程要求教师在设计课程时既要着眼于宏观的概念，也要有以小见大的缜密的课程环节设计，使课程环节环环相扣、紧密相连。围绕课程核心知识点，将其分解成若干个小知识点，明确每个教学环节的内容和作用，形成阶梯式逐步探究的过程，让学生从浅层次的感受了解到自主探索，再到用于实践，最后大胆表现，进行创意表达。跟随环节的层层深入，逐层深入地探究知识背后的本源，逐步渗透美术学科核心素养的培养。

（三）问题美

问题设计的精准是课堂教学的重要要求。问题是连接教师与学生课堂关系的重要纽带。教师在设计问题时，需要注意问题的层次美，即从简单到复杂、从具体到抽象，以适应不同学生的能力水平。同时，问题的表述应清晰明确，避免使用模棱两可的语言。通过精心设计的问题，教师可以引导学生在"输出式"美术课堂中积极思考、大胆实践，提升学生的美术素养和创造力。

例如，在课程"光影剧场"中，教师以"如何完成一场皮影剧的表演"这一驱动问题，引发学生思考，激发探究的欲望。学生在真实的实践中进行项目研讨、方案设计、活动组织、成果展示……通过最终的皮影剧目展演活动，有机地将知识与体验、单一学科知识与跨学科性知识整合起来，综合运用知识解决问题，由此构建学科融合的新型教学模式。

每个学生全程主动参与非遗文化皮影戏项目的实践，让每个环节的学习主动权和自主权得到保障。从学生的认知视角出发，紧密结合生活实际，提取丰富的素材，把学科知识与真实生活情境深度融合，精心设计课程方案，积极开展项目式活动，并做好成果展示工作。例如，"我是光影述说（剧本创编）"一课中，学生将生活中发生的趣事以对话旁白的形式进行讲述，结合传统民俗故事剧情，内化为原创剧本；再由驱动问题出发，延伸出"如何组建一个剧团""如何创编剧本""如何设计皮影形象""如何制作皮影道具""如何配音配乐""如何操控皮影"……对问题链追根溯源。这一系列问题在皮影剧表演的历程中逐个解决。从皮影的历史到皮影的制作，最后到皮影的表演，逐层渗透，最终理解皮影艺术是我国的艺术瑰宝，感受皮影匠人追求精益求精的匠人精神。

（四）表现美

新课标明确指出，要注重学生在课堂中的主体性和参与性。在"输出式"美术课堂中，学生不仅仅是知识的接受者，更是课堂活动的积极参与者和实践者。教师要关注学生在学习过程中的表现，鼓励学生通过实践与探索来发现和解决问题，从而培养学生的自主性和主动性。

美术教育的目标不仅仅是培养学生的绘画技能，更重要的是培养学生的审美能力、创造力和想象力等综合素质。因此，我们从单一的美术作品表现形式走向多元"输出式"的表现形式，利用合作探究项目活动、设计展览会、开展综合实践探索等多样的方式，鼓励学生尝试新的材料、技法和思路，从而培养学生的创新意识和实践能力，使他们能够在未来的学习和工作中更具竞争力。

例如，在本土文化课程"牛墟"一课中，我们打破原有文化的传承定式，将本土文化加入到非遗文化中，引入项目课程。另外，创新课程的表现形式，以本土百年"牛"文化为创作题材，汲取现实生活中的灵感，从日常生活现象中提炼素材，从剧目演绎中提取表现手法与方式。这样的做法无形中将充满趣味的本土非遗文化融入学生的日常生活，让大国工匠精神触动学生的心灵，让传统文化植根于学生心田。例如，在学生分析牛的特点时，让他穿上现代潮流服装，赋予学生职业身份，设计新时代下的新"牛样"。学生以剧组式分工体验本土的牛墟场景，以具有鲜明的社会化职业岗位分工对应牛墟中的卖牛人、买牛人、牧童、小商贩等角色。让每个学生根据自身的喜好进行选择,在选择过程中注重学生学习的自主性、参与性、整体认知性,尊重学生的个性化选择。特别是凸显学生在活动中社会能力的提升与发展,关注学生在学习过程中的思维过程、情感态度和合作能力等。

(五)评价美

在"输出式"美术课堂中,评价是一个至关重要的环节,它不仅能帮助学生了解自己的学习进度和成果,还能为教师提供反馈以优化教学方法。以终为始,基于"输出式"能力应用为目标导向,重视评价依据,关注评价的多元性和发展性,从学科知识、核心素养、文化理解三个方面进行过程性评价和成果性评价。同时,采用自评、互评、师评和社会评价相结合的方式,经多环节综合考量,对学生进行综合性评价。以评促学,把评价重点落实于每个过程中,用显性的学习过程促进隐性的素质发展。

评价先行,基于"向光性"原理,关注评价引导成长的属性。首先,在学生"学"之前就明确评价内容、评价量规。其次,巧用评价资料册,教学过程中将散乱的学生表现性图文文本资料整合,按标评价,将细节性的内容整理成册(图10-1)。最后,以活动评价、单元评价、总评价形成有效的评价凭证,即学习资料册、评价册(图10-2)。

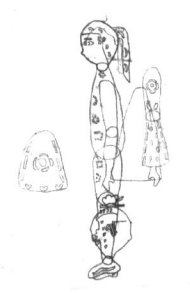
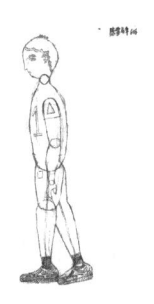

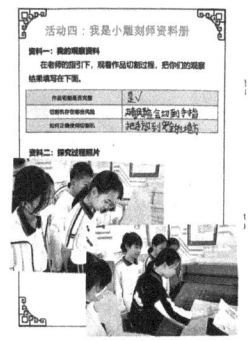
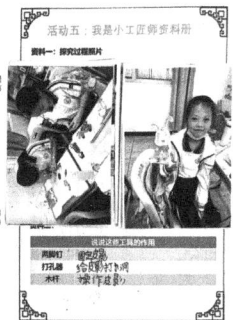
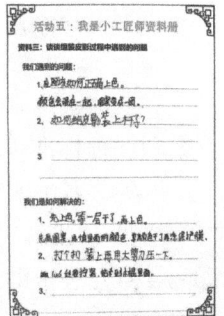

图10-1 "光影剧场"学生课堂资料册

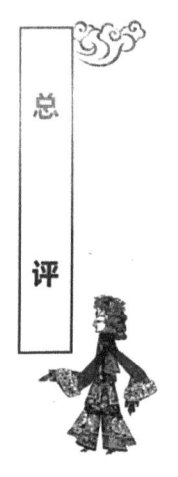

图10-2 "光影剧场"学生课堂评价册

（六）理解美

《义务教育课程方案和课程标准（2022年版）》在"深化教学改革"部分强调知识结构化，就是强调在学习中实现真正理解的重要性，体现了"理解性教学观"。知识的本质就是理解或解决问题。美术课程特别重视对学生个性与创新精神的培养，采取多种方法帮助学生学会运用美术，将创意转化为具体的成果。

"输出式"教学以核心知识为中心，将课程结构化、整合化。学生在整合型的知识结构框架下进行课堂学习,有利于综合思维能力的发展,多方面、多角度地思考问题,增强了对问题的解决能力,尤其是对现实问题的解决能力。从低阶思维转化为高阶思维,在生活中寻找问题,并将所学的核心知识进行创新应用到生活中去,真正做到理解并运用知识。

第二节 美术学科开展"输出式"教学的案例[①]

下面以人美版《美术》四年级下册第一课"小小旅行壶"的完整教学实录为例进行说明:小学美术学科是如何开展"输出式"教学的。该课型属于"设计·应用"系列课的新授课,通过对旅行壶的多角度设计,增强学生用设计改善环境与生活的美好愿望。

扫一扫,观看案例"小小旅行壶"教学视频

在学情方面,本课教学内容的对象是四年级学生,他们有一定的知识积累,处于思维活跃期,表达能力及求知欲较强,但缺乏引导,分析能力及创新能力欠缺。旅行壶是必备生活用品之一,兼具美观性与实用性,深受学生喜爱。在日常生活中,学生经常用到水壶,对水壶的功能结构特点有一定的了解;在平时也有部分同学在外旅行过,有一定生活经验。并且,通过三年级"线描写生"的学习,学生已经具备了分析水壶外形特征与内在构造的能力,但对于设计的基本程序比较陌生。课堂教学可能会出现的问题有:水壶造型与用途不匹配或关系不密切,导致实用性不强;创作过程依赖教师范画,导致创新意识淡薄。

本课以"如何设计一个合适的水壶"这一驱动问题,引发学生思考,延伸出"水壶的美观性、实用性、功能性如何设计""比例尺该怎么画""设计图纸怎么画"等若干个小问题,激发探究的欲望。在教学过程中,学生不断提出问题,解决问题。本课输出型目标是:第一,让学生知道水壶的构造,每个部分的功能特点;第二,让学生在设计时能够从人的角度出发,一切服务于人;第三,学生能够了解水壶的绘画方法,能够发现问题、解决问题,根据环境和人的需求设计一个合适的水壶。

一、教学流程

"小小旅行壶"教学流程设计如表10-1所示。

[①] 本案例来自东莞市松山湖横沥实验学校罗哲鹏老师。

表10-1 "小小旅行壶"教学流程

输出任务	内容	任务意图
前置大任务：去旅行要不要带水壶	观看调查表，创设情境，探究去旅行是否需要带水壶	教师导入情境，创设大任务，激发学生兴趣，去旅行要不要带水壶，引导学生思考水壶的功用
分解小任务一：怎么样挑选水壶，探究水壶的特点	（1）4个小组合作，随机发放4个水壶，引导学生观察并分析现有水壶的特点（结构、材质、造型、价格），填写学习任务单； （2）学生变身成"小小测评家"，给4个不同的水壶进行打分（羊皮水壶、塑料水壶、金属水壶、玻璃水壶），分析它们哪个地方最吸引你，可以提高你的购买欲望	学生通过摸一摸、看一看，进行直观体验，自主思考并探究水壶的不同特点，引出购买水壶要考虑的诸多因素
分解小任务二：探究水壶的需求性	（1）观看旅行当天的线路图，了解气候环境和旅行特色项目。请4个小组分别来分析一下哪个水壶最符合你的心意，进行打分评测； （2）思考是否还有别的因素能够提高你的购买欲望，对水壶功能进行想象	教师引导学生探究环境与水壶的关系、分析探究旅游需求，学会根据人的需求特点进行设计
分解小任务三：如何在图纸上表现水壶	（1）教师引导学生思考该如何进行绘画：构图、比例尺，标注该如何表现； （2）观看微课，学习绘画具体步骤	学生学会绘画中的知识点及绘画步骤，捋顺思路
输出大任务：创意绘画	（1）学生小组合作绘画，完成作品； （2）学生通过直播售卖的形式讲解自己设计的水壶，进行自评、互评、师评	学生完成输出，绘制水壶作品，以丰富的评价方式提高学生兴趣，在任务学习中实施"教—学—评"一体化，以评促教，以评促学，落实核心素养培养目标

二、教学实录

1. 前置大任务：要不要带水壶去旅行？

（1）出示任务。

师：同学们，上课前我们先来看个视频。

播放微课。

师：视频看完了，你们感受到了什么？

生：春天。

师：是的，春天是万物复苏的季节，也是旅游的季节。那么同学们，你们都去旅游过吗？老师今天也想带大家来一场充满挑战和惊喜的旅行，大家想去吗？

师：去旅行之前，老师想问一下，大家会带什么物资去旅行呢？

生1：吃的，因为可能路上饿了没吃的。

生2：带衣服，因为有时候你去太晚了，你自己也没有衣服可以换洗。

（2）探究旅行是否需要带水壶。

师：你们考虑得太周到了！老师去旅行的时候，也有一件物品难倒了我，它就是我们的旅行水壶。根据我们年级旅行清单调查表，有84%的同学认为旅行需要它，而有16%的同学认为可以不带水壶。你的选择是什么呢？请同学们讨论，到底要不要带水壶？

生1：我觉得要带水壶。

师：为什么？

生1：因为在外面可能会很渴，带水壶可以给我们补充水分。

师：你的想法很不错。

生2：我觉得不需要带水壶，因为现在到处都是商店，而且带水壶会很笨重。

师：不错，水壶很笨重，那有没有什么方法可以解决这个问题？我们将这个问题留在课中解决。不过，如果旅行的地方没有商店，买不到水怎么办？所以啊，

> 四年级的学生在四年系统的美术学习中已经初步具备合作学习的能力。本课采用学生小组合作探究的方式，创设情境，引导学生主动去发现问题，寻找解决问题的方法，激发学生的学习兴趣。

旅行水壶在必要的时候还是很重要,因为可以给我们提供水分。

2. 分解小任务一:探究水壶的特点

(1)摸一摸、看一看水壶的特点,并填写学习任务单。

师:老师购买了4款水壶,大家看看到底哪个比较好。请大家化身成为小小测评员,测评水壶的结构、造型、材质、价格,并填写学习任务单。现在,打开桌子上的盖布看看,你拿到的是哪款水壶。3分钟后,大家来分享你们这组水壶的测评结果。

学生开始观察,合作填写学习任务单。

小组分析评测。

(2)学生分享和讨论。

师:时间到,有哪位小组愿意分享你们的测评结果?

生1:我们这个叫大保温杯,它的颜色很好看,是绿色和白色相间的。它的吸管上层是个塑料套,下面是一个铁排气管,还有个塞子,不用的时候可以给它塞上。整体是上宽下窄的设计,还有一个握把方便喝水,价格是128元。

师:你观察得太细心了,太棒了!还有哪一组愿意分享?

生2:我们这一组是可爱的大肚杯,它有一个可以打开的盖子,身上有草莓的花纹。

师:那你觉得这款水壶让你有购买的欲望吗?

生2:没有。

师:为什么?

生2:它的价格比较贵,如果去比较寒冷的地方,装热水的话可能会变形。

师:哇,你考虑得非常周到,看来它的材质不是很方便。好的,这组的皮囊水壶谁愿意来分享一下?

生3:它有一个壶嘴、壶把、壶身,外形像一个鸡腿。

师:你说得很形象,造型像一个鸡腿。这款水壶

> 四年级学生的造型能力、表现能力已经有一定的基础,这一阶段的学生想象力比较丰富,对生活中的一切都保持着强烈的好奇心。通过引导学生观察,让学生进一步体验周围生活和大自然的美感,探究水壶的造型特点,激发学生美术表现和美术创造的欲望。这一环节能培养学生良好的观察习惯,发展他们的想象力和创造能力。

让你有购买它的欲望吗？

生3：有。

师：为什么？

生3：因为它小巧轻便，材质不会漏水，容量很大。

师：你们的水壶容量很大吗？

生：适中。

师：你觉得这个容量适中很适合你，很好，谁来补充一下？

生：我觉得没有购买欲望，这个水壶适合带到沙漠用，但是我们不需要去沙漠。

师：不错，你考虑了环境因素。那我如果不去沙漠就不适合了吗？如果去别的地方能不能用呢？

生：也可以。

师：同学们，经过你们刚才的分析，我还有个问题想问大家，你们的水壶有没有哪个点非常吸引你呢？

生：我觉得这个颜色好看。

师：那颜色属于我们的什么？请坐！

生：造型花纹。

师：还有吗？

生：价格。

师：价格很实惠也是一个重要因素。

生：这一个水杯容量很大，我们这个组的水壶有吸管并且吸管比较粗，可以用吸管把水吸出来喝哦！

师：你说的是这个水壶非常实用。好的，大家刚才都分析得非常到位。所以我们购买水壶的时候，不仅要注意它的美观性，还要注意实用性。

3. 分解小任务二：观看旅行视频，探究水壶的需求性

（1）观看旅行视频，引出水壶和环境的关系问题。

师：经过刚才的分析，大家已经是经验非常丰富的测评家了。但是这几款水壶真的适合旅行吗？带着疑问，开始我们的探索之旅吧！

学生观看旅行视频。

四年级学生在个性上有一定的特点，他们注重自我表达和自我表现，对于自己喜欢的美术风格和表现方式更加感兴趣。水壶的不同功能依托

（2）给"水壶"评分。

师：大家知道这是哪里吗？这里就是我国北部的长白山原始森林。在森林里可以看到古松、溪流、瀑布，可以俯瞰大自然的一切。你们觉得这里的气候和环境怎么样？

生：比较潮湿。

师：是的，还有吗？

生：丛林密布。

师：如果我们在这里探寻野生动物，你们觉得现在的水壶是否符合你的心意呢？

生1：我觉得我们组的水壶不行。因为它是皮的，森林都很潮湿，一碰水它就湿掉了。

师：不错，我觉得你的想法很好，还有吗？

生2：我觉得也不行，因为我们组的水壶没装水就已经很重了。

师：他考虑的是材质，爬山会很重。

生3：我觉得我们组的也不行。因为去森林可能要去拍野生动物的照片，然后去感受它们，如果一边手拎着这个水壶，另一边手还要拍照，很不方便。

师：刚才大家都分析得不错，现在我们来给水壶进行测评。

请两位同学来给水壶打分，根据表格里面的要素，如结构、花纹、材质、价格等进行打分。最高3颗星，你们觉得给它打几颗星？

学生进行打分。

师：请你们说一下为什么这么打分？

生1：因为一号水壶很简洁，没有什么造型和花纹，所以我只打了1颗星。

生2：材质是玻璃的，所以我打了2颗星。

生3：大肚杯上纹了一些好看的花纹，我打了2颗星。材质的话，在森林它很容易受潮，所以我给它打1颗星，而价格便宜打了3颗星。

生4：大肚杯的结构不适合放在那个包里，因为包里放不下，这样就只能用手拿着，有点笨重。但是它

不同场景的需求进行设计，贴近学生的生活实际，强调趣味性的美术学习强化了学生学习美术的兴趣。在本环节教学中，注重培养学生的观察能力、表现能力和审美能力，同时注重学生的个性差异和兴趣爱好，因材施教，让每个学生都能够得到充分的发展。学生在探究过程中，培养了创新意识和创新能力，大胆尝试和探索新的美术表现方式和方法，结合生活实际对水壶的结构进行独特的设计，提高了创新能力和实践能力。在探究过程中，通过讨论培养学生的团队合作精神和沟通能力，学生可在合作学习中共同进步和提高。

的造型挺好看的，所以我给它打了3颗星。它的材质是塑料的，不能保温，所以我打了1颗星。巨无霸水壶结构不错，我给它打了3颗星；造型花纹挺好看的，我打了2颗星；因为它是铁的，能保温，材质上我给它打2颗星；但是价格太贵了，打了1颗星。

师：通过你们的分析可以发现，水壶的使用不能脱离环境，需要结合人的需求，设计是要为人的需求服务的。那你们觉得除了刚刚提到的因素之外，还有没有别的因素能够增加你的购买欲望？

生：我觉得可以在水壶上面设置两个按钮，一个可以制热，一个可以制冷。

师：你的想法特别棒！未来，旅行水壶能有什么变化？让我们来看看设计师是怎么做的吧！

4. 分解小任务三：如何在图纸上表现水壶

师：视频中的设计师给水壶添加了一些比较科技的功能。当今社会科技已经很发达了，接下来请你们结合环境来想象一下，未来水壶还可以添加什么功能？在设计水壶之前，我给大家抽盲盒——旅行路线图。大家来看一下你们会去哪里旅行，根据目的地来进行水壶的设计吧！

5. 输出大任务：创意绘画

（1）学生开始绘画，教师来回巡视指导。

师：这一组遇到了困难，不会画制冷制热装置该怎么办？谁能帮帮他？

生：不会画的时候可以用装饰图案画出来，再标注出来。

师：说得很好，谢谢你的解答。

学生继续绘画。

（2）点评环节。

师：时间到。现在有请带货小达人上台"直播带货"，哪位同学愿意来讲解？

生1：我设计的是冰川水壶，专门为去冰川旅行设计的水壶。它由3个单独的杯子连接在一起，形成冰川一般的造型。因为冰川的水比较冷，我们打算让水从

> 信息化已成为新时代基础教育课程教学改革深化发展的助推器。这一项任务采用示范微课的形式，让知识点更直观地呈现在学生面前，针对性强，可帮助学生更快速地了解绘画的步骤及比例尺的应用。这是将设计思维具象化、图像化的重要环节，也体现了信息化与课程教学的深度融合。
>
> 前三项的合作探究任务注重课堂的生成性，让学生理解了水壶的结构、功能、创意，鼓励学生自由思考，发挥想象力。在遇到困难时，教师及时引导学生探究解决，加强解决问题的能力，提高自主学习能力和团队意识。

左右两个口子进来，然后可以加热到中间，形成保温效果。旁边设计了两个提手，喝水更加方便。功能上设计了时钟可以观看时间，有指南针以便迷路时定位，还设有"SOS"求救装置摄像头和显示屏，且设有伸缩吸管以便喝水。谢谢大家，我的讲解完毕。

师：这位同学的水壶造型设计得非常独特，结合了冰川的造型，同时功能也非常实用、丰富。这个小组思考全面、周到，整体符合旅行环境所需，表现不错。谢谢你的分享，有请下一组。

生2：我们这一组叫巨无霸仙人掌水壶，是专门为沙漠旅行设计的。由于它太大了，我们给它设计了一个伸缩按键，按了之后壶身可以变大缩小。水壶上有应急食物和应急药箱，上面有大风扇和伸缩吸管，还有高清相机可以拍摄美丽的风景。有一个灯，在夜晚可以发光，也有时钟、指南针。底部还有一个气囊，可以拿出应急武器。价格只有88元，拼单还可以享受5折优惠，心动了吗？现在下单还有前5名优惠。

师：哇，这个水壶太棒了吧！功能齐全，造型创意十足，价格也非常实惠，这款产品一定非常抢手。有请下一组同学。但是对于这组同学，我希望来一个测评员来评价一下这款水壶，同学们也可以进行互评。

生3：这款水壶是为海洋旅行设计的，功能上很适合在海底旅行，并且水壶中间可以显示天气状况，也可查看时间。眼睛是一个手电筒，在海底比较方便，触角上也有各种各样的功能。水壶的功能丰富多样，造型上也比较好看。

师：那有没有什么建议给这组同学？

生：我觉得这个字有点像拼音，看不太清楚。

师：好的，下次要注意把标注写得再清楚一些哦！

6. 量化评价：小组评分

师：今天我们学习了这么多的知识点，但是大家掌握得怎么样呢？请大家打开桌子上的量化评价表，给这节课评分。

> 在点评环节，结合当下热点采取"直播带货"的形式，以新颖的表现形式提升学生的参与度，营造热烈的"输出式"学习氛围，寓教于乐，有效地落实立德树人的目标。

师总结：今天我们欣赏、设计了这么多有创意的旅行壶，但是生活中不仅仅只有水壶，还有凳子、文具盒、鞋子等。它们在未来会不会有更多的功能，给生活提供便捷呢？希望同学们在课后可以将自己的设计变成现实，让艺术服务生活，做到真正的学以致用。

三、教学反思

新课标强调以学生为中心，注重培养学生的创新精神、实践能力和审美素养。同时，提倡课程的综合性、实践性和趣味性，使学生在轻松愉快的氛围中学习美术。

在"小小旅行壶"这节课中，大部分学生对旅行壶都比较熟悉。教师要充分发挥学生的想象力和创造力，结合生活的实际需求培养学生的设计能力，使学生在设计中感悟美术和生活之间的关系。只有学生体验到生活设计的乐趣，培养"物以致用"的设计思想，进行有目的的创意设计表现活动，才能发展出创新意识和创造能力。

1."以输出为目的"的反思

在"以输出为目的"的教学中，教师尝试了各种形式的探索，旨在帮助学生更好的理解水壶和人类需求、环境的关系。首先，在水壶的功用上，教师从准备去旅行入手，让学生展开联想，想象与了解水壶在旅行中的作用。其次，教师组织学生以小组的形式探究不同的水壶，通过合作的方式提高学生的合作能力，多方面探究水壶。在理解水壶和人类需求、环境的关系上，教师让学生通过观看旅行视频，以小组合作的方式，让学生给水壶进行评分，选出适合森林旅行的水壶。这一活动能够有效激发学生的兴趣，同时引出水壶的设计要符合人类需求、满足环境所需。

水壶展示环节是本课的亮点之一。教师设计了一个直播售卖环节，搭建好直播所需的架子，手机投屏到一体机，使整体氛围更真实。学生能够更清晰地展示水壶的细节及功能优点，从而锻炼自己的逻辑思维和表达能力。这样有趣的课堂，能够调动学生的积极主动性，培养学生的主动创新思维和表达能力。

2."以输入为手段"的反思

本节课教学中，采用了多种"以输入为手段"的教学方法，让学生以观察、评分、售卖等多种形式进行输出探究。在教学过程中，教师首先让学生思考旅行需不需要带水壶，以此来引导学生明白水壶在旅行中是非常重要的。在摸一摸、看一看的过程中，学生近距离地感受水壶的结构，探究水壶每个部件的功能特点。教师引导学生联系生活，理解本节课的重点之一——水壶的美观性和实用性。在回答问题的时候，学生就完成了第一步的输出任务，进而让学生自己的大脑输入了很多关于水壶设计的奇思妙想，极大地活跃了课堂的氛围，激发了学生的创新性，锻炼了学生的语言表达能力。

然而，教学过程中也存在一些问题和不足。首先，学生在理解水壶的美观性、实用性上有一定的差异，教师应该尊重不同学生的水平差异，满足学生的需求。其次，在绘画过程中，部分同学不能参与进来，游离在外，小组分工不明确，成员之间的配合还不够默契。在作品呈现上表现比较单一，小组之间的评价还不够深入。针对这些问题，教师要优化教学过程，引导学生进行更合理的分工，使得人人有事可做。

3."以输出倒逼输入"的反思

在探索水壶设计的环节里，教师鼓励学生先明确设计一个适合去旅行的水壶，即输出目标，然后反向推动他们去寻找、学习和吸收必要的知识。如美观性、实用性、功能性以及与环境相适应的水壶需求性，即输入内容。

教学中，学生在水壶的设计中不断探索获得知识，在整节课取得了不错的效果。第一，明确目标驱动学习。学生的自主学习性更积极，他们也能够更深刻地理解水壶的设计，理解美术的意义。第二，输出成果丰富多样。学生画出了造型多样、功能丰富、颇具创意的水壶设计图，输出质量得到提升。第三，学生在直播带货中讲解水壶，锻炼了思维能力、表达能力，在水壶的设计过程中也收获了丰富的生活知识。

在教学过程中，也存在一些问题。首先，输入内容的深度和广度不足。虽然学生在创作过程中学习了新的知识和技能，但他们的知识储备还不够充分。比如，对于水壶的功能，由于本阶段学生缺乏一定的生活技能，因此对水壶的功能设计不够全面、广度不足；水壶设计的需求性、实用性和环境场景适配度不够，部分学生设计出来的水壶还处在比较表面的阶段。因此，在未来的教学中，教师需要搭建和营造更加真实的场景，只有将美术教学中的实用性与学生的真实情境相互融合，进一步拓展输入内容的深度和广度，才能为学生提供更加全面和系统的知识支持。其次，个性化指导还需加强。由于每个学生的绘画水平和兴趣爱好都有所不同，因此教师需要更加注重个性化指导。如根据每个学生的实际情况和需求，为他们提供更加精准有效的指导和帮助，以便更好地激发他们的创作潜力和创新精神。

4."以输出成效评价输入质量"的反思

在美术教育中，学生的作品往往被用作评价其学习成果的重要标准，这就是"输出成效"。而"输入质量"指的是学生在学习过程中所接受的教育资源、教学质量等方面的内容。在理想的情况下，高质量的输入能够促进学生的学习和提高其创作水平，从而达到良好的输出成效。在本节课的教学中，教师采用了多种教学方法，如小组合作探究、小小测评员、直播带货员、互评小组等，使学生的兴趣和积极性有极大的提高；每个环节逐层递进，深入浅出地让学生理解课程的重点和难点；最后，学生作品输出的方式丰富多彩，思维能力、表达能力都得到了提升，输出的质量得到了提高。

在"以输出倒逼输入质量"的教学策略下，教师需要建立一套完善的评价机制。这个评价机制不仅要关注学生的输出成果，还要关注他们的输入过程和学习态度。通过及时的评价和反馈，学生可更好地了解自己的不足之处，有针对性地进行改进和提高。当然，在教学中的输入质量也尤为重要。一方面，输入质量需得到验证。通过对学生作品的评价，教师可以反推出课堂输入的质量。从本节课的学生作品可以看出，他们在课堂上接受了有效的指导和启发，掌握了相关的绘画技能和创作方法。这说明教师的教学内容和方法是有效的，能够满足学生的需求和期望。另一方面，学生填写学习任务单、学习评价单，对本节课作出评价，教师得到相应反馈，可以了解到他们对本节课的掌握情况。

美术学科的"输出式"教学模式，对于启迪学生的创造性思维、塑造综合素养以及增强自主性，具有举足轻重的意义，不仅解锁了学生内心深处的创造力宝库，更如磁石般吸引着他们的好奇心与探索欲，激发学生的创作热情，引领他们在艺术的海洋中自由翱翔。实践中的创作与表达，为学生得以全面发展助力，其意义远远超越了单纯的知识传授，成为学生综合素质提升和个性化成长的重要驱动力。这种教学模式发挥出的具体效果如下。

一是强化了学生对知识和技能的掌握。"输出式"教学鼓励学生将所学的美术知识和技能应用到实践中，通过不断创作和输出，学生能够更加深入地理解和掌握这些知识和技能。学生在创作过程中，不仅巩固了已有的美术基础，还能通过实践发现新的问题和解决方法，从而进一步提高自己的技能水平。

二是促进了学生高阶思维的发展。"输出式"教学强调学生的自主探索和自主创作，这要求学生具备分析、综合、评估和创造等高阶思维能力。在创作过程中，学生需要对自己的作品进行反思和修改，这有助于培养他们的批判性思维和自我评估能力。同时，学生需要从多个角度和层面思考问题，以寻求最佳的创作方案，这有助于培养他们的综合性思维和创新能力。

三是增强了学生的学习信心。"输出式"教学以学生的实践创作为核心，让学生在多元的表现形式中感受到美术学习的乐趣和价值。学生能够看到自己的作品逐渐成形和完善，在项目活动中体现自己的价值，发现自身的优点，这种成就感能够激发他们的学习兴趣和动机，使他们更加主动地参与美术学习。学生展示作品的创作过程，也是培养他们的自信心和表达能力的过程。在同学和教师的肯定和鼓励中，学生增强了自己的自信心和创作热情，更加勇敢地面对挑战和困难。不仅如此，学生还需要向他人解释自己的作品和创作思路，这有助于提升他们的沟通能力和表达能力。

四是丰富了学生的学习体验与成果。"输出式"教学强调学生的实践创作，为学生提供了丰富的学习体验和成果。学生可以通过创作不同类型的美术作品，如绘画、雕塑、设计等来丰富自己的学习体验和感受。学生还可以将自己的作品用于展览、比赛等活动，展示自己的学习成果和才华，从而获得更多的成就感和满足感。

五是打造了融合为"脉"的协同探究成长模式。课程结构化，过程可视化，成果可评化，课程后收集具体的文字、图片、视频等过程资源，均可促进学生美育素养的形成。例如课程中学生填写的学习任务单、探究过程记录的文字、创作的作品、说出来的语言、演绎的场景等，都是最后检测学生这节课学习成果的凭据。教师可以根据凭据来评估课堂教学质量，同时教师也在评价中优化课程，和学生一起成长。

此外，由于美术教学理念改革，新的教学课程内容变得更加多样化和个性化。单元化的教学内容从原来的单一的美术技法讲解转变为美术学科核心素养的培养。未来的美术课堂将涵盖更加多样化的教学内容，包括传统绘画、雕塑、设计，以及新兴的数字艺术、装置艺术等。这将为学生提供更广泛的选择、更优质的教学内容，满足他们不同的兴趣和需求。这对于教师来说是一个重要的挑战，我们可以从以下几方面来积极应对。

第一，探究多样化的美术"输出式"学习路径。美术"输出式"课堂将提供个性化的学习路径，更多地采用项目式、活动式的学习方式，让学生在真实的情境中解决问题并进行创作实践。这有助于学生将所学的知识和技能应用到实际中，提升他们的实践能力和创新能力。学生可以根据自己的节奏和喜好进行学习，选择自己感兴趣的课题和项目进行深入探索。

第二，尝试多元的跨学科合作。鼓励学生进行跨学科的合作和交流，与其他同学运用不同学科的知识共同创作项目。这种做法既保持了美术学科的特点，也打通了多学科间的壁垒，挖掘知识内涵、拓展外延，寻找到学科间的最佳契合点，实现不同学科的深度融合。这将有助于学生从多个角度理解问题，拓宽他们的视野和思维方式，并培养他们的团队协作和沟通能力。

第三，深入进行"输出式"评估与反馈体系的改进。我们将采用更多元化的评估方式，包括学生的作品展示、口头报告、日志记录等。深入探究评价模式，全面评价学生的学习成果，并激励他们进行更多的创作和探索。建立及时的反馈机制，让学生在学习过程中得到及时的指导和建议。这将有助于学生及时纠正错误,提升学习效果,并激发他们的学习热情和动力。将学生的艺术活动更多地与社会相结合,家校合作、家社合作,让学习更加真实化、生活化。

从"输出式"课堂模式构思到课程实践落地,我们走进了教学修复之旅,在不完美中弥补短板。期望未来的美术"输出式"课堂能够成为一个充满活力、创新、实践并充满互动性的学习环境,让学生在其中自由创作、探索和发展。

回顾与展望

站在东莞市松山湖横沥实验学校建校五周年的时间节点上,两年多的"有为·输出式"教学实践与探索,已取得了丰硕的成果,塑造了学校高质量发展的良好生态,使该校成长为老百姓家门口的名校和区域的新优质学校。我们需要回望走过的教学变革之路,梳理我们的课堂、课程和教学案例、资源、课题成果,反思我们的经验和得失及价值观,评估学生、教师及学生的发展和成长,并找到继续前行的方向、深化实践的最优路径,形成"输出式"教学改革的典型案例,打造实施国家基础教育课程教学改革深化行动的松山湖横沥实验学校样本,创建深入实施新课程的示范学校。

两年的"输出式"教学探索,从理念酝酿、启动实施到品牌建设的历程,我们从初期的懵懂模糊已逐渐清晰,构建了"有为·输出式"教学范式的"一二三四五六"的理论框架。

一,即一个核心。输出为本,以输出定输入。"有为·输出式"在教学目的上强调"能力输出是目的,知识输入是手段";在方式上是"以输出倒逼输入";在评价上是"以输出表现评价输入质量";在方法论上坚持"结果导向,以终为始"。

二,即两个根本。以发展为根,以素养为本。"有为·输出式"教学旨在促进学生的身心健康和全面发展,培养学生面向未来的核心素养,实现我校"着力当前,着眼未来;着力九年,着眼终身;着力成绩,着眼素养,以幸福的过程追求有为的未来"的育人追求。

三,即三个转变。"有为·输出式"教学革新传统的教学范式,实现教学目标的转变、教学理念的转变及评价方式的转变。

四,即课堂教学的"四要素"。"有为·输出式"教学要求在课堂上构建一系列阶梯式学习目标,营造一个真实的学习情境,开展一次有效的合作探究,实施一次基于高阶思维的输出。

五,即五个特点。"有为·输出式"教学加强学科知识与学生经验、社会发展的连接,强调学习效率与学生素养提升,突出学生思维的发展和层次的提升,关注教师和学生之间和谐、关联、互动和平衡的双重价值,注重师生思维、情感与审美的深度交融。

六,即六大实施要点。"有为·输出式"教学落实六个要求:学生是学习的主体；学习的目的是学生通过对知识进行意义建构来培养思维；教师最重要的作用是对学生内在的意义生成过程的有效引导；学习动机不仅来自学生自身的认识和责任担当，还要通过目标激励、任务驱动，激发学生内在的学习动力，提高学生学习的积极主动性；学习内容与现实生活或真实情境相联系，形成解决真实问题的能力和高阶思维的创造能力；学习评价要以学生的学习表现和效果为依据。

我校"有为·输出式"教学的课堂实践，成功构建了从学生和教师两方面出发的学习样式和教学样式，打造了一个丰富多元、富有特色的活动体系。将教学与课题研究相融合，形成理念互通、资源互补、成果互促的课题簇群，同时以输出范式为指引；将教学与活动、实践相融通，统筹和引领学校的学科建设、课程开设、品牌创建、工作模式和治校实践，推动学校有为教育取得良好的办学效益，推动学校品牌建设取得显著成效，促进学校治理体系的走深和走实，以及治理能力的有效提升。学校持续推动"输出为本"教学范式变革，实现了三大目标：显著革新了课堂的教学模式，破解了教学改革难点，极大地促进了教学质量的提升；还极大地提振了学生的精神风貌，促进了拔尖创新人才培养；有力促进了教师的专业成长与发展，推动了学术性学校生态的形成和有为学校的构建。

在中考这个重要的学生发展节点上，我校首届中考就交出了一份一鸣惊人的答卷。东莞市2024年初中学业水平考试（称"中考"，总分800分）中，我校中考的总平均分为643.48分，超东莞市市线38.5分，合格率95.27%，优秀率58.91%，普高上线率92.73%，公办高中（620分）上线率68.36%，重点普高（八大校）66人，特长生（数理班、乒乓球、绘画书法）11人，总体水平在全市60所公办学校中名列前10名，创造了我镇30年来中考最好成绩。

学校教学教研成果井喷式发展。仅2023年，学校培育了教育家型校长培养对象、正高级教师、市级以上学科带头人和教学能手等20人次；2023年申报的横沥镇级能手、学科带头人，我校教师占横沥镇近1/3，教师获得市级学科带头人、教学能手等23人；横沥镇级能手、学科带头人27人；2023年学生获得市级以上荣誉112项，其中省级28项；教师获得市级以上荣誉303项，其中国家级荣誉7项、省级荣誉67项、市级荣誉229项；2023年立项市级以上教研课题25项，其中省级以上14项、市级6项、镇级5项，东莞市第17届教学成果2项；学校获得市级以上重磅荣誉、单打冠军6项。

学无止境，教无止境。教学不是一个静态的过程，而是一个动态的不断优化、不断迭代的过程。面向未来，人民群众对公平优质教育更加期盼，教育"量"的短板已不是矛盾的主要方面,"质"的提升成为紧迫的要求,教育强国拉开了教育高质量发展的序幕。从我校新的发展来看,我镇常住人口约38万人,户籍人口仅6万人,而根据公共服务均等化,努力让人民群众"上好学"的愿望更好得到满足,需要大幅度扩大我校的优质学位,解决目前"一位难求"的难题。按照规划我校必须进一步扩容提质,2026年需要将小学班级从18个班扩大到60个班,初中需要从18个班扩大到48个班,学位数需要扩大2310个,满足人民群众对公办学校优质学位的需求。

随着2024年秋季的到来,我国义务教育即将迈入一个全新的时代——"三新"时代,即新课标、新教材、新课堂的相互兼容与融合。这一变革不仅是教育内容和形式的更新,更是教育理念和教学方法的深刻转变。

未来已来,智能时代的人类学习已站在了新的学习分界线上,学习已进化,必须重构人类"教与学"的新范式。所谓"未来学习",既是"未来的学习"——探究未来社会和教育需要的学习范式,又是"学习向未来"——学习是为了未来,学习如何迎接未来?如何在与过去、当下的联结中创造未来?这里的"未来"是方向和目标,也是素养与能力,贯穿其中的是一系列有关智能时代学习的"大问题":时代的进化,如何推动学习的进化?智能时代的学习处在哪一个阶梯上,它呼唤何种理想的学习方式?什么学习最有价值,最有教育价值或育人价值?智能时代的学习将会出现哪些新的困境与隐忧,我们应以何种心态应对?

我校必须深化智能时代"输出式"教学的前期探索和研究,加强信息技术在教学中的应用,探索线上线下结合的新型教学模式,促进信息技术与教学活动深度融合,创设以学生为中心的跨时空、多资源、开放性的学习环境,探索基于数据的个性化学习、基于情境的探究式学习、基于场景感知的体验式学习、基于线上线下协作共同体的建构学习等新型学习方式。积极应用人工智能、大数据分析,及时了解学生学习情况和需求,通过多维度学情分析推送个性化的提升资源,实现精准教学和个性化辅导。

我校"输出式"教学在双微机制保障下,已经取得了一系列重要的实践经验和研究成果,需要在回顾的基础上,进行二次探索和实践。

首先,从微团队、微任务在外延上进行辐射、扩张,推进所有年级、所有学科在教学上的发展,强化教师基于"输出式"教学的教学能力,形成覆盖各年级、各学科的典型教学案例库,研制"输出式"教学转化落地的工具支架,建设一支高素质专业化创新型的骨干教师队伍。

其次,在深度上结合"三新"(新课标、新教材、新课堂)的重要机遇,在"输出式"教学策略、跨学科融合、主题化项目式学习、深度学习路径等方面进行深入探索,打造实施国家基础教育课程教学改革深化行动的松山湖横沥实验学校样本,创建深入实施新课程的示范学校。

最后,创建"有为·输出式"教学学校品牌,培育重难点攻坚有成效的教学成果,常态化组织优秀教学成果、教学案例交流和联合教研展示,充分发挥辐射示范作用,发展"有为·输出式"教学学校共同体,促进区域教育质量优质均衡发展。

未来不只是供想象和解释的,更是用来建构的。让我们一起建构面向未来的"有为·输出式"教学,共同实践探索走向未来!

致 谢

在本书即将付梓之际，我们谨以崇高的敬意，向所有为本书编纂付出心血与智慧的各界人士致以深切的感激。

首先，我们衷心感谢华南师范大学教育学部王红教授及其卓越团队。王红教授以其前瞻性的教育理念——"输出为本"教学范式，为我们指明了教学改革的新航向。张倩博士更是多次亲临指导，不仅以其深厚的学术造诣点亮了教学实践的明灯，而且亲自带领我校教师团队，悉心指导了本书多个教学案例的撰写工作，使理论与实践得以完美融合，绽放出璀璨的光芒。同时也要感谢"双微机制保障下的课堂教学范式变革"实验校的伙伴们，你们的课堂教学模式、经验及实践成果分享给了我们不竭的动力、灵感和智慧源泉。

其次，我们要衷心感谢我校所有教师的积极实践。正是有了你们的辛勤付出和不懈努力，才使得"有为·输出式"教学模式在我校落地生根，开花结果。你们在课堂上的每一次尝试、每一份教案、每一次反思，都凝聚着对教育的热爱与执着，也见证了学生们在"输出为本"教学范式下的成长与蜕变。

最后，我们还要感谢所有关心支持我校发展的社会人士，感谢名校长工作室、教育家培育工作站的同仁们，你们的关注与鼓励是我们不断前行的动力源泉。

在未来的日子里，我们将继续秉承"无痕·有为"的教育理念，深化"输出式"教学改革，提升教育教学质量，努力将我校建设成为一所学生喜欢、家长认可、社会满意的新优质学校！

参考文献

［1］王红，张倩."输出为本"教学范式的变革实践［N］.中国教师报，2021-10-27（004）.

［2］王红，黎燕，张倩.发展高阶思维要培养学生输出转化能力［J］.人民教育，2022（Z3）：95-97.

［3］张倩，陈俏玲，王红.基于"输出为本"教学范式的小学语文教学设计与实施反思——以《司马光》一课为例［J］.语文建设，2022（18）：23-27.

［4］雷舒婷，张倩.课堂安全感：构建"情感—交往"型课堂的关键要素［J］.中小学心理健康教育，2024（03）：4-10.

［5］张倩，王红，南晓倩.中小学教师教学范式现状调研及变革路径探索［J］.教育发展研究，2024，44（02）：51-59.

［6］王红，吴颖民.放慢知识的脚步，回到核心基础［J］.人民教育，2015（07）：18-21.

［7］王红，吴颖民.回到核心基础需要"核心技术"［J］.人民教育，2015（07）：22-23.

［8］王红，吴颖民.教育不能承受之"重"：追求知识的加速跑［J］.人民教育，2015（07）：15-17.

［9］张倩，王红，宋艺璇.基于高阶思维培养的学习内容结构化［J］.中国教师，2022（11）：51-56.